集めるごとに運気アップ！

# 御朱印でめぐる全国の寺社

## 聖地編

週末開運さんぽ

# 御朱印、頂けますか？

## のひと言からはじまる幸せ

御朱印はもともと、お寺で納経をしたときにその証として授与されていました。

今では、参拝の証として気軽に頂けるようになり、最近では女性を中心に集める人が増えています。

集めてみたいけれど、なんだかハードルが高そうで踏み出すのをためらっていませんか？

この本を持って出かければ
御朱印トリップが
もっと楽しくなる！

大切なのは感謝の気持ちとマナー。
（マナーは本書で詳しくお伝えします！）

本書では、編集部が厳選した
全国の寺社を徹底取材。
「山」「水」「森」「町」「島」という5つのテーマに分け、
各寺社の御朱印や御利益、聖地ポイントを紹介します。

御朱印をきっかけに神社やお寺の方と話してみましょう。
御祭神や御本尊のこと、さらに近くの見どころや名物まで
親切に教えてくださいます。

初めてでも
「御朱印、頂けますか？」
と勇気を出して、ひと言を。

御朱印を頂く聖地旅によって
神様や仏様とつながるだけではなく、
新たな世界への扉が開けます。
そこにはきっと幸せな出会いが待っているはずです。

# 目次　御朱印でめぐる全国の寺社
## 聖地編　週末開運さんぽ



## 第一章 出発前にチェック！ 御朱印&寺社入門



## 第二章 編集部が太鼓判！ 最強モデルプラン



### 本書をご利用になる皆さんへ

※本書に掲載の寺社はすべて写真・御朱印などの掲載許可を頂いています。掲載許可を頂けなかった寺社は掲載していません。
※本書のデータはすべて2024年7～9月現在のものです。参拝時間、各料金、交通機関の時刻、行事の日程などは時間の経過により変更されることもあります。また、アクセスやモデルプランなどにある所要時間はあくまで目安としてお考えください。
※本書は2021年7月に発行した『御朱印でめぐる全国の聖地 週末開運さんぽ』の書名を変更し、データ等を更新した改訂版です。
※寺社名・御祭神・御本尊名などは各寺社で使用している名称に準じています。
※本書で紹介している御朱印は一例です。墨書・印の内容が変更されたり、掲載御朱印以外の種類を頒布したりしている寺社もあるので、詳しくは各寺社へお問い合わせください。
※掲載寺社のなかには日によって対応が難しい寺社や留守の寺社、また書き置きで対応している場合などもあります。あらかじめご了承ください。

# 第三章
## 5つのテーマで選ぶ！聖地への旅

### Part 1
## 山の聖地



### Part 2
## 水の聖地



### Part 3
## 森の聖地



### Part 4
## 町の聖地



### Part 5
## 島の聖地



## Column



**本書のマークについて**
⛩は神社、🏯はお寺を表しています

# 全国の寺社 聖地編 INDEX

本書に掲載している全国の寺社を都道府県別に五十音順でリストアップ。
御朱印さんぽや寺社めぐりの参考にしてみてください。
参拝したり、御朱印を頂いたりしたら□にチェック✓しましょう！

第一章

# 出発前にチェック！ 御朱印＆寺社入門

御朱印の見方や頂き方のマナー、御祭神や御本尊のことなど、御朱印デビューする前に知っておきたい基本をレクチャー。基礎知識を知るだけで御朱印めぐりがだんぜん楽しくなります。

# 御朱印ってナニ？

御朱印は、もともとお経を納めた証に寺院で頂いていたもの。それがいつしか、神社にも広がり、参拝によって神様や御本尊とのご縁が結ばれた証として頂けるようになりました。ですから、単なる参拝記念のスタンプではありません。

## 御朱印の本来の役割って

御朱印はもともと、自分で書き写したお経を寺院に納め、その証に頂くものでした。寺院で「納経印」ともいわれているのはこのためです。いつしか、納経しなくても参拝の証として寺社で頂けるようになりました。お寺で始まった御朱印ですが、江戸時代にはすでに神社でも出されていたといわれています。

## 御朱印を頂くってどういうこと

御朱印を頂ける場所は、神社の場合お守りやお札の授与所がほとんど。寺院の場合は加えて納経所や寺務所などで頂けます。書いてくださるのは、神職や住職の方々。神社では御祭神の名前や神社名が墨書され、神社の紋などの印が押されます。寺院では御本尊名や寺院名が墨書され、御本尊と寺院の印が押されます。

御朱印を頂くというのは、その神社の神様や寺院の御本尊との絆が結ばれたことになります。決して記念スタンプではありません。ていねいに扱いましょう。

## 世界でひとつの御朱印との出合いを楽しみましょう

御朱印は基本的に印刷物ではありません。神職や住職の皆さんがていねいに手書きしてくださる、世界にひとつのものですから、墨書には書き手の個性が表れます。そのため、本書に掲載した御朱印と同じものが頂けるとは限りません。同じ神社や寺院でも書き手によって、頂くたびに墨書や印の押し方が違うからです。印も季節によって変わったり、新しいものに作り替えたりすることもあります。御朱印自体が頂けなくなることさえあるのです。二度と同じ御朱印は頂けない、それが御朱印集めの楽しみでもあります。

# 神社・お寺の御朱印の見方

白い紙に鮮やかな朱の印と黒々とした墨書が絶妙なバランスで配置されている御朱印。墨書には何が書かれ、印は何を意味しているのでしょう。御朱印をもっと深く知るために墨書や印の見方をご紹介します。

## 神社

### 社名の押し印
神社名の印。篆書（てんしょ）という独特の書体が多いのですが、なかには宮司自らが考案したオリジナル書体の印も。

### 奉拝
「つつしんで参拝させていただきました」の意味。参拝と書かれることも。

### 神紋
神社に古くから伝わる紋。神紋の代わりに御祭神のお使い、境内の花の印などが押されることもあります。

### ジャバラ折り
御朱印帳はジャバラ折りが基本。表だけ使っても、表裏使っても、使い方は自由！

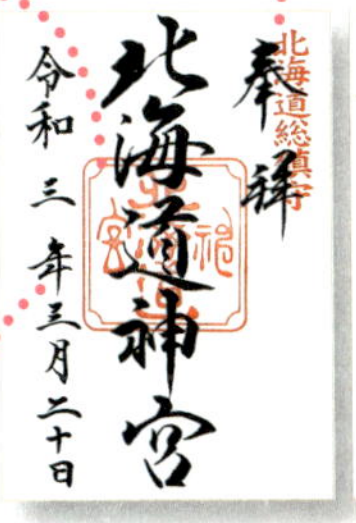

### 参拝した日にち
何年たっても御朱印を見ればいつ参拝したのかすぐわかるので、旅の記録にもなります。

### 社名など
中央には朱印の上に神社名が墨書されることが多く、御祭神名を書く場合も。朱印のみで神社名の墨書がない御朱印や、史実の人名、おとぎ話の登場人物の名前が書かれることも。

### 表紙
神社オリジナルの御朱印帳も多く、表紙には社殿、境内、神紋や御祭神、花などその神社を象徴するものがデザインされていることが多いです。

## お寺

### 印
御本尊を梵字で表した印や三宝印（仏法僧寶の印）が押されます。印の字体は篆書という独特なものが多くみられます。

### 奉拝・俗称の墨蹟と朱印
奉拝の意味は神社と同じ。朱印は寺院の俗称や札所霊場であることを示しています。

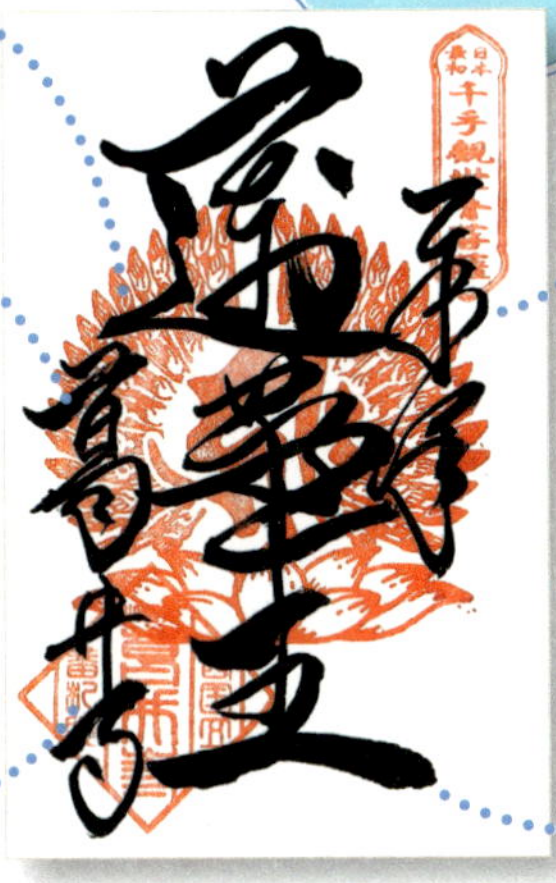

### 寺号
寺院の名前で、ここに山号と寺号両方が書かれた御朱印もあります。

### 寺院の印
寺院名の御朱印で、なかには山号を彫った御朱印も。四角形が一般的ですが、円形や梵鐘形など変わった印もあります。

### 御本尊名など
中央にはその寺院の御本尊名や参拝した仏の名前が書かれます。

個性がキラリ

神社編

# 御朱印ギャラリー

御朱印は参拝の証であるだけではなく、神様や御本尊とのご縁を結んでくれるものです。墨書や印に各寺社の個性が見える御朱印の数々を一気にご紹介します。

## かわいい！アート系御朱印

9・10月

1・2月

3・4月

### 天之宮神社（大阪）

P.100

柔らかな筆使いで描かれる絵入りの御朱印が大評判。人気が集中したため、現在は完全予約制＆往復はがきによる抽選式になっています。詳細は公式サイトで確認を。御朱印の絵柄は2ヵ月に一度変わります（各1000円、1500円）

1・2月は「宝船と干支の牛」、3・4月なら「お雛様」など、御朱印のテーマは季節を象徴する題材が選ばれています

季節限定

花火大会

三芦城

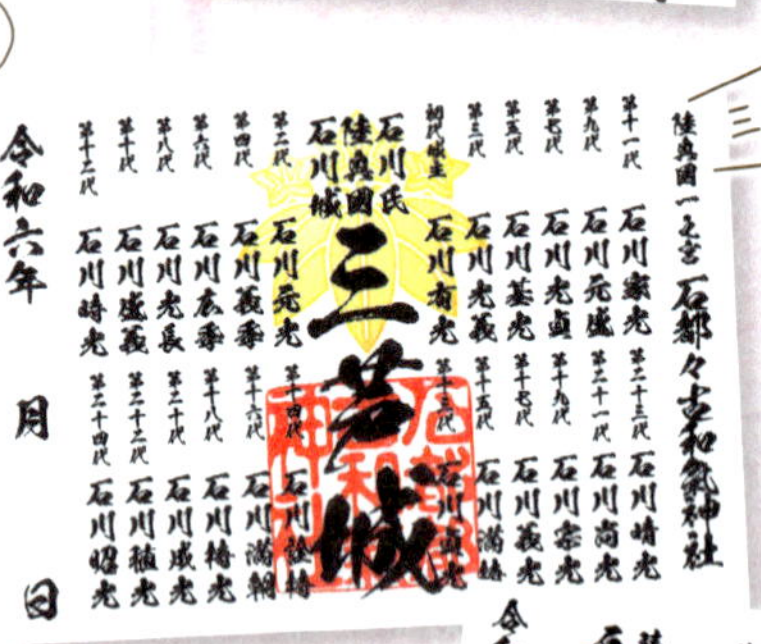

金魚

御城印

赤べこ

### 石都々古和氣神社（福島）

P.78

御祭神をモチーフにした御朱印や月替わり、節句ごとにかわいいイラストが描かれた御朱印を頒布しています。三芦城本丸跡に祀られていることから三芦城の御城印も頂けます。種類豊富な御朱印の総数は、なんと35体以上！（各800円）

※季節や年によって内容が替わるため、最新情報は寺社のウェブサイトやSNSをご確認ください。

# 季節を感じる月替わり御朱印

## 徳島眉山 天神社（徳島） P.87

御朱印とは思えぬクオリティの絵は、宮司の奥様による手描き。本社と境内社のなかからセットにした季節感あふれる見開きの限定御朱印が毎月頒布されます（各800円）

※紹介している御朱印は2020年のものです

4月

「末広がり」の別名をもつ縁起物である扇に桜が描かれています

1月

7月

11月

1月

5月

御祭神

6月

7月

## 猿田彦三河神社（愛知） P.98

節句や季節の草花などが描かれた御朱印を月替わりで2種類授与。また、「アイボ御朱印（P.98）」も月替わりで2種類頒布されます。毎月1日は「朔日まいり」の印を押印（各500円、見開き1000円）

6月

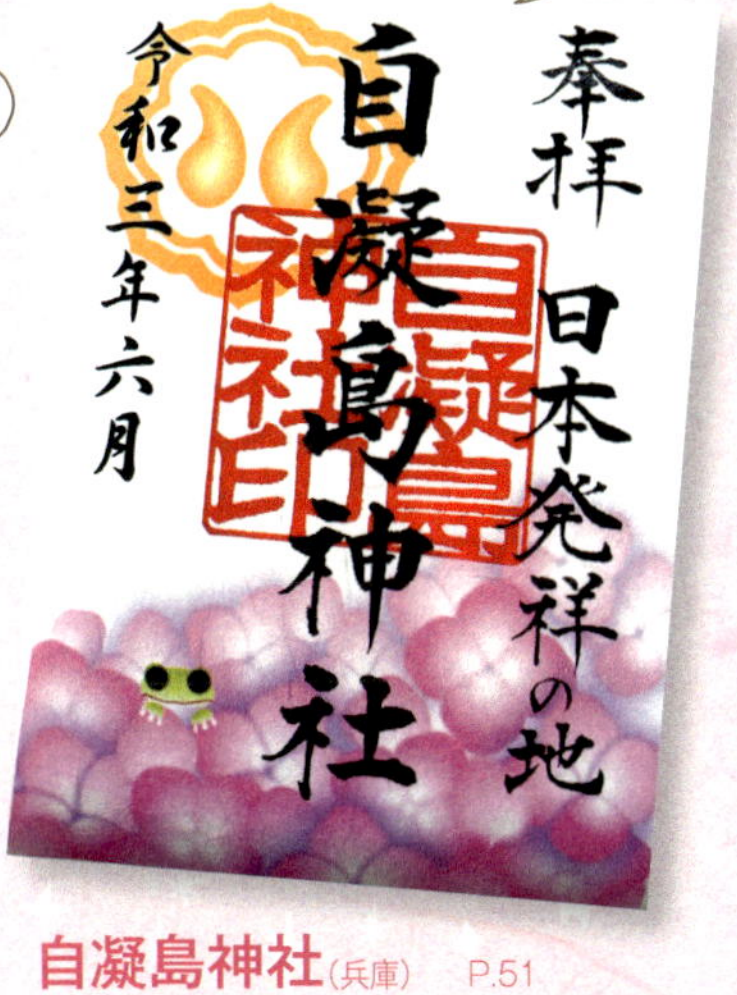


## 自凝島神社（兵庫） P.51

月替わりの限定御朱印は、季節を感じさせる背景画が美しいと評判です。頒布枚数限定、書き置きのみ（700円）

## 限定授与！
## 祭礼がモチーフ

1·2月
歩射祭
蟇目《ひきめ》の儀

弓矢を使って魔を除け、五穀豊穣を願う神事。1200年以上受け継がれています

### 武雄神社（佐賀） P.88

2～3ヵ月ごとに絵柄が替わる期間限定の見開き御朱印です。躍動感あふれる精密な印で描かれているのは、神社や地域で執り行われる祭事。県内最古の神事「歩射祭《ぶしゃさい》」や面をつけて舞を踊る民俗芸能「面浮立《めんぶりゅう》」などが題材とされていて、御朱印から地域の文化や伝統を感じられます（各800円）

3·4月
鮎占い

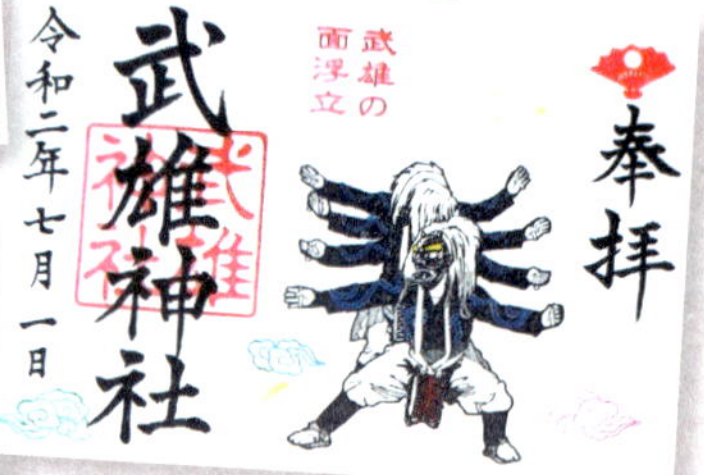


7～9月
武雄の面浮立

9·10月
流鏑馬

#### 五円札が御朱印に!?

旧五円札を模したユニークな御朱印は、1500円以上の初穂料で頂ける「奉賛之章」です。御祭神が肖像画風に描かれ、「4150=よいご縁」、「29451=福よ来い」という縁起のよい数字を押印するなど遊び心にあふれています

### 赤穂大石神社（兵庫） P.101

「春の義士祭」と赤穂義士が主君の仇を討った日に毎年斎行される「義士祭」限定で授与される特別御朱印。春の義士祭は公募の女性が頭に桜の枝を飾り、市内をめぐります。冬は男性が勇ましく、春は女性たちが華やかに行います（各500円）

4月
第2日曜
春の義士祭

12月14日
義士祭

## リピーター多数！圧巻のバラエティ

和歌
※月替わり

季節を詠んだ和歌に、和歌をイメージした絵が描き添えられます

秋分の日

中秋の名月

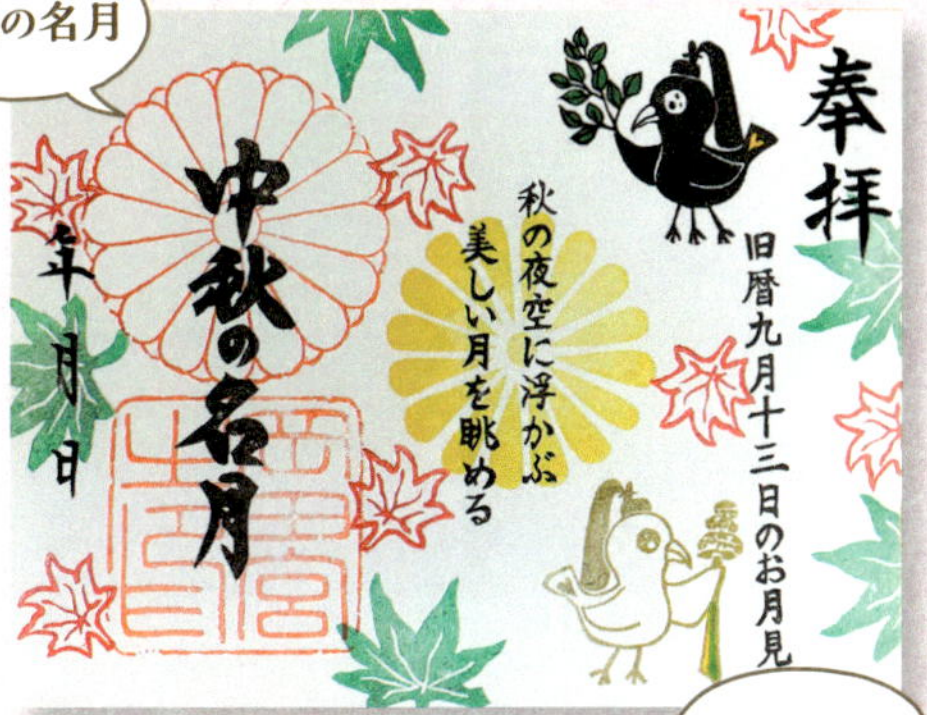


お月見

十五夜

## 岡田神社（福岡）　P.121

「参拝者にどんな御朱印が喜んでもらえるか、毎月アイデアを出し合っている」という御朱印は、現在、毎月約25種、1年間で300種の新作が生み出されています。ほとんどの印がスタッフの手彫りだというあたたかみのある御朱印を楽しみに何千人というリピーターが参拝に訪れるそう（各500～1200円、1800円）

### フォロワー限定御朱印

Instagramのフォロワー限定で頒布された御朱印も！　通常参拝では頂けない「特別感」がうれしいですね。Instagramでは神社の日常が垣間見られます

誕生日

希望すると名前や年齢を書き入れていただくことが可能です

ひなまつり

夏越大祓

## 行事限定授与 カラフル御朱印

### 烏森神社(東京) P.125

桃の節句にちなみ、鮮やかなピンクを基調とした「ひなまつり」、厄を祓う茅の輪の印が押される6月の「夏越大祓」など、祭礼をテーマにした期間限定御朱印を授与。御朱印など神社の最新情報は「こい吉Twitter」でチェック！

## 1社で10体の御朱印を授与

### 住吉大社(大阪) P.118

本社のほか、摂社や末社を含め全部で10体の御朱印が頂けます。「住吉大社」と「楠珺社《なんくんしゃ》」以外の御朱印を授与できるのは例祭日や初辰日に限られていますので、事前に日にちの確認を。和紙に干支などのモチーフを刺繍した刺繍御朱印にも注目しましょう（住吉大社の刺繍デザインは月替わり）（各500円、刺繍1000円）

住吉大社

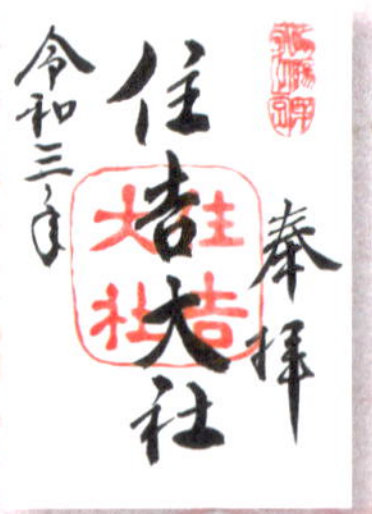


受付日:毎日

住吉大社 刺繍

受付日:毎日

楠珺社 刺繍

受付日:毎日

若宮八幡宮

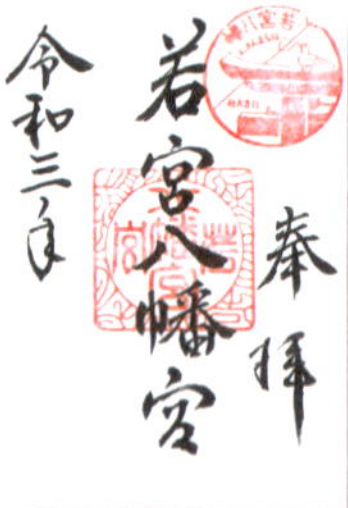


受付日:1月12日

侍者社《おもとしゃ》

受付日:3月5日

種貸社《たねかししゃ》

受付日:初辰日

浅澤社《あさざわしゃ》

受付日:初辰日

大歳社《おおとししゃ》

受付日:初辰日

大海《だいかい》神社

受付日:10月13日

船玉神社

受付日:10月21日

# 個性がキラリ 御朱印ギャラリー お寺編

## 飾りたくなる！精緻な切り絵

【2024年　初詣限定】　エメラルドのモチーフをちりばめた「鳳凰」と、2024年の干支である辰を記念して2匹の龍を奉製した「龍」

【2024年　夏限定「夏祭り」】
200年以上の歴史がある熊谷うちわ祭りがモチーフ

【2024年　夏限定「金魚」】
富と幸運の象徴とされる金魚を躍動的に表現

【2024年　秋限定「秋の仁王門」】
龍泉寺を見守る「仁王門」と紅葉を巧みに融合

【2024年　秋限定「秋の音色」】
音符とコスモスで秋の風情を表現した繊細な一枚

【2023年　冬限定「招福の猫」】
幸運を呼ぶ動物として重宝されてきた猫が主役

### 埼玉厄除け開運大師・龍泉寺（埼玉）　P.124

「切り絵御朱印」発祥の地として有名な寺院で頂けるのは、額縁に入れて飾りたくなる芸術的御朱印です。3ヵ月ごとにデザインが変更になる限定切り絵御朱印は、寺院の「思い」を繊細で風雅な切り絵で表現しています（各1200円）

## 話題沸騰！
## 季節の押し花

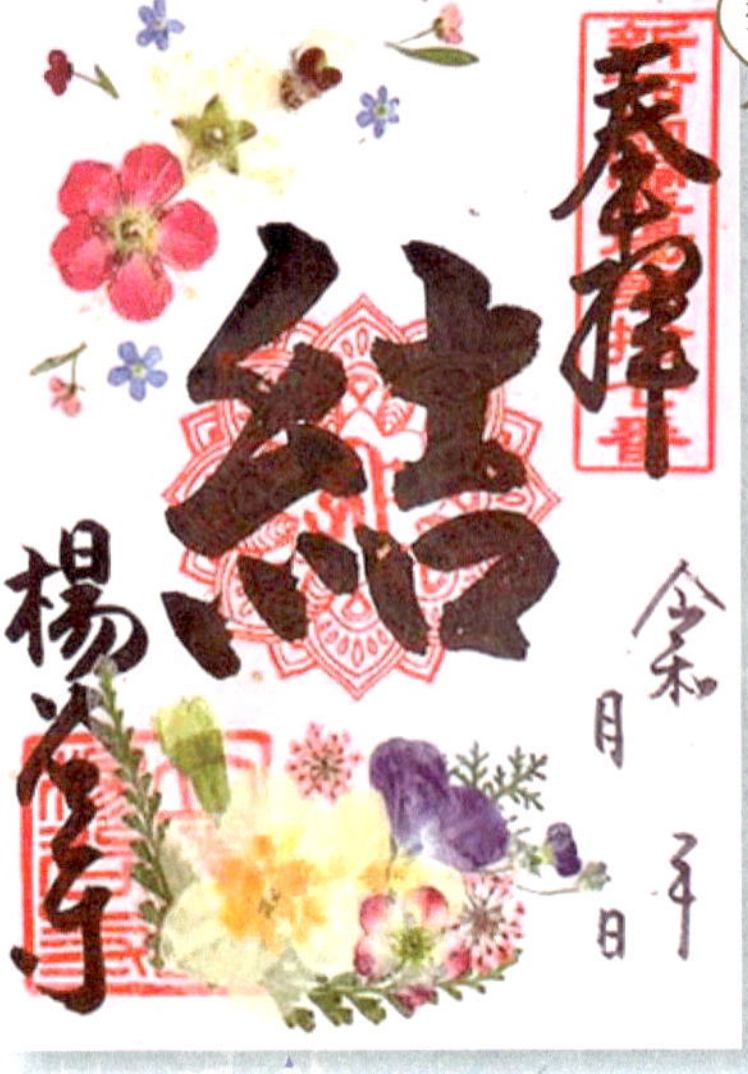

押し花朱印

1万円以上の寄進者限定で授与される「結（ゆい）御朱印」。季節によって押し花の内容は変わります

### 柳谷観音（楊谷寺）（京都）　P.130

「心身を癒やし、季節を感じる開かれた聖地」を目指して住職夫妻によって考案された「押し花朱印」がクチコミで話題を呼んでいます。境内に咲く四季の草花を使った御朱印はほかにはない独自性が魅力。縁日限定の御朱印も豊富です（300円～ ※御朱印により異なる）

#### 押し花朱印つくりにチャレンジ！

頂いた御朱印に押し花をあしらって世界にひとつだけの御朱印つくりができるプログラムを実施。毎月17日に2回開催、事前申込制です（志納料2000円、御朱印代別途）

毎月17日の縁日限定で頂ける御朱印。奥之院愛染堂の「LOVE」の文字が隠れた「LOVE御朱印」（右）と奥之院の守り神である眼力稲荷社の御朱印（左）

## 縁日限定の特別な御朱印

閻魔縁日限定

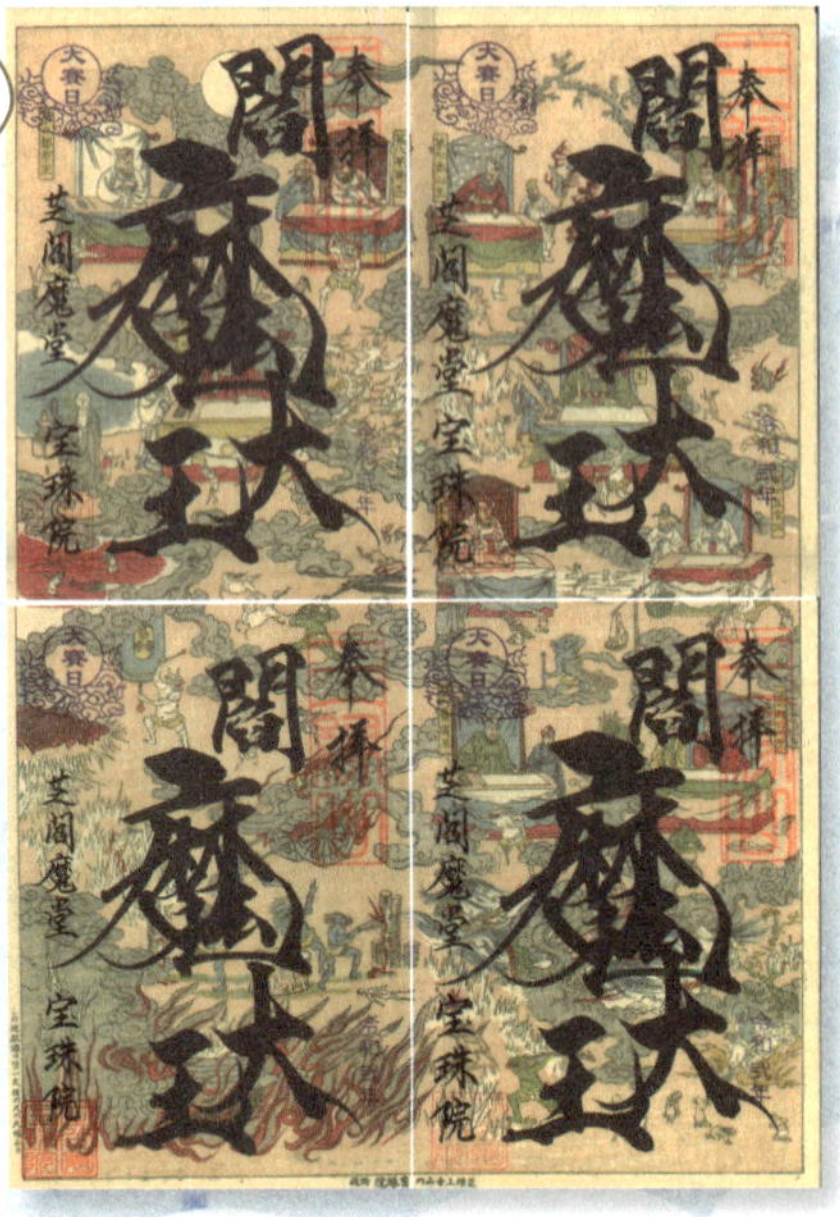

### 宝珠院（東京）　P.109

1月と7月の閻魔大王縁日限定で頂けるのが、地獄絵図入り御朱印です。宝珠院所蔵の地獄絵図を印刷し、台紙として授与。4枚で絵図が完成します。また、12日に一度の弁財天の縁日では春夏秋冬でデザインが替わる限定御朱印を頒布（地獄絵図300円、巳の日500円）

巳の日限定

写真は秋限定のものです

## 色彩豊かな美麗御朱印

### 毘沙門堂(京都) P.128

桜や青もみじ、紅葉など、境内には1年を通じて草花が咲き誇ります。四季折々の自然の美しさを映したような風情あふれる限定御朱印を頒布。色和紙に押印する色鮮やかな印で季節の情緒を表現しています(片面500円〜、見開き1200円)

春季限定の吉祥天御朱印や、初寅御朱印なども。吉祥天は毘沙門天の奥様、寅は毘沙門天のお供とされています

### 即成院(京都) P.128

「花まつり(お釈迦さま生誕祭)」や大護摩法要など、四季の行事に合わせて限定御朱印を授与。平等院(宇治市)の鳳凰と向き合う形で鎮座しているという山門の鳳凰がモチーフの御朱印もあります(片面500円、見開き1000円)

花まつり

#### 「那須与一」限定御朱印

『平家物語』にも登場する屋島の合戦において見事に矢で扇を射た那須与一公にあやかって、「願いが的へ」当たるように思いを込めた御朱印。8月8日の那須与一公命日から枚数限定で授与されています。

山門鳳凰

# ファースト御朱印帳をゲットしよう！

御朱印を頂きにさっそく神社やお寺へ！
でも、その前にちょっと待って。
肝心の御朱印帳を持っていますか？
まずは御朱印帳を用意しましょう。

## 1 あなたにとって、御朱印帳は思い入れのある特別なもの

御朱印はあなたと神様や仏様とのご縁を結ぶ大事なもの。きちんと御朱印帳を用意して、御朱印を頂くのがマナーです。御朱印帳はかわいいものや、重厚な雰囲気のデザインなど種類が豊富なので、御朱印帳を集めることも楽しいでしょう。御朱印帳が御朱印でいっぱいになって、何冊にもなっていくと、ご縁がどんどん深まっていくようでとてもうれしいものです。御朱印には日付が書いてありますから、御朱印帳を開くと、参拝した日の光景を鮮明に思い出すこともできるでしょう。

## 2 御朱印帳は、神社やお寺はもちろん文具店やネットでも入手できます

どこで御朱印帳を入手すればよいのかを考えると、まず、思い浮かぶのは神社やお寺。本書で紹介している寺社の多くは、お守りなどを頒布している授与所で御朱印帳を頒布しています。ファースト御朱印と同時に、その寺社の御朱印帳を入手するとよい記念になりますね。寺社以外で御朱印帳を入手できるのは、和紙などを扱っている大きな文房具店やインターネット通販。自分が行きたい寺社に御朱印帳がないようなら、こうした販売先からあらかじめ入手しておきましょう。最近は御朱印帳の手作りも人気です。

## 3 御朱印帳を手に入れたらまず名前、連絡先を書き入れます

御朱印帳を入手したら、自分の名前、連絡先を記入しましょう。寺社によっては参拝前に御朱印帳を預け、参拝の間に御朱印を書いていただき、参拝後に御朱印帳を返してもらうところがあります。混雑しているとき、同じような表紙の御朱印帳があると、自分のものと間違えて他の人のものを持ち帰ってしまう……なんてことも。そうならないよう裏に住所・氏名を記入する欄があれば記入しましょう。記入欄がなければ表紙の白紙部分に「御朱印帳」と記入し、その下に小さく氏名を書き入れておきます。

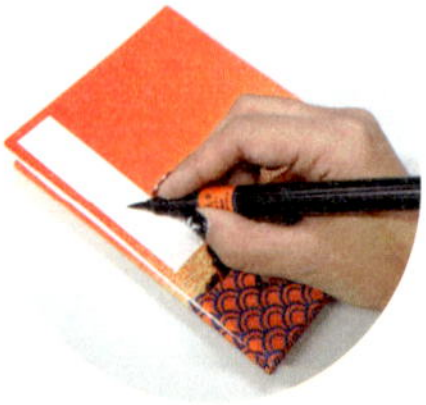

## 4 カバーを付けたり専用の入れ物を作ったり、大切に保管

御朱印帳は持ち歩いていると表紙が擦り切れてきたり、汚れがついたりすることがしばしばあります。御朱印帳をいつまでもきれいに保つためにカバーや袋を用意することをおすすめします。御朱印帳にはあらかじめビニールのカバーが付いているものや寺社によっては御朱印帳の表紙とお揃いの柄の御朱印帳専用の袋を用意しているところがあります。何もない場合にはかわいい布で御朱印帳を入れる袋を手作りしたり、カバーを付けたりしてはいかがでしょう。

わたしにピッタリ♥の
御朱印帳って
どんな御朱印帳
なのかな？

収集欲を刺激される！

# 御朱印帳コレクション

御祭神や御本尊、社殿、お堂など、寺社にまつわるモチーフを取り入れたオリジナルの御朱印帳をご紹介。格調高いものやキュートなものなど、各寺社の個性とこだわりが随所に見られます。



## 横長タイプ

見開き御朱印を保存するのにぴったり！

**伊豆山神社**（秋田）　P.77

華やかな十二単をまとった女御や風神雷神図が描かれた友禅和紙を表紙に採用。横長版、通常版から好きな絵柄、サイズのものが選べます（2800～3400円）

**徳島眉山 天神社**（徳島）　P.87

月替わりで頒布される見開きの限定御朱印を納めるのに最適な見開き御朱印専用御朱印帳。折り目を付けることなく保管できます（3000円）

**天之宮神社**（大阪）　P.100

輝く黄金の台紙にクジャクが描かれた正月限定の特製御朱印帳（大）。表紙は直描きです。中の紙は金銀振り和紙の特殊紙を使用しています（8000円）

## 山の聖地

日本を代表する霊山が描かれたありがたい一冊

**富士山本宮浅間大社**

（静岡）　P.46

富士山を背景に、桜と浅間造の本殿が見える境内を表現。総本宮らしい格調高い一冊です（1500円）

**出羽三山神社**

（山形）　P.72

出羽三山（羽黒山、月山、湯殿山）を紺地に金糸で刺繍（1200円）

# 境内&シンボル

社殿や寺社を象徴する人物、物がモチーフ

「菊輪宝」は比叡山に自生する叡山菊をデザイン化したもの

**比叡山延暦寺**（滋賀） P.48
根本中堂に1200年もの間ともり続ける「不滅の法灯」をデザインした御朱印帳や、寺紋の菊輪宝を箔押しした御朱印帳があります（各2000円）

**自凝島神社**（兵庫） P.51
表面は神社のシンボル･大鳥居が、裏面は縁起物がずらり勢揃い（2000円）

**高千穂神社**（宮崎） P.57
天孫降臨の様子と高千穂峡&夫婦杉が描かれています。2色展開（1300円）

**少彦名神社**（大阪） P.65
表面は無病息災を祈る張り子の虎と笹、裏面は社紋の薬印をデザイン（2000円）

**鹿島神宮**（茨城） P.106
朱塗りの楼門が存在感抜群です。裏面はシンプルに神紋と社名のみ（1500円）

**熊野速玉大社**（和歌山） P.60
裏面に描かれているのは熊野牛王神符の模様です。黒と白の2種類（2000円）

**熊野那智大社**（和歌山） P.62
豪快に流れ落ちる那智大滝と社殿が表面。裏面は2羽のヤタガラスです（2000円）

**天岩戸神社**（宮崎） P.59
拝殿のほか、岩戸開きの神話をデザインしたものも（1700円）

**熊野本宮大社**（和歌山） P.61
本殿の屋根を大胆に描いた構図。ヤタガラスの印も特徴的（1500円）

**醍醐寺**（京都） P.99
桜の名所だけあって枝垂れ桜と五重塔が刺繍された表紙（2200円）

**新宿天満宮 成子天神社**（東京） P.82
菅原道真公のシルエットをデザイン（1500円、御朱印含む）

## 袋とセット

**御朱印帳の持ち歩きに便利な専用袋をゲット!**

### 上野東照宮

(東京)　P.92

社殿と唐門、昇り龍・降り龍の刺繍が施された「御朱印帳(紺)」(1500円)。同じ織り模様の御朱印帳袋(2000円)は御朱印帳が2冊入るサイズ

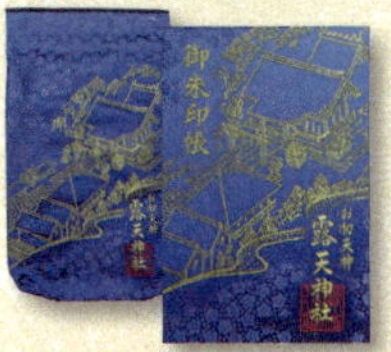


### 露天神社(お初天神)

(大阪)　P.65

金で社殿が描かれたブルーの御朱印帳(1700円)とお揃いの柄の袋(1000円)

### 賀茂別雷神社(上賀茂神社)

(京都)　P.47

立砂を描いた御朱印帳(1000円)と朱色が華やかな御朱印帳袋(2000円)

### 下鴨神社

(京都)　P.50

二葉葵と菊の意匠が上品な御朱印帳(2000円)と御朱印帳袋(3000円)

## 個性派

**オリジナリティを感じるユニークなデザイン**

### 大将軍八神社

(京都)　P.126

神社所蔵の古天文暦資料を元にした東洋天文図をデザイン(2000円)

### 宗像大社(福岡)

P.136

イラストレーターの小石川ユキさんが宗像三女神をかわいらしく描いたカラフルな御朱印帳(各2000円)

### 吉備津神社(岡山)　P.85

神社にゆかりのある桃太郎の鬼退治の場面が描かれ、まるで絵本のようです。お供のキジ、サル、イヌは主祭神の家臣がモデルとされています(1700円)

## 季節限定で頒布される御朱印帳

### 岡田神社(福岡)　P.121

基本図案は同じですが、季節によって色や細部が異なります(各2400円)

### 嚴島神社(広島)　P.90

春の桜、冬の舞楽など、四季折々の神社の情景が描かれています(各1200円)

# 「一攫千金」を夢見て全国から参拝者が訪れる

日本屈指の金運スポットとして知られる鳥取県日野町の金持《かもち》神社には、金運招福を求めてお参りする人がたくさん。宮司の梅林充《みつる》さんにうわさの御利益や御朱印についてうかがいました。

金持神社の詳しい紹介はP.115～

## クチコミで人気に！ “わざわざ訪れたい”聖地

―お金持ちになりたい。それは、誰しも一度は抱いたことのある願いではないでしょうか。「金持」という縁起のよい名前を冠した金持神社は、金運招福や商売繁盛を願う参拝者が訪れる「金運の聖地」です。特に宝くじの高額当選者が続出しているという興味深いうわさも。真偽のほどを確かめるべく、神社へ向かいました。

拝殿に奉納展示されている、日野町根雨出身の故・濱田珠鳳（じゅほう）氏による「龍神の図」。筆を使わず指や爪などで描かれた“指画”です

神社のある日野町は県南西部の山間に位置する小さな町です。しかし、平日にもかかわらず神社無料駐車場には多くの車が。取材中も絶え間なく参拝者が訪れ、“ついで”ではなく、“参拝を目的として”来ているのだと感じられました。

「昔は金運の御利益について知っている人は少数だったんです」と話す宮司の梅林さん。観光協会とタイアップして県内の神社をめぐる企画を実施したり、大阪のラジオで神社が紹介されたりしたことでクチコミが徐々に広がり、参拝者数が増加。２０２４年は正月３日間で約１万７４００人が訪れたのだとか。

「手水を過ぎた先まで並ぶんですよ。そこまで来られたらいいほうで、道路がすごい渋滞をして。近くに採石場（神社から６５０ｍほど離れた場所にある）があるんですけど、そのあたりまで車が並びます。５月の連休やお盆の時期なども参拝者が多いですが、５月の連休明けはぐっと減ります。５月は新緑がきれいで気候もよく、おすすめの時期ですね。あとは木々が黄色に色づく紅葉の時期。11月の中旬過ぎが見頃です」

## うそか実か高額当選の嵐 大切なのは自分の努力

境内に掛けられた絵馬を見ると、金運や商売繁盛祈願のほか、「ロト7で1等が当たりました」「FXで4億円稼げました。ありがとうございます」といったお礼の言葉がずらりと並びます。このことについて宮司にうかがうと、「実際に当たったかどうか証拠はないですからね（笑）」と冷静な返答が。「でも、前にひとりだけ『まだ換金していませんが』と当選券を持ってこられた方がいて。その方は本当に当たったんだなと思いましたね」

取材時には鳥取の宝くじセンターの方と遭遇。毎回販売前の宝くじと一緒に御祈祷を受けるのだそうです。話を聞いているだけで高額当選できるような気になってきましたが、宮司からは「でも、自分が努力しないと御利益はないですよ」との金言を頂きました。

景気のよいお礼の言葉が並ぶ絵馬の数々。真偽のほどは不明ですが、「なんとしてもお金持ちになってやる」という強いパワーがうず巻いているようです

## 地元の神様をしっかりお参りすることが重要

御祭神の天之常立命《あめのとこたちのみこと》は、『古事記』第1巻の天地開闢《てんちかいびゃく》（世界の始まり）で五柱生まれた神様のうちの5番目の神様です。天と地を結ぶ重要な神様といわれていますが、主祭神として祀るのはこちらの神社だけなのだとか。御神徳については、「神様は瞬間移動して来られるという話も聞きますので、だいたいどこの神様も何でもかなえてくださいます」というお答えが。また、ていねいにお参りしておきたいのは自分の居住地域の守護神である氏神様だそうです。「皆さんはあまり地元の神様のところには行かれないようですが、伊勢の神様と氏神様は大事です。すべて知っておられますからね」

## まずお参りをしてから御朱印を頂くのが基本

「お参りを主とするのが本来の姿で、参拝したしるしとして受け取るのが御朱印。しかし、今は御朱印が主になっていて、御朱印を目当てに来られる方が多いです。特に令和元年の5月1日は『30枚ください』という方がいて、それはないでしょと。どうするのかなと思ったら、転売するんですよね。『遠くて行けないので御朱印を送ってください』という方もいるのですが、それは全部お断りしています。代参みたいな形で御祈願をして、そのしるしとしての御朱印を授けることはできるのですが、『御朱印だけください』と言われてもそれはできないです。お参りをしてください、と」。御朱印は参拝の証であり、神様との絆を結ぶもの。そのことを心に刻んで御朱印を頂くようにしたいものです。

### 金持神社の御朱印＆授与品

打ち出の小槌や宝珠などの縁起物が刺繍された「開運招福守」（500円）

ほとんどの参拝者が授かるという黄金に輝く御朱印（500円）

「神社オリジナル御朱印帳」（左／2000円）と表に社殿、裏に龍が描かれた「令和御大典記念御朱印帳」（5000円）

御朱印帳は「御朱印帳入れ（金襴　古代金）」（2000円）で保管しましょう

気品あふれる金糸の織文様がすてき

# あらゆる分野の最高峰を供えるこの世の極楽浄土

「現世極楽浄土」という特別な称号をもつ即成院《そくじょういん》は、京都府京都市東山区に位置する古刹です。住職の平野雅章《がしょう》さんが語ってくださったのは、寺院にまつわる興味深い話の数々でした。

即成院の詳しい紹介はP.128へ

## 本堂内陣はこの世で唯一極楽を感じられる場所

「現世でも極楽、来世でも極楽」をかなえるという即成院の祈願主は、宇治市の平等院を造営した藤原頼通《ふじわらのよりみち》公の第3子・橘俊綱《たちばなのとしつな》公。父親を超える極楽の世界を創ろうと考えた俊綱公の思いを具現化したのが、本堂内陣に安置された御本尊の阿弥陀如来と二十五菩薩です。音楽を奏でながら極楽浄土へ誘う姿を立体的に造形したもので、国の重要文化財に指定されています。

「仏様は平安時代から残っています。二十五菩薩の約半分は江戸時代に修復していますが、残る半分は平安時代の開創当初から一切修復の手を加えていません。国宝の予備軍といううわさもあります。仏様は漆を塗って金箔されているものなので、当時はお堂の中に入ったらまぶしくて目が開けられないくらいだったといわれています。しかし、1000年の間に多くの方の御信心を頂いたので、光や線香の煙で現在のようなありがたいお姿、色合いに。私たちは〝成熟された〟と言っています」

寺院入口の山門には極楽浄土にしかいないという鳳凰の姿が。平等院の鳳凰堂と向き合う形になっています

## 極楽の時間を頂くために最高のものをお供えする

仏様へのお供え物は食べ物が一般的ですが、即成院はひと味もふた味も違います。「俊綱公は平安時代最高の風流人・文化人とされていましたので、ご自身とそのお仲間で歌会をして最高の歌を仏様に献じたり、最高の踊り手を呼んで仏様の舞を踊って奉納したりしていました。今も演奏家の方がワンフレーズ歌ったり、歌舞伎でしたら一場面を演じたり……。音楽に限らず伝統工芸の作品や、財力のある方ならアクセサリーなど、

それぞれの分野の方が自分のもっている最高のものをお供えすることで、この世の中で最高の極楽の時間・場所を作り出しています」

※中陣特別拝観（有料、内陣は非公開）を実施しています。詳細は公式サイトなどでご確認ください

## 一本の矢で人生を変えた あの弓の名手にあやかる

歴史的に最も有名な即成院の信者は源平の合戦で知られる那須与一《なすのよいち》です。源義経の参戦命令を受けたものの病気に倒れた与一は、〝病気を治して手柄を立てたい〟と仏様に祈願しました。「一所懸命信仰されたことによって病気が治り、結果屋島の合戦ではたった一本の矢で扇を打ち落として一躍時の人になりました。でも、与一さんは京都に凱旋して戻ってすぐ出家して仏門に入っています。これはうちの仏様とそういったお約束をされていたみたいなんです」

与一は仏様の前で亡くなり、即成院境内にお墓が建立されました。その功績にあやかって〝願いごとが一発必中でかなうように〟と多くの人が扇に願いごとを書いて奉納しています。奉納された扇は、阿弥陀如来へ祈願後、毎年5月第4日曜の「大護摩法要」でお焚き上げされます。

即成院では「大護摩法要」や阿弥陀如来の来迎する様子を表した「二十五菩薩お練り供養」などの法要に合わせて年6回特別御朱印を授与しています。いずれも和紙や文字の色が異なるデザイン性に優れたものばかりです。「ほかの寺社に比べて限定御朱印を始めたのは早かったです。特別法要のときに何か思い出になるものをと思って始めました」

第一章

10月の「二十五菩薩お練り法要」では、金色の菩薩のお面と金襴の衣装を身につけ、古代楽器などを持って境内を練り歩きます

## 周囲も幸せにする 大きな欲はすがすがしい

参詣者には誰もが知っているような世界的セレブや有名会社の企業家もいるのだとか。「上場祈願や株の上昇祈願など、ありとあらゆる欲にまみれた願いが多いんですけれども（笑）。それを達成するためには日々精進しなければいけませんし、トップに立つ人はAかBかの選択を迫られたときに毎回勝ち続けています。そのステージに達したからには、自分の欲望をさらにかなえるのではなく、一般の方にはたやすくできない社会貢献や環境保全といった周囲を幸せにすることをしなさい、とお伝えしています。真言宗ではすがすがしい欲を『大欲《たいよく》』といいましてね。私としては仏様に呼ばれた方が大きな意味で活躍し、成功を収められるよう祈願する、そういったスタイルでいます」

### 即成院の御朱印＆授与品

1月成人の日に授与された令和3年福禄寿御朱印（各1000円）

特別法要に合わせて頒布する特別御朱印

※ほかの御朱印はP.17で紹介

肌守から発想したという住職のアイデアが光る授与品

小さなお守り＝小守りをマスクのポケットに入れて使う「小守り付きマスク」（1万円）。オリジナル和装マスク2種類と小守り5体（5色）のセットです

デビュー前に教えて!

# もっと知りたい御朱印 Q&A

御朱印に関するマナーや素朴なギモンなど、御朱印の本を製作して15年以上の編集部がお答えします。

## Q この本で紹介している寺社でしか御朱印は頂けませんか?

**A 本書掲載以外の寺社でも頂けます**

ただし、神社は神職が常駐している場合です。神職がいても御朱印を頒布していない神社もあるので社務所に問い合わせてください。寺院の場合、浄土真宗の寺院は基本的に頒布していませんが、なかにはあくまでも参拝記念として頒布するところもあります。

## Q ひとつの寺社に複数の御朱印があるのはなぜですか?

**A 複数の神様や仏様をお祀りしているからです**

主祭神のほかに、主祭神と関係が深い神様などをお祀りしている神社ではその神様の御朱印も頒布していることがあります。寺院も同様、御本尊や御本尊に関係の深い仏様などさまざまな仏様をお祀りしている寺院は、御朱印も複数あります。参拝を済ませてから、希望の御朱印を伝えて、頂きましょう。

## Q 御朱印を頂く際に納める初穂料や志納(お金)はどのくらいですか? また、おつりは頂けますか?

**A 300～500円が多いようです。小銭を用意しておきましょう**

寺社ともに300～500円が一般的ですが、限定御朱印など特別な御朱印ではそれ以上の場合もあります。おつりは頂けます。とはいっても、1万円や5000円を出すのはマナー違反。あらかじめ小銭を用意しておき、「お気持ちで」と言われた場合も300～500円を目安に納めましょう。

## Q ジャバラ式の御朱印帳ではページの表裏に書いてもらうことはできますか?

**A 裏にも書いていただけます**

墨書や印などが裏写りしないような厚い紙が使用されているものなら裏にも書いていただけます。

御朱印、頂けますか?

撮影地：二本松寺（茨城）

## Q 御朱印帳の保管場所は、やはり神棚や仏壇ですか？

**A 本棚でも大丈夫です**

大切に扱うのであれば保管場所に決まりはありません。本棚、机の上など、常識の範囲でどこでも大丈夫です。ただし、神社のお札だけは神棚に祀ってください。

## Q 御朱印帳を忘れたら？

**A 書き置きの紙を頂きます**

たいていの寺社にはすでに御朱印を押してある書き置きがあります。そちらを頂き、あとで御朱印帳に貼りましょう。ノートやメモ帳には書いていただけません。

## Q 御朱印を頂くと御利益がありますか？

**A 神様や仏様を身近に感じられます**

神様や仏様とのご縁ができたと思ってください。御朱印帳を通し、神様や仏様を身近に感じ、それが心の平穏につながれば、それは御利益といえるかもしれません。

## Q 御朱印はいつでも頂けますか？ すぐ書いていただけますか？

**A 9:00～16:00が一般的。住職不在の際は頂けないこともあります**

授与時間は9:00～16:00が多いです。本書では各寺社に御朱印授与時間を確認し、データ欄に記載しているので参照してください。混雑した場合は時間がかかることも。時間がない場合は御朱印を頂く前に確認しましょう。また、住職と家族で御朱印を書いている寺院では、法要などで住職が不在、あるいは手が離せないときには頂けません。事前に確認するとよいでしょう。

## Q 御朱印帳は神社と寺院では別々にしたほうがいいですか？

**A 一緒にしてもかまいません**

特に分ける必要はありませんが、一部の神社で寺院の御朱印帳には書いていただけないことがあります。また、日蓮宗では「御首題帳」という専用の御朱印帳があり、御首題帳には「南無妙法蓮華経」と書いていただけますが、一般的な御朱印帳には書いていただけないか、「妙法」としか墨書しない寺院もあります。

## Q 御朱印を頂くときに守りたいマナーはありますか？

**A 必ず参拝し、静かに待ちましょう**

御朱印はあくまでも参拝の証。必ず参拝し、書いていただく間は飲食や大声でのおしゃべりは慎みましょう。

## Q 御朱印を頂いたあと、話しかけても大丈夫ですか？

**A 行列ができていなければ大丈夫です**

行列ができているときなどは避けましょう。しかし、待っている人がいないときなどには、御朱印や寺社のことを聞くと答えていただけるところもあります。

## Q 御朱印ビギナーが気をつけることは？

**A 自分の御朱印帳か確認を！**

書いていただいたあと、戻ってきた御朱印帳をその場で必ず確認すること。他人の御朱印帳と間違えて受け取ってしまうことがあるからです。後日ではすでに遅く、自分の御朱印帳が行方不明……ということもあるので気をつけましょう。

お作法講座

# いざ！御朱印を頂きに

お参りの前に正しい参拝の方法、御朱印の頂き方をマスターしておきましょう。難しく考えずに、こちらに書いてある最低限のマナーさえおさえればOK！身につけておきたいお作法を写真で解説します。

## 神社編

### 1 鳥居をくぐる

鳥居は「神様の聖域」と「人間界」を分ける結界の役目を担っています。まずは、鳥居の前で一礼（揖）。これは神域に入る前のごあいさつです。鳥居がいくつもある場合には、一の鳥居（最初の鳥居）の前で一礼を。帰りも「参拝させていただき、ありがとうございました」という気持ちで、振り返って一礼します。

**POINT**
神道のお辞儀は数種類あり、軽く頭をさげることを「揖(ゆう)」といいます

### 2 参道を歩く

神様の通り道である「正中」を避け、参道の端を歩きましょう。神社によって右側か左側か、人が歩く位置が決まっている場合があります。

### 3 手水舎で清める

### 手水舎での手順

古来、水は罪や穢れを洗い流し清めるとされてきました。そのため、参拝前に必ず手水舎へ行って、身を清めます。

①柄杓を右手で取り、まず左手を清め、次に柄杓を左手に持ち替え、右手を清めます。

②柄杓から片手に水を受けて口をすすぎ、口をつけたほうの手を再び水で清めます。

③最後に柄杓を立て、残った水を柄杓の柄にかけて清め、もとの場所に戻します。

※いちばん最初に汲んだ、柄杓1杯の水で①〜③までを行いましょう
※新型コロナウイルスの影響で柄杓の設置を廃止している寺社が増えています

## お寺編

### 1 山門で一礼

山門は寺院の正式な玄関です。かつて寺院は山上に建てられることが多かったので、「山」門と書くようになりました。禅宗寺院では悟りにいたる三解脱門が境内への入口とされ、三門と書くこともあります。いずれにせよ、玄関にあたるのですから、くぐる前に一礼します。

**POINT**
山門から境内に入ったら、心穏やかにゆっくり歩いて本堂まで向かいます。何かを食べながら歩くのは厳禁です

### 2 手水舎で清める

※写真はイメージです

### 3 常香炉にお香を立てる

本堂で参拝する前にお香を供え、お香の煙を浴びて心身を清めます。常香炉がないお寺もあります。

## 4 お賽銭を入れる

参拝の前に、まずお賽銭を投じましょう。金額に決まりはなく、「いくら払うか」よりも、「神様への感謝の心を込めてお供えする」ことが大切です。

**POINT**
鈴があれば鈴を静かに鳴らします。鳴らすタイミングは、お賽銭を投じてからという方が多いようです

## 5 拝殿で拝礼

拝礼の基本は「二拝二拍手一礼※」と覚えましょう。まず2回お辞儀（二拝）をしてから、パンパンと2回手をたたきます（二拍手）。感謝の気持ちを神様にささげ、祈願を伝えましょう。次にまたお辞儀（一礼）します。拝礼が済んだら、静かに拝殿から離れます。

※神社によって作法は異なる場合があります

**POINT**
手をたたく際、一度指先を揃えてから、右手を左手の第一関節くらいまでさげ、たたいたら戻します

## 6 御朱印を頂く

撮影地：羽黒山神社（栃木）

御朱印はお守りや御札などを授与している「授与所」や「社務所」、「御朱印受付」と表示してある場所で、「御朱印を頂けますか？」とひと言添えて頂きましょう。

**POINT**
●御朱印を書いていただいている間は飲食や大声でのおしゃべりは慎み、静かに待ちましょう。受け取りは両手で
●御朱印帳を出すときは、カバーや挟んである紙などは外し、書いてほしいページを開いて渡します
●御朱印代はほとんどの寺社で300〜500円。できればおつりのないよう、小銭を用意しておきます

## 4 お賽銭を入れる

本堂に到着したら、お参りする前にお賽銭を賽銭箱に投じます。また、入口に納経できる箱などが置かれていたら、そちらに写経を納めます。箱がなければ御朱印を頂くときに受付で納経します。

## 5 合掌して祈る

御本尊に合掌して読経します。読経は「般若心境」などを、声に出さなくても心のなかに念じるだけでかまいません。参拝の行列ができていたら、少し脇によけ、読経しましょう。御本尊前から去るときには一礼します。

**POINT**
本堂に上がる場合も同様です。読経の前にお線香に火をともし、お供えします

## 6 御朱印を頂く

撮影地：二本松寺（茨城）

御朱印は「納経所」「授与所」「御朱印受付」「寺務所」などと表示してある場所で頂きます。御朱印は本堂での参拝を済ませてから頂きましょう。

# 神社の基本

そもそも神社とはどういうところ？
神様やお祓いって何？　そんな疑問にお答えします。

## 訪れる前におさえておくべき！

### 神社の始まり

日本人は古代からあらゆる物に神が宿っていると考え、天変地異、人間の力ではどうにもならないような災害は神の戒めだと思っていました。ですから、自然のなかに神を見いだし、平穏無事を願いました。そのため、特に大きな山や岩、滝や木などに神の力を感じ、拝んでいた場所に社を建てたのが神社の始まりです。

### 神社とお寺の違いは？

大きな違いは、神社が祀っているのは日本古来の神様、お寺が祀っているのはインドから中国を経由して日本に伝わった仏様ということです。仏教が伝わったのは6世紀ですが、１００年ほどたつと神様と仏様は一緒であるという神仏習合《しんぶつしゅうごう》という考えが生まれます。しかし、明治時代になると再び神様と仏様を分ける神《しん》仏分離令《ぶつぶんりれい》が出されました。一般的に神社は開運などの御利益をお願いに行くところ。お寺は救いを求めたり、心を静めに行くところといわれています。

協力：神田神社

## 神社で祀られている神様って？

日本人は「日本という国は神が造り、神が治めてきた」と思ってきました。そこで神社では日本を造り治めた神々、風や雨、岩や木に宿る神々を祀っています。さらに菅原道真公や織田信長公など歴史上に大きな功績を残した人物も神としてあがめてきました。それは一生懸命生きたことに対するリスペクトからです。

## 神主さんってどういう人？

神社で働く人のこと。神社内の代表者を宮司《ぐうじ》といいます。位階は宮司、権宮司《ごんぐうじ》、禰宜《ねぎ》、権禰宜《ごんねぎ》、出仕《しゅっし》の順となっています。宮司から出仕まで神に奉職する人を神職と呼び、神職を補佐するのが巫女《みこ》です。神職になるには神道系の大学で所定の課程を修了するか、神社庁の養成講習会に参加するなどが必要ですが、巫女は特に資格は必要ありません。

## 神社という場所とは

神社は神様のパワーが満ちている場所です。一般的には、神社に参拝するのは神様に感謝し、神様からパワーをもらうため。そのためには自分の望みは何か、意思を神様に伝え、祈願することが大事です。感謝の気持ちを忘れず、一生懸命にお願いし、行動している人に神様は力を与えてくれるからです。また災難を除けるお祓いを受ける場所でもあります。

## 「お祓い」を受ける理由

穢れを落とすためです。「穢れ」は洋服などの汚れと同じと考えればよいでしょう。生きるためには食事をしますが、食事は動植物の命を奪い、頂くことです。いくら必要とはいえ、他者の命を奪うことはひとつの穢れです。穢れは災難を呼びます。その穢れを浄化するのがお祓いです。ときにはお祓いを受けて、生き方をリセットすることも必要です。

# 境内のあれこれと本殿の建築様式

境内には、参拝のための拝殿に本殿、摂社《せっしゃ》など盛りだくさん！　まず、鳥居から本殿に向かって延びる道は参道です。参拝前に手や口を水で清めるところを手水舎《ちょうずや》*といいます。御祭神をお祀りするのが本殿、その手前にあるのが拝殿で参拝者は拝殿で手を合わせます。境内にある小さな祠《ほこら》は摂社、末社《まっしゃ》といいます。摂社は御祭神と関係が深い神様、末社にはそれ以外の神様が祀られています。拝殿前にある狛犬は、神様を守護する想像上の動物。正式には向かって右が獅子、左が狛犬です。本殿は建築様式によってさまざまなタイプがあります。いちばん大きな違いは屋根。おもな建築様式を下で紹介します。

*「てみずしゃ」と読む場合もあり

## 本殿の建築様式。見分け方のポイントは屋根！

### 権現造《ごんげんづくり》

日光東照宮に代表される様式。拝殿と本殿の間に「石の間」と呼ばれる建物を設けています。屋根には神社ではあまり用いられない瓦葺《かわらぶき》も見られます。

### 神明造《しんめいづくり》

古代から伝わる高床式のスタイルで伊勢神宮が代表例。屋根には神社特有の千木、鰹木をのせています。檜皮葺《ひわだぶき》、茅葺《かやぶき》、板葺《いたぶき》がほとんどで勾配が急。

### 流造《ながれづくり》

神社建築で最も多いタイプ。側面から見ると正面にあたる屋根が長く前に延びているのがわかります。長く延びた部分を「庇《ひさし》」または「向拝《こうはい》」と呼びます。

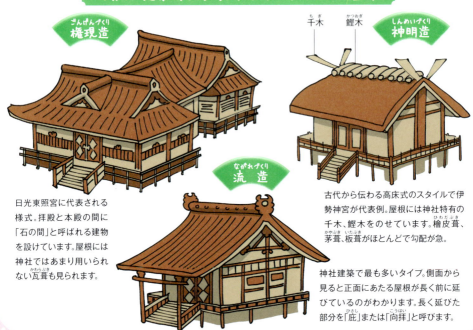

# 知っておきたい『古事記』の5大神様

国生みの神様、太陽神、縁結びの神様。大勢いる神様のなかでも絶対、知っておきたい最重要5大神様を紹介します。

第一章

神様PROFILE

1 日本を造った国生みの神

## イザナギノミコト【伊邪那岐命】

神生み、国生みの男神。イザナミを妻とし、淡路島など数々の島を生み、日本列島を造りました。アマテラスやスサノオをはじめ、多くの神々の父親でもあります。妻が亡くなると黄泉《よみ》の国（死者の国）まで会いに行くという愛情の持ち主で、夫婦円満、子孫繁栄、長命、さらに厄除けにもパワーがあります。

御祭神の神社 ➡ 三峯神社（P.81）、白山比咩神社（P.111）など

2 多くの神々を生んだ女神

## イザナミノミコト【伊邪那美命】

イザナギの妻として神や日本を生んだ女神。イザナギとともに日本最初の夫婦神です。火の神を出産したことによる火傷で亡くなり、黄泉の国へ旅立ちます。そこで黄泉津大神《よもつおおかみ》として黄泉の国を支配する女王となります。神や国、万物を生み出す強い生命力の持ち主なので、参拝者の心や体にエネルギーを与えてくれます。

御祭神の神社 ➡ 花窟神社（P.82）、波上宮（P.101）など

3 天上界を治め、太陽を司る最高神

## アマテラスオオミカミ【天照大神】

イザナギの禊によって生まれた女神。天上界である高天原を治める太陽神で八百万の神々の最高位に位置し、皇室の祖神とされています。全国の神明神社はアマテラスが御祭神で、その総本宮が伊勢神宮内宮です。自分自身の内面を磨きたいとき、未来を開きたいときなどに力を貸してくれます。

御祭神の神社 ➡ 天岩戸神社・天安河原宮（P.59）、東京大神宮（P.120）など

4 乱暴者でも正義感が強い神

## スサノオノミコト【須佐之男命】

アマテラスの弟。イザナギの禊によって誕生。父からは海を治めるように命じられますが、母のいる国に行きたいと反抗したため、追放されて放浪の身に。出雲に降り、ヤマタノオロチを退治して美しい妻を得ます。乱暴者ですが、正義感が強く、厄除け、縁結び、開運など多くの願いごとに応えてくれます。

御祭神の神社 ➡ 川越氷川神社（P.123）、富部神社（P.126）など

5 優しくて恋多き、モテモテの神

## オオクニヌシノミコト【大国主命】

スサノオの子孫です。ワニに毛をむしられた白ウサギを助けた神話『因幡の白ウサギ』で有名です。スサノオが与えた試練に耐え、人間界を治め、出雲の国造りを行いました。『古事記』によれば多くの女神と結ばれ「百八十」の神をもうけたとあり、良縁や子孫繁栄に御利益があるといわれています。

御祭神の神社 ➡ 出雲大社（P.104）、石都々古和氣神社（P.78）など

相関図

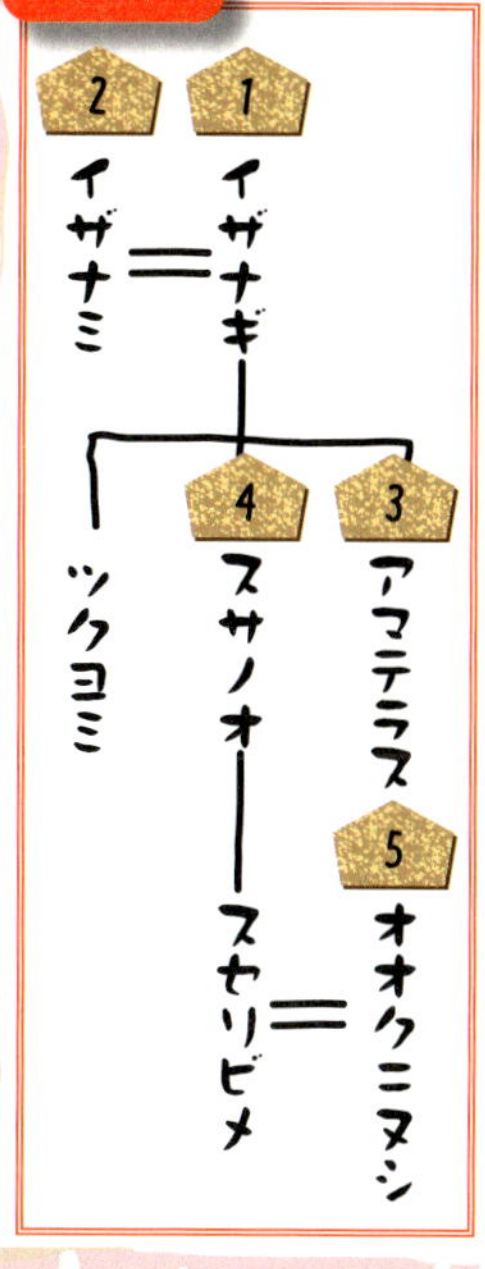

# キーワードで知る神社

神社を参拝すると聞き慣れない言葉を耳にすることがあります。そこで、わかりにくい「神社ワード」をピックアップし、解説。これを知れば、神社めぐりがもっと楽しくなるはず。

## 【荒魂《あらたま》と和魂《にぎたま》】

**神様がもつふたつの霊魂**

荒魂は神様の荒々しい霊魂、和魂は穏やかな霊魂のことをいいます。どちらも神道における考え方で、三重県の伊勢神宮など、それぞれを祀るお宮が存在する神社もあります。

## 【御神木】

**神域にある神聖な木**

神社のシンボルであったり、神様が降臨する際の依代《よりしろ》（目印）であったり、神域にある特定の樹木や杜を、御神木と呼んでいます。御神木に注連縄《しめなわ》を張る神社もあります。

## 【勧請《かんじょう》・分霊】

**別の土地の神様をお迎えします**

離れた土地に鎮座している神様を分霊（御祭神の霊を分けて、ほかの神社に祀ること）し、社殿に迎え、奉ること。勧請はもとは仏教用語から来た言葉です。かつて分霊を勧請するときには神馬《しんめ》の背中に御神体をのせ、移動していたといわれています。

## 【大麻《おおぬさ》（大幣）】

**祈祷などで使われるお祓いの道具**

榊の枝や棒に紙垂《しで》（和紙でできた飾りのようなもの）、麻をくくりつけたものが一般的。この大麻を振ってお祓いをします。ちなみに伊勢神宮では御神札を「神宮大麻《じんぐうたいま》」といいます。

## 【宮司《ぐうじ》・権宮司《ごんぐうじ》】

**栄えある神社のトップポジション**

宮司は祈祷から神事まで幅広く従事する神社の代表のことをいいます。また権宮司はナンバー2のことで、一部の神社で宮司と禰宜の間におかれているポジションになります。

## 【斎王《さいおう》】

**神様に仕える未婚の内親王や女王**

伊勢神宮などに奉仕する未婚の内親王または女王のこと。斎王の「斎」は、潔斎《けっさい》（神事などの前に心身を清めること）して神様に仕えるという意味です。京都の初夏を彩る「葵祭」の主役「斎王代《さいおうだい》」は、名前のとおり斎王の代理として神事を務めます。

## 【御祭神《ごさいじん》・御神体《ごしんたい》】

**祀られている神様と神様の居場所**

御祭神は神社にお祀りされている神様のこと。神社によっては複数の神様をお祀りしていて、主として祀られる神様を「主祭神」ともいいます。御神体は、神様が降臨するときに、よりどころとなる依代（目印）のようなもの。御神体そのものは神様ではありません。

### 【お札・お守り】

**どちらも祈願を込めて祈祷されたもの**

お札は神社で祈祷された紙や木、金属板のことです。災厄を除けるとされています。お守りはお札を小さくし、袋などに入れて、持ち歩けるようにしたものです。どちらも1年に一度は新しいものに替えるとよいとされています。

### 【神宮《じんぐう》】

**皇室とゆかりのある由緒ある神社**

神宮とは、皇室のご先祖や歴代の天皇を御祭神とし、古代から皇室と深いつながりをもつ特定の神社の社号です。なかでも「神宮」といった場合は、伊勢の神宮を指します。「伊勢神宮」は通称で、正式名称は「神宮」です。

### 【崇敬神社《すうけいじんじゃ》】

**地域にとらわれず個人で崇敬する神社**

全国の神社は伊勢神宮を別格として、大きくは崇敬神社と氏神神社に分けることができます。地縁などと関係なく、個人で信仰する神社を崇敬神社といい、人生のさまざまな節目などに参拝する人も。地域の氏神様と両方信仰しても問題はありません。

### 【神紋《しんもん》・社紋《しゃもん》】

**神社で用いられている紋**

神紋・社紋どちらも同じ意味です。神社にゆかりのある植物や縁起物、公家や武家の家紋が用いられることも。天満宮系はおもに「梅(梅鉢)紋」、春日大社系は「藤紋」と、社紋を見れば神社の系統がわかります。

### 【榊《さかき》】

**神棚や神事などに欠かせない木**

ツバキ科の常緑樹で小さな白い花をつけます。「さかき」の語源は、聖域との境に植える木、栄える木からなど諸説あります。「神事に用いられる植物」の意味から「榊」の国字になったともいわれています。

### 【禰宜《ねぎ》・権禰宜《ごんねぎ》】

**神社トップの補佐役を担う**

禰宜は権宮司がおかれていない場合、宮司の補佐役に当たります。権禰宜は職員。御朱印を授与しているのはおもに権禰宜です。境内の掃除や参拝者の対応のほか、社務所内での書類作成などのデスクワークや取材対応など広報のような役割を担うこともあります。

### 【幣殿《へいでん》】

**神様へお供え物をするための場所**

参拝者側から見て、拝殿・幣殿・本殿の縦並びが一般的。鹿島神宮(→P.106)などで見ることができます。神事を司る人が神前で参拝するときはこちらで。通常、一般の参拝者は入ることができません。

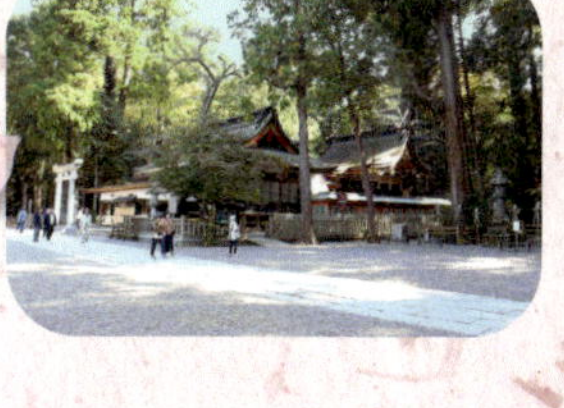

### 【巫女《みこ》】

**神楽や舞を奉仕する女性**

神職の補助や神事における神楽や舞を奉仕。神職には当たらないため、資格は必要ありません。

### 【例祭《れいさい》】

**神社の最も重要な祭祀**

「例大祭」と呼ばれることも。基本的にはひとつの神社につき、例祭はひとつだけ。年に一度、日が決められていることがほとんどですが、参加者を考慮して週末などに開催されることもあります。

# 寺院の基本

そもそもお寺とはどういうところか——
その起源や宗派について知っておきたい基本を説明します。

# 訪れる前におさえておくべき！

## お寺の始まり

仏教はインドの釈迦が紀元前5世紀頃に開いた教えです。その頃は寺院も仏像もなく、釈迦の教えを理解する修行の場があるだけでした。釈迦が亡くなると遺骨は仏塔に納められ、それが信仰の対象になっていきます。仏教がインドから中国へ広まり、やがて中国から日本に伝わったのは6世紀以降。日本人にとって仏教は外国からもたらされた最新の文化でした。奈良時代には興福寺や東大寺など、権力者が権威の象徴として五重塔など仏塔を築き、伽藍を建立していきました。これがお寺の始まりです。

## 宗派って何？

信仰の対象、教義の違いにより生じた分派のことです。代表的な宗派を簡単に説明しましょう。最澄が開いた天台宗には座禅、読経の修行で悟りを開く顕教と、加持・祈祷を重んじる密教とがあります。空海を開祖とする真言宗は修行により人は仏になれるという即身成仏が教えです。法然は念仏を唱えれば往生できるという浄土宗を開きました。親鸞が開祖の浄土真宗には死後すぐ浄土へ行けるという「臨終即往生」という考え方があります。座禅を重視し、禅宗と呼ばれているのが、栄西が開いた臨済宗や道元が開いた曹洞宗などです。日蓮が開祖の日蓮宗は「南無妙法蓮華経」と題目を唱えることを重視する宗派です。

## 本堂はどういう場所？

御本尊を安置する場所。古くは金堂ともいいました。内部は須弥壇、内陣、外陣で構成されます。須弥壇は御本尊や脇侍をお祀りする場で一段高く設けられています。僧侶が座り、読経したり、護摩をたいたりする場所を内陣と呼び、ここに参拝者が入ることはできません。参拝者が座る場所が外陣です。

## お線香はなぜ、たくの？

お線香は香料を線状に練り固めたもので、江戸時代初期に中国から伝来したとされます。参拝のとき、お線香を立てるのはその香りで穢れや邪気を祓い、自分自身を清める意味があります。お通夜でお線香をたくのは故人が浄土へ迷わず行けるよう道を照らすといわれています。

## 住職はどういう人？

住持職を省略した呼び名で、そのお寺に住み込んで管理や運営をする僧侶をいいます。お寺が宗教法人であれば代表役員になります。宗派により、呼び名が異なることもあり、曹洞宗では方丈といいます。僧侶の敬称ですが、高位の僧には上人、聖人、大師、阿闍梨、仏門に入った皇族や公卿に対しては入道などがあります。

## お経とは？

釈迦の教えを弟子たちがまとめて記録し、誰もが読んで唱えられるようにしたのがお経です。その内容は釈迦の教えになり、8万もの種類があるとされます。代表的なお経は「般若心経」で一切にこだわらない「空」の境地を説いています。浄土へ行く方法を説く「阿弥陀経」、観音信仰を説く「観音経」、釈迦を信じれば至福の道が開けるという「法華経」などがあります。

# 知っておきたい 仏像の種類

仏様には如来、菩薩、明王、天部があり、自らがもっている力や救う相手、戦う相手、役割によって姿を変化させます。そして、その役割や力は髪型、衣装、持ち物を見ればわかります。

## 如来

釈迦は悟りを開き釈迦如来となりましたが、仏教の教派のひとつ大乗仏教では釈迦を悟りへと導いたのが阿弥陀如来、薬師如来、盧舎那仏、大日如来と考えられています。

### 阿弥陀如来《あみだにょらい》

手と指の形を「印」といい、臨終の際、阿弥陀如来が迎えに来るサインで往生のランクを示しています。

### 大日如来《だいにちにょらい》

宝冠をかぶり、全世界に君臨する王者の姿を表現しています。悟りの最高境地を示す「智拳印」を結んでいます。

如来の髪型は毛髪が右巻きにカールしている螺髪《らほつ》で、頭頂部のふくらみは肉髻《にっけい》といいます。どちらも知恵の象徴とされます。眉間にあるのは白毫《びゃくごう》で白く長い毛が右巻きに丸まり、光明を放っているとされます。

## 菩薩

髪を高く結い上げ、装飾は頭に宝冠、胸には瓔珞《ようらく》という宝石や貴金属でできたネックレス、腕には臂釧《ひせん》、腕釧《わんせん》と呼ばれる腕輪などをつけ、優雅な衣をまとっています。

### 普賢菩薩《ふげんぼさつ》

白象の背に乗り、合掌する姿で表現されます。徳の力で衆生を救済してくれます。

### 弥勒菩薩《みろくぼさつ》

半跏思惟像《はんかしゆいぞう》で中指をほおに当てているのはどのように救済するか思案するポーズです。

## 明王

不動明王が変化した姿が五大明王です。東では降三世《ごうざんぜ》明王、西では大威徳《だいいとく》明王、南では軍荼利《ぐんだり》明王、北では金剛夜叉明王に変化し、煩悩や苦悩などと戦い、衆生を救います。

### 不動明王《ふどうみょうおう》

光背の炎で煩悩を焼き尽くし、剣で悪を断ち、左手に持つ羂索《けんさく》で人を救います。

### 愛染明王《あいぜんみょうおう》

獅子の冠をかぶり、愛欲を悟りに導きます。蓮台の下の壺は宝物が入った宝瓶です。

ほかに
どんな仏様が
いるの?

明王・天部には
多彩な
仏様がいっぱい!

ほかに、どのような仏様がいるのか見てみましょう。黒色の体に蛇を巻きつけた恐ろしい姿は大元帥明王で、鎮護国家の功徳があります。不浄を清浄に変える力をもつ烏枢沙摩《うすさま》明王は片足を上げた姿が多いです。天部では女神代表の吉祥天、その母親の鬼子母神、頭が象という歓喜天、その弟で足が速い韋駄天など。閻魔様も天部です。四天王は広目天、持国天、増長天、多聞天です。新薬師寺や興福寺で有名な十二神将は、薬師如来の眷属で天部に属します。

## 天部

鎧をつけ兜をかぶった勇壮な姿は、釈迦の家来たちがモデルになっています。多聞天の別名をもつ毘沙門天は脇侍としてではなく、戦いの神として単独で祀られ、信仰されることも多いです。

### 毘沙門天《びしゃもんてん》

戦いの神として上杉謙信が深く信仰。兜はかぶらず、甲冑をつけた武人の姿です。

### 阿修羅《あしゅら》

もと悪神ですが、仏教に帰依。戦闘の神で3面の顔、6つの腕をもっています。

# キーワードで知るお寺と仏教

お寺について調べたり参拝したりすると、聞き慣れない言葉を耳にすることがあります。そこで、わかりにくいワードをこちらで解説。これを知ればお寺めぐりがもっと楽しくなるはず。

## 【涅槃《ねはん》】

**欲が一切ない悟りの境地**

人間には欲望や妬み、恨みなど心を騒がせるさまざまな感情があります。これを煩悩ともいいますが、涅槃は煩悩が一切ない悟りの境地を指します。サンスクリット語のニルヴァーナに漢字を当てた言葉です。

## 【輪廻転生《りんねてんしょう》】

**死後また何度も生まれ変わること**

輪廻とは同じところを輪のようにぐるぐる回ること、転生とは生まれ変わることを意味します。人も動物も、死後は悩みの多い六道のどこかに生まれ変わることが続くという意味です。輪廻転生の苦しみから解放されることを解脱といいます。

## 【六道《ろくどう》】

**死後に行き着く6つの世界**

地獄道、餓鬼道、畜生道、修羅道、人間道、天上道からなる6つの世界を意味します。生前の行いによって行く世界は違いますが、どの世界も迷いに苦しむ世界です。なかでも地獄道が最も苦しみの多い世界とされています。六道の苦しみを救済してくれるのが六地蔵とされます。

## 【本尊《ほんぞん》・脇侍《わきじ(きょうじ)》】

**各宗派の信仰の対象となる仏**

各宗派の教えを仏様の姿を借りて表現しているのが御本尊。例えば真言宗は大日如来、天台宗は阿弥陀如来、曹洞宗は釈迦如来などです。脇侍は御本尊の左右に控え、御本尊の教えや功徳を補佐し、伝えます。日光・月光菩薩は薬師如来の脇侍として知られています。

## 【念仏《ねんぶつ》】

**仏をたたえ、救済を願う言葉**

南無阿弥陀仏、南無釈迦牟尼仏、南無大師遍照金剛、南無盧舎那仏などが念仏です。南無はサンスクリット語で敬意を表す言葉です。仏をたたえ、仏の教えに心身をささげますという意味になり、お経とは異なります。

## 【極楽浄土《ごくらくじょうど》】

**輪廻を離れ、苦しみのない世界**

阿弥陀如来が開き、輪廻転生を離れた世界。迷いも苦しみもなく、寿命も永遠です。大涅槃ともいいます。十万億土の西方にあり、臨終の際に阿弥陀如来が迎えに来てくれれば極楽浄土に行けるとされています。

## 【本地垂迹説《ほんじすいじゃくせつ》】

**神は仮の姿で仏が本来の姿**

神仏習合により生まれた思想。仏が真実の姿(本地)で、衆生を救うために神の姿をかりて(垂迹)現れたという考えです。例えば八幡権現や熊野権現など権現という名称の神様の真の姿は如来や菩薩であるとされました。

## 【神仏習合《しんぶつしゅうごう》】

**仏教と神道の教えが融合**

日本では古来、太陽神や穀物の神など神を信仰してきました。6世紀に中国から仏教が伝来。仏教が広まると両者が融合し、神社の境内に寺院が建てられるなどしました。

## 【菩提寺《ぼだいじ》】

**先祖代々の墓所がある寺院**

一族が代々、その寺の宗派に帰依し、そこに墓所を定め、法事などを行う寺。江戸時代の寺請制度では家単位でひとつの寺院の檀家(信者)になることが定められました。それ以降、その寺院がその家の菩提寺となっています。

## 【縁起《えんぎ》】

**寺院の由来や沿革**

物事は直接的な原因と間接的な原因(縁)によって起こるという仏教思想を表す言葉です。お寺の説明書に書かれている「縁起」とは、そのお寺が創建された沿革や御本尊、霊験などの伝説を意味しています。

## 【盂蘭盆会《うらぼんえ》】

**お盆のこと**

サンスクリット語のウラバンナに字を当てており、日本では祖先の霊が各自の家に帰る日とされます。精霊会、お盆と呼ばれます。8月13～15日に行う家が多いですが、一部地域では7月13～15日に行われます。

## 【御首題《ごしゅだい》】

**日蓮宗、独特の信仰の証**

日蓮宗のお寺で御朱印をお願いすると「南無妙法蓮華経」あるいは「妙法」と書いてくれます。これが御首題で、日蓮宗では信仰の証、参拝の証に授与するものです。「南無妙法蓮華経」はお経にはない言葉で日蓮宗の開祖日蓮が唱えたものです。

## 【曼荼羅《まんだら》】

**宇宙や浄土を絵図で表したもの**

多くの仏が描かれている仏教絵画です。仏がすむ宇宙や浄土の姿を表し、仏の教えが隅々まで広まっていることを表します。密教では大日如来を中心に描き、大日如来の知恵が現世で実践される様子を示しています。

## 【縁日《えんにち》】

**祀られている仏様に縁のある日**

御本尊や脇侍など、そのお寺に祀られている仏が現れた日やお寺を開創した日など縁のある日。この日に参拝すれば仏と縁が結ばれ、通常の日に勝る御利益があるとされます。薬師は8・12日、阿弥陀は15日、観音は18日、大師は21日、閻魔は16日、地蔵は24日などです。

## 【護摩《ごま》】

**炎で煩悩や災難を焼き祓う行法**

不動明王や愛染明王の前に火をたく炉を備えた壇(護摩壇)を設け、儀式に則り、木札を燃やす行のひとつです。木札は護摩木と呼ばれるもので人の悩みや災難を表し、火は知恵や心理を象徴しています。息災、招福、諸願を祈念します。

## 【三宝《さんぼう(さんぽう)》】

**仏宝、法宝、僧宝のこと**

御朱印に押される三宝印は仏法僧のこと。聖徳太子が「十七条憲法」で「篤く三宝を敬え。三宝は仏法僧なり」と述べています。仏は仏のこと、法は仏の教え、僧は仏の教えを伝える人を指し、三宝を大切にすると救済が得られ、幸せになれるというのです。

# 行きつけ寺社の見つけ方！

困難にぶつかったとき、
気分が晴れないとき、
そんなときに行きつけの神社やお寺があれば、
すぐに参拝してパワーをもらえたり、
心を落ち着かせたりすることができます。
そんな神社やお寺を見つけるヒントをご紹介します。

撮影地：羽黒山神社（栃木）

## 土地の守護神や菩提寺に参拝

日本全国には神社が約8万社、寺院は約7万7000寺もあります。

そのなかから「行きつけ」を見つけるには、自分が住んでいる地域の氏神《うじがみ》・産土神《うぶすながみ》をお祀りする神社や、先祖代々のお墓がある菩提寺を訪れるのがよいでしょう。

氏神・産土神とはその土地の守護神のこと。自分がその土地に住み始めてからずっと見守ってきてくれた神様といえます。昔の人々は血縁関係で結ばれた集団をつくって暮らすのが普通でした。彼らが守護神としてあがめたのが氏神です。

一方、産土神は、血縁に関係なく、その土地を守る神様として崇敬されてきた神様です。歴史のなかで徐々に氏神も地域の守り神となったことで両社の区別は曖昧になり、現在では両社を総称して氏神としています。氏神に対し、神社のある地域に住んでいる人々を氏子といいます。自分の住所の氏神がどこの神社かは、神社本庁のウェブサイトで各都道府県の神社庁の連絡先を調べ、電話で問い合わせると教えてくれます。

まずは氏神を祀る神社やご先祖様が眠るお寺に参拝し、御朱印を頂きましょう。

## 神社によくある「八幡」「稲荷」って？

同じ系列の神社では同じ御祭神を祀り、同じ御利益を頂けます。ですから、チャージしたいパワーによって参拝するべき神社が社名でわかるというわけです。

☆神社本庁のウェブサイトは
https://www.jinjahoncho.or.jp

**【稲荷信仰】** 商売繁盛や出世運の御利益で信仰されます。営業成績アップや招福祈願におすすめです。

**【八幡信仰】** 武家の守護神として祀られています。代表的な御利益は勝運。病気に打ち克つ力も頂けます。

**【天神信仰】** 学問の神様・菅原道真公をお祀りしているため、学業成就や合格祈願にも応えてくれます。

## お寺ならお気に入りの仏様を探そう

聖観世音菩薩、お不動様、閻魔様など、拝観して「いいな！」と思ったら、その仏様とご縁がある証拠。いつお参りしてもあたたかく迎えてくれるはずです。お気に入りの仏様が祀られているお寺をめぐって、その仏様専用の御朱印帳を作るのもよいでしょう。

# 第二章

# 編集部が太鼓判！最強モデルプラン

日本を代表する聖地をめぐる列島横断旅をはじめ、「山」「水」「森」「町」「島」をテーマにした魅力あふれるモデルプランを紹介します。御朱印もパワーもたっぷり頂ける聖地旅へ、出発しましょう！

日本横断・聖地旅
富士山～淡路島
P.44～

山の聖地
富士山
（山梨・静岡）
P.52～

水の聖地
高千穂
（宮崎）
P.56～

森の聖地
熊野
（和歌山）
P.60～

町の聖地
大阪・京都
P.64～

島の聖地
壱岐
（長崎）
P.68～

見るべきポイントもご紹介！

日本横断・聖地旅

富士山～淡路島

3泊4日プラン

## 富士山から日本仏教の聖地まで

# 日本列島横断！ 自分を変える旅

富士山を仰ぐ神社への参拝から始まり、由緒ある京都の神社、多くの名僧を輩出した「日本仏教の母山」比叡山延暦寺を訪れ、最後は「日本の始まりの地」である淡路島へ。御朱印を頂きながら日本を代表する聖地をめぐれば、新たな自分を発見できるはずです。

1日目

## 水の景勝地で心のお洗濯

聖地トリップのスタートは、富士山の伏流水に水源を発する神秘的な湧水池から。忍野八海は富士北麓に位置する忍野村にある8ヵ所の湧泉群の総称です。国の天然記念物に指定されています。

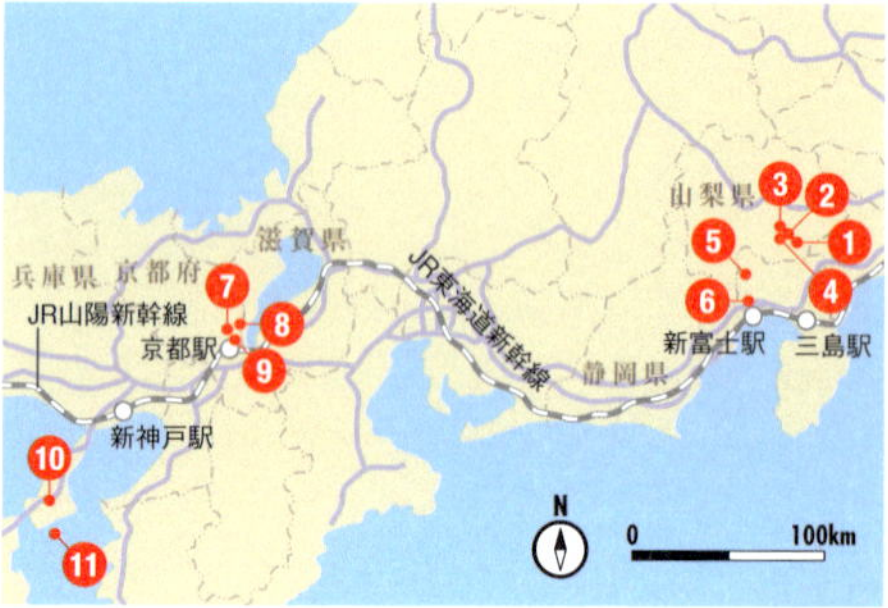


DATA map ❶

**忍《おし》野《の》八海《はっかい》**

住所／山梨県南都留郡忍野村忍草

電話／ 0555-84-4221

（忍野村観光協会）

交通／富士急バス「忍野八海」からすぐ

見学時間／自由

画像提供:忍野村観光協会

条件が整えば水面に逆さ富士が見られる「鏡池」

山梨

主祭神

大山祇大神《おおやまつみのおおかみ》

### 日本有数の金運スポットと名高い神社へGO！

# 新《あら》屋《や》山《やま》神《じん》社《じゃ》

本宮は原生林が生い茂る丘の上に鎮座。御祭神は願いごとをかなえてくれる霊験あらたかな神様で、特に金運上昇や商売繁盛に御神徳を発揮します。大願成就の御礼に奉納された数多くの鳥居からもその御利益の強さがうかがえます。富士山の2合目にある奥宮は、「金運神社」の別名をもつ強力なパワースポット。金運招福を祈願しましょう。

墨書／奉拝　印／富士山、新屋山神社　●富士山と裾野に広がる樹林帯を描いた印が特徴。見ているだけでパワーを頂けそうです

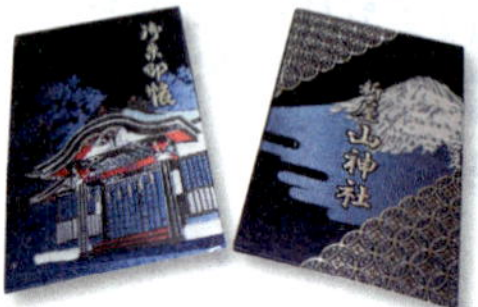

表には本宮が、裏には富士山が描かれた御朱印帳（1500円）

金運アップ&開運招福を祈願する「金運カードお守り」（1500円）は財布などに入れて持ち歩いて

DATA map ❷

**新屋山神社**

創建／1534（天文3）年

本殿様式／不詳

住所／山梨県富士吉田市新屋4-2-2

電話／0555-24-0932

交通／富士急バス「浅間神社前」から徒歩10分

参拝時間／自由（授与所は本宮9:00～16:00、奥宮5～10月10:00～15:00 ※変動の可能性あり）

御朱印授与時間／9:00～16:00

URL http://www.yamajinja.jp

### 夫婦木に縁結び祈願

2本の木の枝が交差し、その部分が一体化している珍しい夫婦木は、縁結びや夫婦和合、子授けなどに力を頂けると評判です。多くの夫婦や恋人が参拝に訪れるのだとか

山梨

## 悠久の時を刻む大木が林立 境内の「七本杉」は必見

# 河《かわ》口《ぐち》浅《あさ》間《ま》神《じん》社《じゃ》

河口湖を挟んで富士山と向き合う場所に立つ神社。864（貞観6）年、富士山は記録的な大噴火を起こし、甚大な被害をもたらしました。そこで噴火を鎮めてもらうため、富士山の神様である御祭神を祀り、創祀されたのが始まりと伝わります。鳥居をくぐると杉の巨木が茂る参道が社殿まで続き、清涼な空気が流れています。富士山の怒りともいわれた噴火を鎮める御祭神のパワーは強力で、御朱印からもその力を感じられます。

主祭神
木花開耶姫命《このはなさくやひめのみこと》

**御神木の「七本杉」**
社殿の南側には「七本杉」と呼ばれる7本の御神木がすっくとそびえ立っています。いずれも樹高40m以上、樹齢は1200年以上で、県の天然記念物に指定されています

墨書／奉拝、浅間神社　印／延喜式内名神大社、延喜式内名神大社浅間神社之印、甲斐河口　●手描きの富士山が印象的

高さ約18mの大鳥居をくぐると、参道の杉並木が参詣者を出迎えてくれます

DATA　map ③
**河口浅間神社**
創祀／865（貞観7）年
本殿様式／唐破風一間社流造
住所／山梨県南都留郡富士河口湖町河口1
電話／0555-76-7186
交通／富士急バス「河口局前」から徒歩3分
参拝時間／自由
御朱印授与時間／9:00～16:00
URL http://asamajinja.or.jp

## ロープウェイに乗って 富士山＆河口湖の大パノラマを満喫

河口湖畔のロープウェイでタヌキとウサギが登場する昔話「かちかち山」の舞台になった天上山の山頂へ。山頂には富士山のパノラマビューを一望する展望台のほか、写真スポットとして最適な「天上の鐘」やウサギの御神体を祀る「うさぎ神社」、かわらけ（素焼きの器）を投げて天上山の神様に願いの成就を祈る「かわらけ投げ」など、開運＆立ち寄りスポットがいっぱい。休憩するなら軽食を提供する「たぬき茶屋」がおすすめです。

雄大な富士山と河口湖の全景がダブルで楽しめます

DATA　map ④
**～河口湖《かわぐちこ》～ 富士山《ふじさん》パノラマロープウェイ**
住所／山梨県南都留郡富士河口湖町浅川1163-1
電話／0555-72-0363
交通／富士急行線「河口湖駅」から徒歩または周遊バス15分
営業時間／8:30～17:00（下り最終17:20）
※最新情報は公式サイトで確認を　休み／無休
URL https://www.mtfujiropeway.jp

**河口湖温泉宿泊**
旅の疲れは温泉で癒やしましょう。客室や露天風呂から富士山を望む"富士ビュー"が自慢の旅館やホテルが人気です

3泊4日モデルプラン　1日目

10:00 JR「三島駅」（レンタカー借りる）→ 車1時間10分 → 11:10 忍野八海（滞在1時間30分）→ 車10分 → 周辺でランチ 12:50 新屋山神社（滞在40分）→ 車20分 → 13:50 河口浅間神社（滞在1時間30分）→ 車10分 → 15:30 ～河口湖～富士山パノラマロープウェイ（滞在30分）→ 車10～20分 → 16:20頃 河口湖温泉宿泊

主祭神

木花之佐久夜毘売命《このはなのさくやひめのみこと》

静岡

浅間神社の総本宮で
輝く未来への道を開く！

# 富士山本宮浅間大社《ふじさんほんぐうせんげんたいしゃ》

全国に約1300社ある浅間神社の総本宮であり、富士山信仰の中心地としてあつく信仰されています。天気がよいと鳥居越しに姿を見せる雄大な富士山がとても優美です。「関ケ原の戦い」に勝利した徳川家康公は、1604（慶長9）年、本殿・拝殿・舞殿・楼門など約30棟を神恩感謝の意味を込めて造営しました。しかし、後の大地震などで多くが崩壊したため、現存する当時の建物は本殿・拝殿・楼門のみとなっています。主祭神は美しい神様として知られ、その「木花」という御神名から神社の御神木は桜。春は約500本の桜が咲き誇ります。

湧玉池《わくたまいけ》

富士山の雪解け水が湧出する特別天然記念物指定の池。かつては、富士山登山前に池の水を浴びて身を清めるならわしがありました。美しく透き通る水に心が清らかになるようです

楼門

境内入口にそびえる2階入母屋造の荘厳な門は、正面、左右脇に扉が付きます。門の左右には、神に仕え神を守る随身という男性像2体を安置。本殿同様、徳川家康公造営の建物です

## 総本宮へ行く前に
## 滝の空気で身を清める

本滝の一部を除き、滝水のほとんどが富士山の湧水というパワーみなぎる天下の名瀑。高さ約20m、幅約150mの湾曲した絶壁から大小数百の滝が白い絹糸のように流れ落ちる様子は、優しく女性的な美しさを放ちます。

DATA　map 5

白糸ノ滝《しらいとのたき》

住所／静岡県富士宮市上井出
電話／0544-27-5240（富士宮市観光協会）
交通／富士急静岡バス「白糸滝観光案内所」から徒歩5分
見学時間／自由

写真提供:静岡県観光協会 ハローナビ写真館

神社と富士山の共演

青空に映える朱色の社殿と背後にそびえる富士山の見事な共演は、ため息もの の絶景です。特に境内の桜が花咲く春は、格別に美しい光景が広がります

御朱印帳はP.19で紹介!

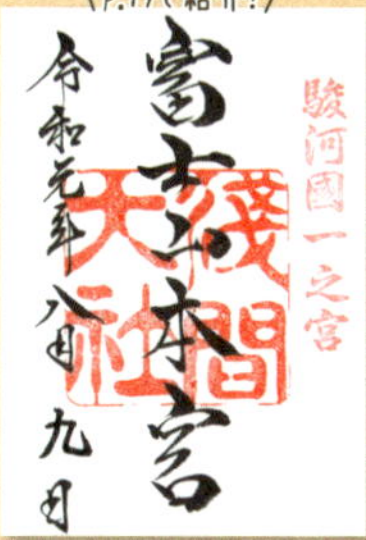


墨書/富士山本宮　印/駿河國一之宮、淺間大社　●富士山を思わせる優美でシンプルな御朱印。駿河国は現在の静岡県中部です

水に浸すと言葉が浮き出てくる「咲良(さくら)みくじ」(300円)は、ひもに縛ると富士山の形に見えるというこだわりのデザインです

「やっこさんおみくじ」(300円)は富士山入り!　全部で5色あり、色によって御利益が異なります

本殿の奥は神様が鎮座する神聖な場所。本殿の裏側は、神様に近いうえ人通りが少なく、清浄な空気が漂うパワースポットです。散策するだけで心身ともに満たされます

DATA　map 6

**富士山本宮浅間大社**

創建/紀元前27年
本殿様式/浅間造
住所/静岡県富士宮市宮町1-1
電話/0544-27-2002
交通/JR身延線「富士宮駅」から徒歩10分
参拝時間/4～9月5:00～20:00、11～2月6:00～19:00、3・10月5:30～19:30
御朱印授与時間/8:30～16:30
URL http://fuji-hongu.or.jp

主祭神
賀茂別雷大神《かもわけいかづちのおおかみ》

京都

京都最古の神社で頂く
無敵の縁結びパワー♡

# 賀《か》茂《も》別《わけ》雷《いかづち》神《じん》社《じゃ》(上《かみ》賀《が》茂《も》神《じん》社《じゃ》)

境内には2本の川が本殿を挟むように流れ、その瀬音に安らぎます。通称「上賀茂神社」の名で親しまれ、雷を「別ける」ほどの力をもつ神様が御祭神。平安遷都の前からこの地を守ってきた歴史があり、京都三大祭りの「葵祭」では王朝絵巻のような華やかな行列が御所から下鴨神社を経て、ここへ。神紋の葵は古くは「あふひ」と書き、「ひ」は神様、つまり神様と逢うことを表し、また「逢う日」の意味もあるそう。良縁詣は、紫式部も縁結びをお願いした第一摂社の片岡社へ。源氏の君のように光り輝くお相手と出会えるかもしれません。

拝殿前にある「立砂(たてずな)」は、御祭神が降臨した神山(こうやま)を模したもの。この立砂が鬼門にまく「清めの砂」の始まりとされています

御朱印帳はP.21で紹介!

墨書/山城国一之宮、賀茂別雷神社　印/神紋の二葉葵、賀茂別雷神社　●京都三大祭りのひとつ「葵祭(賀茂祭)」では、社殿の御簾から牛車、斎王代からお供の衣装まで二葉葵で飾られます

片岡社で頂ける「縁結御守」(800円)は、片岡社の鈴と鈴緒が刺繍されたお守り

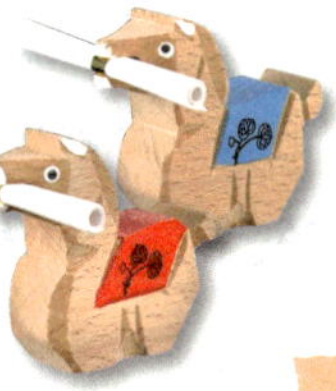

日本における乗馬・競馬発祥の地である賀茂別雷神社(上賀茂神社)らしい「お馬みくじ」(各500円)

DATA　map 7

**賀茂別雷神社(上賀茂神社)**

創建/不詳　本殿様式/三間社流造
住所/京都府京都市北区上賀茂本山339
電話/075-781-0011
交通/市バス「上賀茂神社前」からすぐ
参拝時間/二の鳥居内5:30～17:00、楼門内8:00～16:45
御朱印授与時間/9:00～17:00
URL https://www.kamigamojinja.jp
写真提供:上賀茂神社

### 紫式部も良縁詣に訪れた名社

平安の昔から信仰されてきた縁結びの神様を祀る片岡社。紫式部はこちらに通った歌を『新古今和歌集』に残しています

3泊4日モデルプラン　2日目

8:35 河口湖温泉 ← 車45分 ← 9:20 白糸ノ滝(滞在45分) ← 車25分 ← 10:30 富士山本宮浅間大社(滞在1時間) ← 車30分 ← 12:08 JR「新富士駅」(レンタカー返却(乗り捨て)) ← 新幹線2時間26分(移動中にランチ) ← 14:34 京都駅 ← 電車+バス35分 ← 15:20頃 賀茂別雷神社(上賀茂神社)(滞在50分) ← 電車+バス35分 ← 16:45頃 京都駅周辺宿泊

※バスや電車の時間は変更の場合あり

滋賀

## 広大な山内に堂宇が点在 琵琶湖を望む天空の聖地へ

# 比《ひ》叡《えい》山《ざん》延《えん》暦《りゃく》寺《じ》

「延暦寺」とは、滋賀と京都の境にそびえる比叡山の山内に点在する約100ある堂宇の総称です。天台宗の総本山であり、788(延暦7)年に伝教大師最澄が一《いち》乗《じょう》止《し》観《かん》院《いん》(現在の根本《こんぽん》中堂《ちゅうどう》)を創建したことに始まります。境内は東の東塔《とうどう》、西の西塔《さいとう》、北の横川《よかわ》の3エリアに区分され、それぞれに本堂があります。最盛期には3000に及ぶ寺院がありましたが、織田信長によって全山焼き討ちに遭い、伽藍は焼失。現在、目にすることができる堂宇はその後に再建されたものです。

根本中堂

### 「修学ステージ」から改修の様子を見学

国宝の根本中堂や廻廊は2027(令和9)年まで約11年かけて大改修中。特設の「修学ステージ」では屋根の高さまで上って貴重な改修の様子を間近で見ることができます

御本尊
薬師如来《やくしにょらい》

不滅の法灯

開祖の最澄がともして以来、1200年以上一度も消えることなく光を放ち続ける天台宗のシンボル。根本中堂の御本尊の前で見られます

墨書/奉拝、醫王殿、比叡山、根本中堂　印/比叡山、薬師如来を表す梵字バイの印、比叡山根本中堂印　●根本中堂の御朱印です。仏様の縁日限定の御朱印もあります

### 東塔エリア

延暦寺発祥の地であり、総本堂の「根本中堂」がエリアの中心。各宗各派の宗祖を祀る「大講堂」、先祖を供養する「阿弥陀堂」など、重要な堂塔が集まります。誰でもつくことのできる大講堂前の「鐘楼」など開運招福スポットも多数。

DATA　map 8

**比叡山延暦寺**

山号/比叡山　宗旨/天台宗

住所/滋賀県大津市坂本本町4220　電話/077-578-0001

交通/坂本ケーブル「ケーブル延暦寺駅」から徒歩8分の延暦寺バスセンターから山内各所へシャトルバスが運行

拝観時間/東塔地区9:00～16:00、西塔・横川地区9:00～16:00 ※冬季は時間に変動あり

御朱印授与時間/東塔地区9:00～15:30、西塔・横川地区9:00～15:30 ※冬季は時間に変動あり　拝観料/3地区共通券1000円

URL https://www.hieizan.or.jp

### 比叡山は「仏教の総合大学」

世の中の平安を祈る寺院であるとともに、人材育成の学問と修行の道場としても発展。浄土宗の法然、浄土真宗の親鸞、日蓮宗の日蓮など、日本仏教界の名だたる高僧が比叡山で修行し、宗祖となったことから、「仏教の総合大学」「日本仏教の母山」と称されるようになりました。

### あなたの守護尊は?「梵字ラテ」で開運!

延暦寺の宿坊「延暦寺会館」の1階にある琵琶湖ビューの喫茶コーナーでひと休み。注文時に干支を伝えると、自分の守り本尊の梵字を入れてもらえる「梵字ラテ」(700円)が人気です。

DATA

**延暦寺会館《えんりゃくじかいかん》 喫茶《きっさ》「れいほう」**

電話/077-579-4180

営業時間/10:00～16:00LO

休み/無休　URL http://syukubo.jp

東塔エリアで頂ける御朱印

大講堂

文殊楼

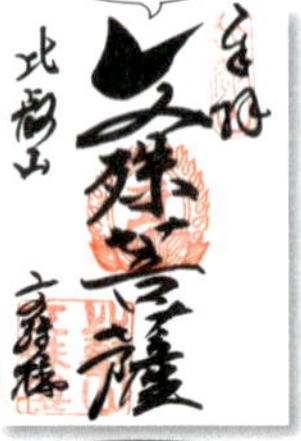

大黒堂

万拝堂

阿弥陀堂

法華総持院東塔

正覚院

※延暦寺会館で授与

8:30 JR「京都駅」

3日目　3泊4日モデルプラン

← 比叡山ドライブバス 1時間15分

※バスや電車の時間は変更の場合あり

# 比叡山延暦寺の授与品はこちら

ほかの御朱印帳はP.20で紹介！

数珠や錫杖などの仏具がポップなイラストで描かれた御朱印帳（2000円）

あらゆる良縁を結ぶ手助けをしてくれる「縁守」（800円）

厄を祓い、運を呼び込む「厄除守」（各1000円）

薬師如来を表す梵字が書かれた「心願成就守」（1000円）

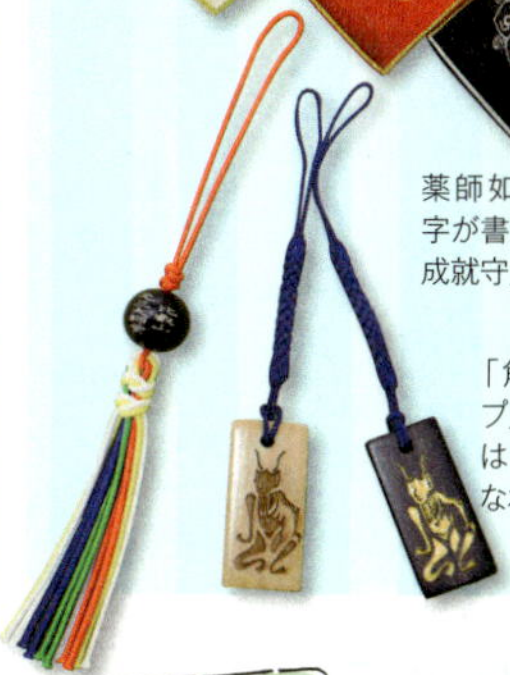

「角大師ストラップ」（各1000円）は魔を祓う強力なお守りです

釈迦堂

御本尊
釈迦如来《しゃかにょらい》

御朱印はこちら

## 西塔エリア

杉木立が並ぶ静寂なエリア。中心となるお堂は、現存する山内最古の建造物である「釈迦堂」です。渡り廊下で二堂がつながった「にない堂」や、比叡山で最も清浄な聖域である伝教大師最澄の御廟「浄土院」などがあります。

## 横川エリア

西塔から北へ4kmほどの場所にあり、遣唐使船を模した舞台造の「横川中堂」を中心とする区域。おみくじの創始者であり、魔除け・疫病除けの角大師（護符）として有名な元三慈恵大師良源を祀る「元三大師堂（四季講堂）」などがあります。

御本尊
聖観世音菩薩《しょうかんぜおんぼさつ》

横川中堂

御朱印はこちら

元三大師堂

御本尊
慈恵大師《じけいだいし》

### 山内の移動はシャトルバスが便利

3エリアをすべて回るなら、「比叡山シャトルバス」を利用しましょう。1日乗り放題の「比叡山内バス1日乗車券」（大人1000円）がお得です。

停車バス停

比叡山頂 → 5分 → 東塔 → 2分 → 延暦寺バスセンター → 3分 → 西塔 → 4分 → 峰道 → 6分 → 横川 → 20分 → 比叡山頂

9:45 比叡山延暦寺〈東塔〉（滞在1時間50分）← シャトルバス3分 ← 11:40 比叡山延暦寺〈西塔〉（滞在30分）← シャトルバス10分 ← 12:20 比叡山延暦寺〈横川〉（滞在1時間10分）← シャトルバス13分 ← 14:11 延暦寺バスセンター（バスを待っている間にランチ）← 比叡山ドライブバス40分 ← 14:51 京阪出町柳 ← 徒歩12分 ← 15:05頃 下賀茂神社（滞在1時間）← 電車＋徒歩25分＋予備時間 ← 17:07 JR「京都駅」← 新幹線28分 ← 17:35 新神戸駅周辺宿泊

主祭神

賀茂建角身命《かもたけつぬみのみこと》

玉依媛命《たまよりひめのみこと》

鎮守の森に囲まれた
縁結びの聖地

京都

# 下《しも》鴨《がも》神《じん》社《じゃ》

糺《ただす》の森と呼ばれる原生林に鎮座する「下鴨さん」。表参道から小川と森に包まれ、喧騒から切り離された神聖な空気を感じます。正式には「賀茂御祖《かもみおや》神社」といい、紀元前から信仰されてきた京都の守護神です。上賀茂神社とともに「葵祭」を執り行い、御祭神は上賀茂神社の御祭神のお母様とお祖父様。本殿に参拝してから、縁結び詣に欠かせない御利益スポット「相生社《あいおいのやしろ》」と、その隣に祀られる「連理の賢木《さかき》」へ。摂社の河合神社も、美しくなりたい女性を応援してくれる美人の女神様がおられるので、しっかり参拝しましょう。

**楼門**

1628（寛永5）年に建て替えられた高さ13mの朱色の門。重要文化財に指定されています

**糺の森**

樹齢200～600年という古木が約600本生い茂る鎮守の森。小川の流れや鳥のさえずりに耳をすましながら散策を楽しみましょう

**相生社**

縁結びを司る神様を祀ります。お参りするときは、鳥居の正面に立ち、女性は右から、男性は左から社の周りを回り、3週目の途中で絵馬を奉納します。隣に立つ「連理の賢木」は、2本の木が途中から1本につながって伸びる御神木です

織細なレースが乙女ゴコロをくすぐる「開運招福レース御守」（2000円）

御朱印帳はP.21で紹介！

墨書／賀茂御祖神社　印／双葉葵、山城國一宮、賀茂御祖神社　●神紋の二葉葵は緑色でさわやかなアクセントになっています

＼相生社／

墨書／えんむすびの神、相生社　印／水引、相生社印、連理の賢木　●ピンクの水引と緑色の連理の賢木が優しい色合いです

DATA　map 9

**下鴨神社**

創建／不詳

本殿様式／流造

住所／京都府京都市左京区下鴨泉川町59

電話／075-781-0010

交通／京阪本線「出町柳駅」から徒歩12分、または市バス「下鴨神社前」「糺ノ森」からすぐ

参拝時間／6:00～17:00

御朱印授与時間／9:00～16:30

URL https://www.shimogamo-jinja.or.jp

同じ柄がふたつとない、ちりめん地のお守り「媛守（ひめまもり）」（各1000円）

## 摂社の河合神社で美力アップ！

下鴨神社を参拝したあとは、女性の守護神として信仰される、関西屈指の美力アップスポットへ。玉のように美しいという御祭神の玉依姫命にあやかって、外見はもちろん内面も美しく磨き上げましょう。手鏡の形をした絵馬を手持ちのコスメでメイクアップし、願いを込めて奉納します。色鉛筆の貸し出しもあります

奉納所には参拝者が理想の顔を描いた絵馬がずらりと並んでいます

御朱印もあります

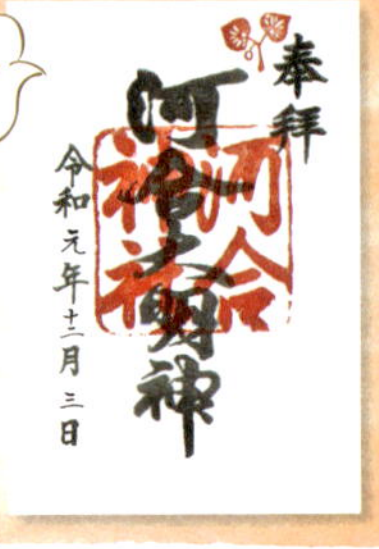


新神戸駅周辺宿泊

9:20
JR
「新神戸駅」
レンタカー借用

4日目

3泊4日モデルプラン

兵庫

4日目

## 神々が宿る神話の島 淡路島で良縁を授かる

主祭神
伊弉諾命《いざなぎのみこと》
伊弉冉命《いざなみのみこと》

# 自《おの》凝《ころ》島《じま》神《じん》社《じゃ》

日本最古の歴史書『古事記』の冒頭に登場する「国生み神話」で、日本最初の島として登場する淡路島で参拝ドライブ。まず訪れたいのは、国生み神話の伝わるこちらの神社。御祭神は縁結び、安産の御神徳で知られ、「参拝したらすぐ出会いがあった」との声もあるとか。朱塗りの大鳥居の高さは21・7m。日本三大鳥居のひとつに数えられています。

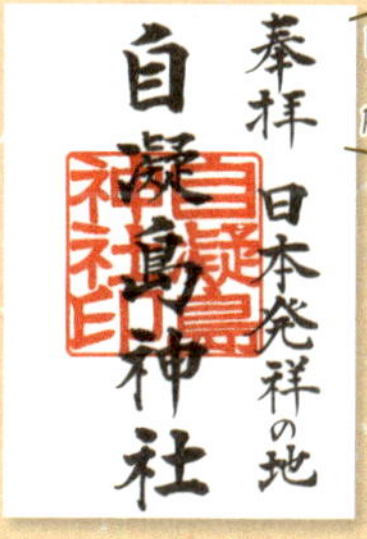


限定御朱印と御朱印帳はP.11・20で紹介!

墨書／奉拝、日本発祥の地、自凝島神社　印／自凝島神社印
●神話に基づき「日本発祥の地」と墨書が。御朱印は鳥居をくぐってすぐ右手の社務所で頂けます

「えんむすび守」（各800円）。白いほうを女性、赤いほうは男性が持つといいとか

DATA　map 10
**自凝島神社**
創建／不詳
本殿様式／神明造
住所／兵庫県南あわじ市榎列下幡多415
電話／0799-42-5320
交通／神姫バス「榎列」から徒歩10分
参拝時間／自由
御朱印授与時間／9:00～17:00
URL https://www.freedom.ne.jp/onokoro/

### 本殿右手のパワーストーン

鶺鴒（せきれい）石は、御祭神ゆかりの良縁を結ぶ石です。「新しい出会いを授かりたい」「今の絆を深めたい」など、自分の状況に合わせて縄を握って祈願すれば、御利益があるといわれています

### 船に乗ってパワーみなぎる沼島へ map 11

淡路島の南にある土生（はぶ）港から汽船（往復大人920円）に乗り、約10分で沼島（ぬしま）に到着。小さな島なので歩いて散策できます

国生み神話が残る勾玉形の島です

4社の御朱印はこちらで授与

## 沼《ぬ》島《しま》八《はち》幡《まん》神《じん》社《じゃ》

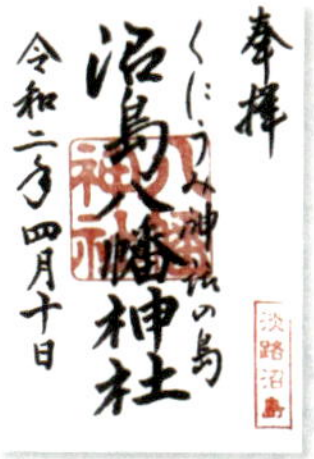


港を見下ろす高台にある沼島の氏神。境内の後ろには樹齢200年を超える大木が茂る森が広がります。

DATA
住所／兵庫県南あわじ市沼島2521
交通／沼島汽船「沼島ターミナルセンター」から徒歩5分
御朱印授与時間／宮司在社時

## おのころ神《じん》社《じゃ》

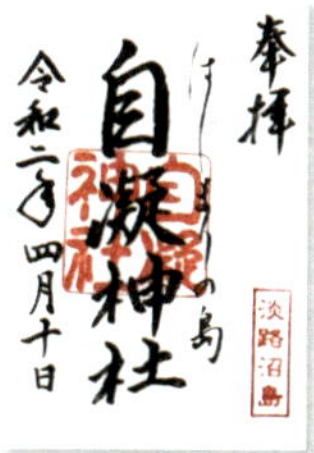


緑と小川を横目に階段を上ると神社が現れます。山自体が御神体で、夫婦神の像が鎮座。境内からは沼島の港を望めます。

DATA
住所／兵庫県南あわじ市沼島73
交通／沼島汽船「沼島ターミナルセンター」から徒歩10分

## 弁《べん》財《ざい》天《てん》神《じん》社《じゃ》

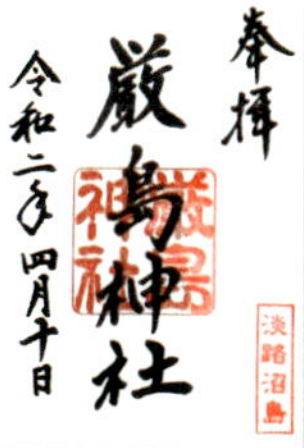


海の守護や学問と技芸向上に御神徳のある神様を祀っています。境内にそびえる黒松の大木からもパワーを頂けそうです。

DATA
住所／兵庫県南あわじ市沼島2276
交通／沼島汽船「沼島ターミナルセンター」から徒歩2分

## 神《しん》明《めい》神《じん》社《じゃ》

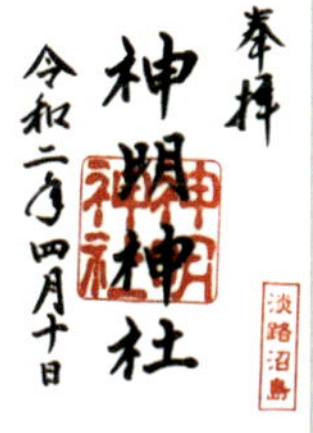


「シメンドさん」と呼ばれ、島の守護をしているといわれています。社殿は神明山の中腹にあり、長い階段を上る必要があります。

DATA
住所／兵庫県南あわじ市沼島
交通／沼島汽船「沼島ターミナルセンター」から徒歩15分

### ハートを探せ！

高さ約30mを誇る巨岩。その形状から天の御柱のモデルともいわれる。中心にあるハートマークが有名で、恋愛成就のパワースポットとして訪れる人が増えている。

DATA
**上立神岩《かみだてかみいわ》**
住所／兵庫県南あわじ市沼島
交通／沼島汽船「沼島ターミナルセンター」から徒歩25分
見学時間／自由 ※漁船でめぐる奇岩クルーズあり
問い合わせ／050-3187-5040（周遊漁船沼島おのころクルーズ）

← 車 1時間10分
10:30 自凝島神社（滞在30分）
← 車 35分＋予備時間
11:55 灘ターミナルセンター（土生港）（レンタカーは港に駐車）
← 船 10分
12:05 沼島
← 徒歩 15分（周辺でランチ）
13:00～ 沼島観光
・沼島八幡神社 ・おのころ神社 ・弁財天神社 ・神明神社 ・上立神岩
←
15:50 沼島
← 船 10分
16:00 灘ターミナルセンター（土生港）
← 車 1時間10分
17:10 JR「新神戸駅」（レンタカー返却）

日本一の山・富士山をぐるり1周!

# 浅間神社5社めぐりで運気アップをお約束

山の聖地
富士山
日帰りプラン

世界文化遺産に登録されている富士山は、その雄姿を見るだけで誰もが元気をもらえる不思議なエネルギーに満ちています。山麓に鎮座する浅間神社5社をめぐって、元気や美力をアップするとっておきのパワーを授かりましょう。

静岡

浅間神社めぐりの始まりは登山道のスタート地点から

## 富《ふ》士《じ》山《さん》東《ひがし》口《ぐち》本《ほん》宮《ぐう》 冨《ふ》士《じ》浅《せん》間《げん》神《じん》社《じゃ》 (須《す》走《ばしり》浅《せん》間《げん》神《じん》社《じゃ》)

802(延暦21)年に富士山が噴火した際、鎮火を祈願した地に創建。室町時代後半から江戸時代にかけて庶民による富士山登拝信仰が盛んになり、須走の登山道や宿場町とともににぎわいました。木々がうっそうと茂る境内には、一部に江戸期の木材を使用する社殿や推定樹齢400年のハルニレの木など、文化財や天然記念物が点在。また、随神門前両脇の富士塚をかたどる岩場の上には、親子の狛犬が3匹鎮座する珍しい姿が見られ、多くの人に親しまれています。

主祭神
木花咲耶姫命《このはなのさくやひめのみこと》

表参道にある石製大鳥居の扁額に刻まれているのは「不二山」の文字。「ふたつとないすばらしい山=富士山」を意味します

根上がりモミ

モミ・ブナ・カシの3本の木が絡み合っていることから縁結びの御利益があるといわれています

墨書/冨士浅間神社　印/丑、富士山東口本宮、東口本宮浅間神社、皐月　●祝祭日などは印の種類が異なります

富士山のように高みを目指す人にぴったりな「赤富士の勝守」(800円)

富士山登山者用の「焼印」、「刻印」(各300円)は開山期間しか頂けないレア物

DATA
**富士山東口本宮 冨士浅間神社**
**(須走浅間神社)**
創建/807(大同2)年
本殿様式/権現造
住所/静岡県駿東郡小山町須走126
電話/0550-75-2038
交通/富士急行バス「須走浅間神社前」から徒歩1分　参拝時間/自由
御朱印授与時間/9:00~17:00(冬季~16:30)

### すがすがしい滝でリフレッシュ

境内の南に位置する鳥居の横にある滝でマイナスイオンをたっぷり浴びて元気をチャージ!　冬場は滝が凍り、巨大なつららが出現することもあります

日帰りモデルプラン

- 8:00 JR「三島駅」(レンタカー借りる)
- ← 車 1時間
- 9:30 富士山東口本宮冨士浅間神社(須走浅間神社)(滞在40分)
- ← 車 30分
- 10:40 北口本宮冨士浅間神社(滞在40分)
- ← 車 20分
- 11:40 冨士御室浅間神社(滞在45分)
- ← 車 35分
- 13:00 道の駅朝霧高原(滞在1時間)
- ← 車 30分
- 14:30 山宮浅間神社(滞在30分)
- ← 車 15分
- 15:15 富士山本宮浅間大社(滞在1時間)(お宮横丁に立ち寄り♪)
- ← 車 35分
- 17:50 JR「新富士駅」(レンタカー返却(乗り捨て))

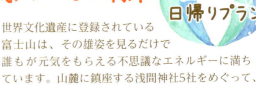

山梨

## 御神体である富士山を拝み ピースフルな毎日を願う

# 北《きた》口《ぐち》本《ほん》宮《ぐう》冨《ふ》士《じ》浅《せん》間《げん》神《じん》社《じゃ》

主祭神
木花開耶姫命《このはなのさくやひめのみこと》
彦火瓊瓊杵尊《ひこほのににぎのみこと》　大山祇神《おおやまづのかみ》

吉田口登山道の起点となる場所にある、日本神話界のヒーロー・日本武尊《やまとたけるのみこと》ゆかりの神社。古木が林立する森閑とした参道を進むと、木造としては日本最大級の冨士山大鳥居が見えてきます。さらにその先には国指定重要文化財の本殿をはじめとする社殿が。荘厳な雰囲気の拝殿で手を合わせると、神々の強いパワーを感じるようです。

恋愛はもちろん、さまざまな良縁を祈願する「むすび守」（各300円）

墨書／参拝、北口本宮　印／北口本宮、冨士浅間神社　●ダイナミックな墨書は富士山の形をイメージさせます

大塚丘社

墨書／大塚丘　朱書／北口本宮発祥　印／大塚丘社　●日本武尊が富士を遥拝した神社発祥の地の御朱印

DATA
**北口本宮冨士浅間神社**
創建／110（景行天皇40）年
本殿様式／一間社入母屋造・向拝唐破風造
住所／山梨県富士吉田市上吉田5558
電話／0555-22-0221
交通／富士急バス「浅間神社前」からすぐ
参拝時間／9:00～16:30（祈祷受付）
御朱印授与時間／8:30～17:00

### 神社発祥の地

社殿から約5分歩いた場所にある「大塚丘社（おつかやましゃ）」は、高さ5mほどの小高い丘。日本武尊が東征の際に立ち寄ったという神社発祥の地です

山梨

## 武田家が3代にわたって崇敬した歴史ある社

# 富《ふ》士《じ》御《お》室《むろ》浅《せん》間《げん》神《じん》社《じゃ》

主祭神
木花開耶姫命《このはなのさくやひめのみこと》

1300年以上前に富士山2合目に奉斎されたと伝わる神社。社殿は富士山の噴火で何度も焼失しましたが、そのたびに再興、増設されました。現在の本宮は1612（慶長17）年に造営されたもの。4回の大改修を経て現在地に遷祀しました。御祭神は火山を鎮める水の女神で、富士の流水が地域を潤してきたことから、発展・繁栄の御神徳も頂けます。

富士山と桜が描かれた「しあわせ御守」（1000円）

### 美しい桜の名所

桜の季節になるとソメイヨシノが境内を美しく彩ります。特に桜がずらりと並ぶ表参道は必見！歩くだけで心が浄化されます

DATA
**富士御室浅間神社**
創建／本宮699（文武3）年、里宮958（天徳2）年
本殿様式／一間社入母屋造・向拝唐破風造（本宮）
住所／山梨県南都留郡富士河口湖町勝山3951
電話／0555-83-2399
交通／湖畔周遊レトロバス「富士御室浅間神社」からすぐ
参拝時間／自由　御朱印授与時間／9:00～16:30（11～3月～16:00）
URL http:// www.fujiomurosengenjinja.jp

本宮

墨書／奉拝　印／富士山最古宮、北口二合目、本宮、富士御室浅間神社　●富士山をモチーフにした印です

里宮

墨書／奉拝、富士御室　印／富士山最古宮、富士御室浅間神社　●堂々たる墨書が神社の風格を感じさせます

静岡

## 正面に富士山を望む 壮大な光景は圧巻

# 山《やま》宮《みや》浅《せん》間《げん》神《じん》社《じゃ》

主祭神
浅間大神《あさまのおおかみ》
木花之佐久夜毘売命《このはなのさくやひめのみこと》

全国にある浅間神社の中で最も古いといわれ、総本宮である富士山本宮浅間大社（→P. 55）の起源となる神社です。かつて村人たちが本殿を造ろうと試みたところ、何度も風に飛ばされてしまい、「これは神のたたりだ」と考えるようになったため、今でも本殿にあたる建物はありません。富士山を直接拝む参拝形式で、遥拝所としての原始的な姿をとどめています。神秘的な空気が漂う場所で心静かに富士山を拝み、絶大なパワーを頂きましょう。

### 富士山が見られる道の駅でちょっと休憩

富士山が目の前にど～んとそびえる道の駅でランチタイム。地元特産食材を使ったメニューを味わったあとは、あさぎり特濃牛乳を60％使用して作った「あさぎり牛乳ソフト」（450円）で決まり！

人気の食堂とアイスクリーム工房は豊富なメニューが魅力です

DATA
**道《みち》の駅《えき》 朝霧高原《あさぎりこうげん》**
住所／静岡県富士宮市根原宝山492-14
電話／0544-52-2230
交通／富士急行バス「道の駅朝霧高原」からすぐ
営業時間／8:00～17:00（食堂は16:00LO）
※季節・天候により変動の場合あり　休み／無休

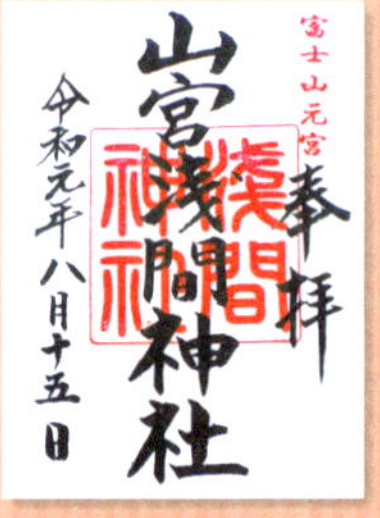


墨書／奉拝、山宮浅間神社
印／富士山元宮、淺間神社
●授与時間以外は書き置き。賽銭箱の裏の引き戸に入っています

天然ヒノキの香りでリラックスできる「交通安全まもり」（500円）

DATA
**山宮浅間神社**
創建／不詳
本殿様式／不詳
住所／静岡県富士宮市山宮740
電話／0544-58-5190（休日）、0544-22-1111（平日は富士宮市役所）
交通／JR身延線「富士宮駅」から車15分
参拝時間／自由
御朱印授与時間／10:00～15:00（土・日曜・祝日のみ）

籠屋（社務所）

遥拝所までは急な階段を上ります。体力に不安のある人は手前の籠屋でお参りしましょう

参道

遥拝所へ続く参道には神の宿った鉾を休めるための「鉾立石」が置かれています。石は噴火の際に放出された火山弾です

### 厳粛な雰囲気の遥拝所

遥拝所は南北約15m、東西約8mもの大きさで、周囲に溶岩を用いた石列が組まれています。文化財保護のため、玉垣内は立入り禁止です

## 参拝後は「お宮横丁」でおみやげ探し

写真提供:静岡県観光協会

富士山本宮浅間大社の門前にあり、テイクアウト中心の食事処やみやげ物店が軒を連ねます。「富士宮やきそば」などのご当地グルメも味わえるため、小腹を満たしながら富士山みやげをゲット！

DATA

**お宮横丁《みやよこちょう》**

住所／静岡県富士宮市宮町4-23
電話&営業時間／店舗により異なる
交通／JR身延線「富士宮駅」から徒歩10分

主祭神
木花之佐久夜毘売命《このはなのさくやひめのみこと》

ラストは浅間神社の総本宮でお参りを

静岡

# 富《ふ》士《じ》山《さん》本《ほん》宮《ぐう》浅《せん》間《げん》大《たい》社《しゃ》

堂々とそびえる本宮大鳥居。晴天時は鳥居越しに富士山が見えます

DATA→P.46

富士山信仰の中心地として信仰されてきただけあり、境内は凛とした空気に包まれ、富士山パワーがみなぎっていることを実感できます。社殿は美しい女神の住まいにふさわしく、品格と威厳が感じられる優美な姿。本殿の参拝が終わったら、富士山の伏流水が湧き出す湧玉池に触れてみて。透き通る水に心が清らかになるでしょう。

## 参拝前に知っておきたい！ 3つのポイント

### 1 富士山信仰を起源とする「浅間神社」

かつて噴火を繰り返していた富士山は、“荒ぶる山”として恐れられていました。噴火は富士山の怒りだと考えた人々は、怒りを鎮めるため、富士山を神格化した浅間大神（別称：木花咲耶姫／このはなのさくやひめ）を祀り、祈りをささげたのです。その結果、溶岩洞穴群が形成され、湖ができるなど自然の恵みをもたらしました。これが浅間大社の起源だとされています。

写真提供:静岡県観光協会

### 2 富士山に登って特別な御朱印を頂く

富士山周辺には、霊験あらたかな由緒ある神社が多数鎮座します。なかでも自分の足で頂上まで登らないと頂けない御朱印は、とても貴重なものです。富士山頂上浅間大社奥宮と、奥宮の末社である富士山頂上久須志神社の２社で登山の安全祈願をしてから御朱印を頂きましょう。登山シーズン中は、神職が登拝者の安全を祈念するほか、御朱印やお守りの授与を行います。

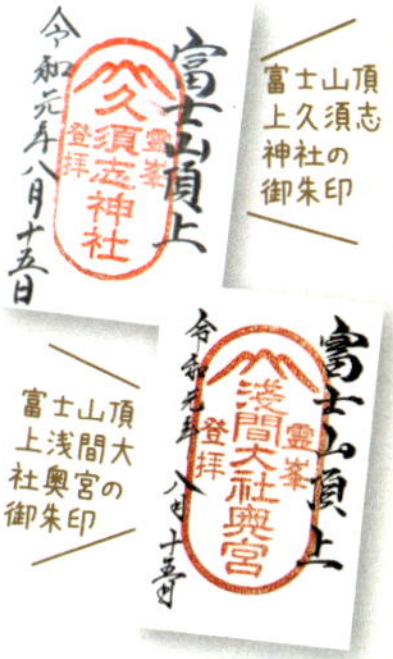


富士山頂上久須志神社の御朱印

富士山頂上浅間大社奥宮の御朱印

### 3 浅間神社に祀られる神様たち

はかない美しさと激しさが同居

**コノハナノサクヤヒメ【木花咲耶姫】**

絶世の美女とされる女神。ニニギノミコトと結ばれ、一夜にして身ごもります。しかし、不貞の子だと疑われたため、産屋に火を放って三柱の子を産み、潔白を証明。そのうちの一柱の孫が初代神武天皇です。火の中でも無事に出産したことから火の神、安産の神として親しまれています。

夫

地上の統治者として天から派遣

**ニニギノミコト【瓊瓊杵尊】**

最高神であるアマテラスの孫であり、地上を平定するために天上から遣わされた神様です。オオヤマヅミノミコトの娘である美しいコノハナノサクヤヒメにひと目ぼれして求婚。ともに嫁いできた姉のイワナガヒメを送り返したために、その子孫は有限の命になったといわれています。

父

山をつかさどる元気な父神様

**オオヤマヅミノミコト【大山津見神】**

イザナギの子であり、山を支配する神様。『日本書紀』では「大山祇神」とも表記されます。山の神とあがめられ、御神徳は農業や漁業、商工業などの諸産業から酒造りまで多岐にわたります。包み込むような懐の深さで、商売繁盛や家庭平安へ力を与えてくださいます。

姉

不老長寿の力をもつ女神

**イワナガヒメ【石長比売】**

「石のように長く天孫の命が栄えるように」という父の願いから、妹とともにニニギノミコトのもとへ嫁ぎます。しかし、容姿を理由にイワナガヒメだけが父のもとへ送り返されてしまったため、人間の寿命ができたとか。不老長寿の力とともに縁結び・縁切り両方の力をもつとされています。

水の聖地
# 高千穂
日帰りプラン

## 神々が降り立った聖なる地へ……
# 神話の舞台で頂く癒やしパワーは無限大！

宮崎県の北端部に位置する高千穂は、多くの伝説や神話が残るスピリチュアルなエリア。神社を参拝しながらダイナミックな自然景観が魅力の高千穂峡やパワースポットとして有名な天安河原をめぐれば、デトックス効果抜群です♪

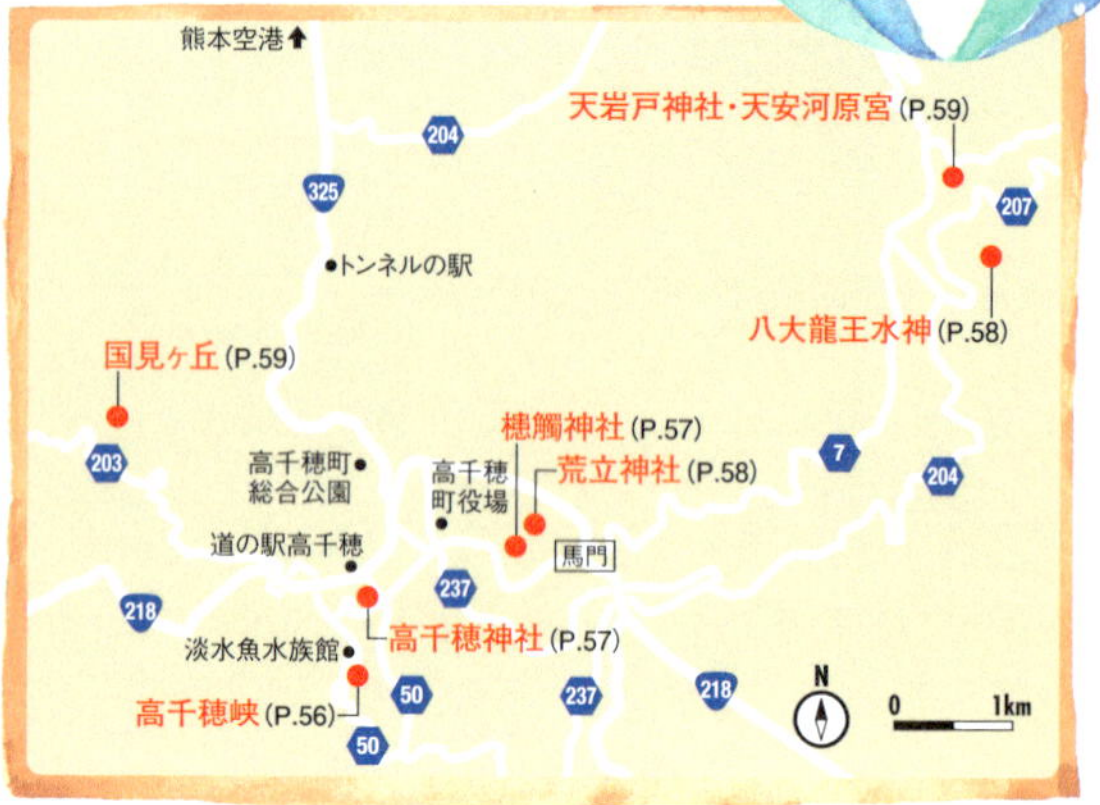


思わず感動の声が漏れる！
絶対行きたい神秘的な峡谷

## 高《たか》千《ち》穂《ほ》峡《きょう》

「神話の里」をめぐる旅の始まりは、圧巻の自然美を眺めることからスタートしましょう。高千穂峡は阿蘇山の噴火で噴出した火砕流が冷え固まり浸食された断崖が続く峡谷。高さ80〜100mもの断崖が約7kmにわたってそそり立っています。断崖と五ヶ瀬川が織りなす感動の景色は必見です。

DATA
**高千穂峡**
住所／宮崎県西臼杵郡高千穂町大字三田井御塩井
電話／0982-73-1213（高千穂町観光協会）
交通／「高千穂バスセンター」から車10分
営業時間／散策自由

### 日本神話「天孫降臨」とは

地上（葦原の中津国）を治めるため、天照大神《あまてらすおおみかみ》の命を受けて孫の瓊瓊杵尊《ににぎのみこと》（→ P.55）が神々のすまう天上界（高天原《たかまがはら》）からくしふるの峰に降り立ったとする日本神話。高千穂はこの神話の舞台と考えられることから「神話の里」と呼ばれています。神話に彩られた地を歩けば、日本屈指といわれるパワーを頂けそうです。

**高さ約17mの真名井の滝**
天孫降臨の際に天上界から移した水が水源とされます。レンタルボートで滝の下まで行くこともできます

青々とした緑に包まれた
天孫降臨の峰で出世祈願

# 槵《くし》觸《ふる》神《じん》社《じゃ》

主祭神
瓊々杵尊《ににぎのみこと》

天孫降臨の地といわれる「槵觸の峰」(『古事記』に神々が降り立ったのは「筑紫日向高千穂の久士布流《くじふる》多《た》気《け》」と記載あり)にある古社。古くは峰自体を御神体として祀っていましたが、後に社殿を建立し、天上から降臨された神々を祀っています。武道の神様も祀ることから、勝負運向上や出世の御利益もあるといわれています。

杉に囲まれた階段を上って社殿へ

墨書/奉拝、槵觸神社　印/日向高千穂、槵觸神社　●書き置きの御朱印は拝殿で、手書きの御朱印は高千穂神社で頂けます

DATA
**槵觸神社**
創建/不詳　本殿様式/流造
住所/宮崎県西臼杵郡高千穂町三田井713
電話/0982-72-2413(高千穂神社)
交通/「高千穂バスセンター」から徒歩10分
参拝時間/自由
御朱印授与時間/書き置きは24時間、手書きは高千穂神社で授与

清涼な気が満ちる境内で
絆のパワーをゲットする

# 高《たか》千《ち》穂《ほ》神《じん》社《じゃ》

主祭神
高千穂皇神《たかちほすめがみ》
十社大明神《じっしゃだいみょうじん》

高千穂峡八十八社の総社。参道も境内も空を覆うほどの大木が茂り、なかには樹齢800年の秩父杉も。深呼吸をすれば清らかな空気が胸いっぱいに広がります。拝殿の奥には国指定重要文化財の本殿があります。脇障子に御祭神・三毛入野命《みけぬのみこと》が荒ぶる神を退治したという伝説をモチーフにした彫刻が施されていますので、ぜひチェックしましょう。厄除けの御神徳が頂けます。天孫降臨や神話に興味があるなら、神社境内の神楽殿で毎晩披露される「夜神楽」(20～21時、1000円)がおすすめです。日本神話をテーマにした観光客向けの神楽なので、初心者でも楽しめます。

高千穂に伝わる伝統芸能「夜神楽」に登場する神々が描かれた「神楽守」(各500円)

夫婦杉のイラストがかわいい「縁結守」(500円)

御朱印帳はP.20で紹介!

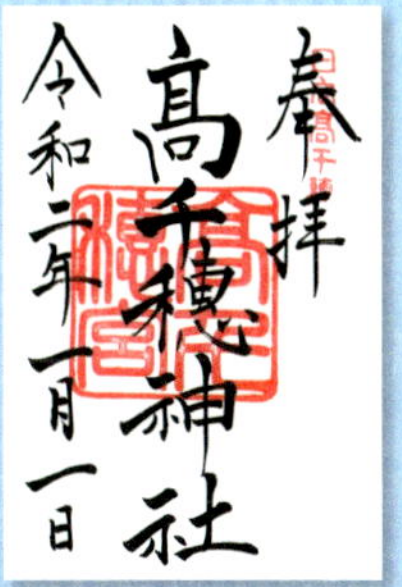

墨書/奉拝、高千穂神社　印/日向高千穂、高千穂宮　●天孫降臨の様子を描いたオリジナルの御朱印帳もあります

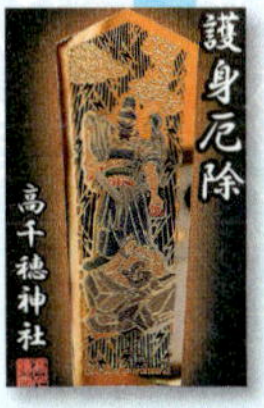

御祭神の彫刻を描いた「護身守(ごしんまもり)」(1000円)。厄除け開運の御利益があります。カード型で、台紙を折って立てることも可能

### 夫婦杉の周りを3周

夫婦杉は根本がひとつにつながった2本の杉の木。夫婦や友人など大切な人と手をつないで時計回りに3周すると、絆が深まり、子孫繁栄などの願いがかなうといわれています

DATA
**高千穂神社**
創建/1900年前
本殿様式/五間社流造
住所/宮崎県西臼杵郡高千穂町三田井1037
電話/0982-72-2413
交通/「高千穂バスセンター」から徒歩15分
参拝時間/自由
御朱印授与時間/8:00～17:00

日帰りモデルプラン

10:30 熊本空港(レンタカー借りる) → 車1時間30分 → 12:00 高千穂峡(周辺でランチ)(滞在1時間30分) → 車10分 → 13:40 槵觸神社(滞在15分) → 車5分 → 14:00 高千穂神社(滞在45分) → 車5分 → 14:50 荒立神社(滞在25分) → 車15分 → 15:30 八大龍王水神(滞在15分) → 車5分 → 15:50 天岩戸神社・天安河原宮(滞在1時間10分) → 車1時間30分 → 18:30 熊本空港(レンタカー返却)

主祭神

猿田彦大神《さるたひこのおおかみ》

天鈿女命《あまのうずめのみこと》

天孫降臨で出会い結ばれた
夫婦神が良縁を結ぶ

# 荒《あら》立《たて》神《じん》社《じゃ》

天孫降臨の際に、神々の道案内を務めた猿田彦大神と、その神々の一行にいた天鈿女命が出会い、結婚して暮らしたという地に鎮座。お互いにひと目ぼれだったといわれる二柱の神様にあやかり、参拝者の多くが縁結びや夫婦円満の御利益を頂きに訪れます。芸事上達の御神徳もあることから、芸能人やスポーツ選手の参拝も多いとか。

墨書／日向高千穂神漏岐山、荒立神社、奉拝　印／荒立神社、宮司之印　●本殿の裏にそびえるのが神漏岐山（かむろぎやま）です。常時、書き置きの御朱印を頒布しています

拝殿の扉を開けて中に入って参拝します。あらかじめ予約をしておくと、宮司に悩み相談にのってもらえることも。相談希望の場合は1ヵ月前を目安に電話で日時を相談しましょう

DATA

**荒立神社**

創建／不詳　本殿様式／神明造

住所／宮崎県西臼杵郡高千穂町三田井667

電話／0982-72-2368

交通／「高千穂バスセンター」から車5分

参拝時間／自由

御朱印授与時間／自由（書き置き）

### 板を7回打ってハッピーに

ハート形の板を7回打って幸せを願う「未来板木」や、同じく7回打つと願いがかなうといわれる「七福徳寿板木」など、境内には御利益のある板木が点在しています。思いを込めて板木をたたいてみて

主祭神

八大龍王水神《はちだいりゅうおうすいじん》

水を司る龍王水神から
勝利と成功を授かる

# 八《はち》大《だい》龍《りゅう》王《おう》水《すい》神《じん》

境内入口で力強く生い茂る御神木のエノキがお出迎え。御祭神は、水を司る神様として河川氾濫防止などに御神徳を発揮しますが、近年は勝負の神様としても有名に。全国各地からアスリートや会社経営者などが参拝に訪れています。

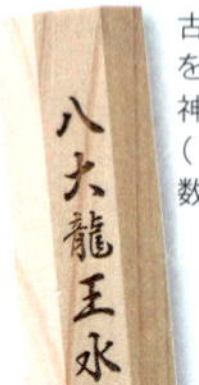


古い鳥居の木を利用した御神木のお守り（1500円）。数量限定

あらゆる願いをかなえるという「八大龍王御守」（500円）

御神水をたたえた井戸の水をくんで、アクセサリーや硬貨に軽くかけてお清めする人もいます

DATA

**八大龍王水神**

創建／不詳　本殿様式／流造

住所／宮崎県西臼杵郡高千穂町岩戸6521

電話／0982-73-1213（高千穂町観光協会）

交通／「高千穂バスセンター」から車17分

参拝時間／自由　御朱印授与時間／自由（書き置き）

URL http://www.hachiryu.jp

## 八百万の神々がミーティング

天安河原宮は、神々が集い、どうやって天照大神を天岩戸から外に出そうか相談したという洞窟に祀られます。間口約40m、奥行き約30mの大洞窟で、石を重ねると願いがかなうといわれ、石を積んで祈願する人があとを絶ちません

神々が集まった聖なる洞窟で
願いが形になるよう祈って

# 天《あまの》岩《いわ》戸《と》神《じん》社《じゃ》
# 天《あまの》安《やす》河《か》原《わら》宮《ぐう》

主祭神
天照大神《あまてらすおおみかみ》

天照大神《あまてらすおおみかみ》が弟の素戔嗚尊《すさのおのみこと》の乱暴さに怒り、引きこもってしまったという天岩戸が御神体。岩戸川を挟んで西本宮と東本宮が鎮座します。神職の案内で、西本宮の拝殿裏にある遥拝所から御神体を拝観できるので、希望者は開始時間までに集合場所である休憩所に向かいましょう（1日16回開催、予約不要）。参拝後は、徒歩15分の場所にある天安河原宮へ。ひんやりとした空気が満ちる大洞窟は、濃密な神々のパワーが満ちているようです。

天岩戸の洞窟を祀る西本宮。川の対岸に見える天岩戸は撮影禁止なので、しっかりと目に焼きつけておきましょう

岩戸を開けるため踊った女神・天鈿女を描いたカラフルな「開運守」（1000円）

岩戸を開けた神様・手力男（たぢからお）のおみくじは男性用。女性用の天鈿女（あまのうずめ）のおみくじもあります（各200円）。お守り入り

DATA
**天岩戸神社**
創建／不詳　本殿様式／神明造
住所／宮崎県西臼杵郡高千穂町岩戸1073-1
電話／0982-74-8239
交通／「高千穂バスセンター」から車15分
参拝時間／自由
御朱印授与時間／8:30～17:00
URL http://amanoiwato-jinja.jp

晴れた日は、眼下に高千穂の山々や棚田の風景が一望できます

## 日の出前にスタンバイ！ 伝説の丘から雲海を望む

標高513mの国見ヶ丘は大パノラマが楽しめる絶景スポット。9月中旬から11月にかけて、早朝・快晴・無風・冷え込み方などの自然条件が重なると、高千穂盆地や山々を覆い隠すように雲海が広がる幻想的な光景が見られます。神武天皇の孫とされる建磐龍命（たていわたつのみこと）が国や民の様子を見守る"国見"を行った伝説の丘でもあります。

DATA
**国《くに》見《み》ヶ《が》丘《おか》**
住所／宮崎県西臼杵郡高千穂町押方
電話／0982-73-1213（高千穂町観光協会）
交通／「高千穂バスセンター」から車15分
営業時間／散策自由

＼天岩戸神社／

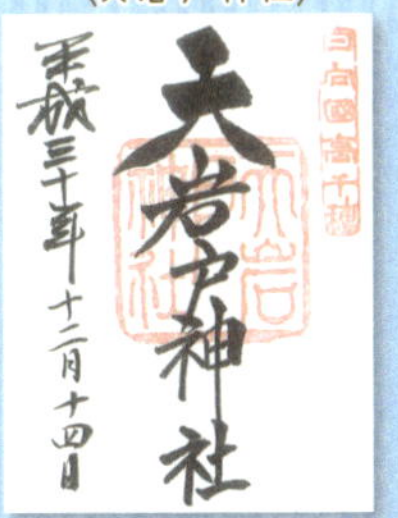


墨書／天岩戸神社　印／日向國高千穂、天岩戸神社
●御朱印や御朱印帳、お守りなどは、西本宮の授与所で授与

＼天安河原宮／

墨書／天安河原宮　印／日向國高千穂、天安河原宮
●天安河原宮は神職が常駐していないので、西本宮の授与所で頂きましょう

御朱印帳はP.20で紹介！

森の聖地
熊野
1泊2日プラン

世界遺産・熊野古道を歩く

# 浄化力MAXの「熊野三社詣」で人生が開ける

和歌山の熊野三山（熊野本宮大社、熊野那智大社、熊野速玉大社）は、昔から人々を浄化してきた神聖な場所。熊野の神様のパワーに触れ、老杉に囲まれた熊野古道や壮大な那智滝を訪ねれば、心身がよみがえったかのような気分に。

主祭神
熊野速玉大神《くまのはやたまのおおかみ》
熊野結大神《くまのむすびのおおかみ》

自分本来の姿を取り戻す
熊野詣にいざ、出発！

## 熊《くま》野《の》速《はや》玉《たま》大《たい》社《しゃ》

朱色の橋から続く参道を歩き、神門をくぐると鮮やかな朱色の社殿が立っています。祀られているのは、神様をたくさん生んだ縁結びに御神徳のある夫婦神。男女間はもちろん、入学したい学校や入社したい企業など、人間関係以外でもよいご縁を結んでくれます。熊野の神々は最初に神倉山へ降り立ち、その後現在の地に新しい宮を造営して遷座したとされます。社殿は過去、火災で焼失し、現在の建物は1952（昭和27）年に再建されたものです。

神職が手作りしている「なぎ人形」（2000円）は縁結びのお守り。頭部に御神木のナギの実を使用

御朱印帳はP.20で紹介！

墨書／全国熊野神社総本宮、根本熊野大権現、奉拝、熊野速玉大社　印／熊野速玉大社、ヤタガラス、熊野大権現　●御朱印帳に筆書きしてもらえます

### 魔除け＆縁結びのナギの大木

参道左側にあるナギの木は樹齢1000年の御神木。葉や実は魔除けになるといわれます。また、ナギの葉は強く、裂けにくいことから絆を強固にするお守りにもなります

DATA
**熊野速玉大社**
創建／128（景行天皇58）年
本殿様式／熊野造
住所／和歌山県新宮市新宮1
電話／0735-22-2533
交通／JR紀勢本線「新宮駅」から徒歩15分
参拝時間／6:00～17:00
御朱印授与時間／8:00～17:00

### ランチは紀州名物「めはり寿司」

名物グルメを味わうなら、1962（昭和37）年創業の名店へ。「めはり寿司」は高菜の漬物でご飯を包んだシンプルな郷土料理です。かつてはソフトボールほどの大きさに作られ、食べるときに口と一緒に目も大きく張ったことが名前の由来なのだとか。

「めはり定食A」（1500円）は豚汁のセットです

DATA
**総本家《そうほんけ》めはりや 本店《ほんてん》**
住所／和歌山県新宮市薬師町5-6
電話／0735-21-1238
交通／JR紀勢本線「新宮駅」から徒歩15分
営業時間／11:00～21:00（休憩が入る場合あり）　休み／水曜
URL http://www.mehariya.co.jp

1泊2日モデルプラン

1日目
11:35 JR「新宮駅」 → 徒歩15分 → 11:50 熊野速玉大社（滞在40分） → 徒歩3分 → 12:35頃 総本家めはりや 新宮本店（滞在55分） → バス+徒歩1時間 → 14:30 熊野本宮大社（滞在45分） → バス+徒歩1時間55分 → 17:10 紀伊勝浦駅周辺宿泊

2日目
9:05 紀伊勝浦駅 → バス19分 → 9:24 大門坂

時間があったら行きたい!

## 熊野速玉大社から歩いて10分

# 神《かみ》倉《くら》神《じん》社《じゃ》

主祭神
天照大神《あまてらすおおかみ》
高倉下命《たかくらじのみこと》

急勾配の石段を上ること、538段! がんばって上りきると目の前に巨大な岩石が現れます。これが、御神体の「ゴトビキ岩」。熊野の神々が最初に降り立ったという巨岩で、強力なパワーが頭上に降り注いでくるようです。

御朱印は熊野速玉大社で頂きます

DATA
**神倉神社**
創建／不詳　本殿様式／ゴトビキ岩が御神体で本殿はなし
住所／和歌山県新宮市神倉1-13-8　電話／0735-22-2533（熊野速玉大社）
交通／JR紀勢本線「新宮駅」から徒歩15分　参拝時間／自由
御朱印授与時間／8:00～17:00（熊野速玉大社で授与）

## 深い山々に囲まれた境内で未来に向かう一歩を踏み出す

# 熊《くま》野《の》本《ほん》宮《ぐう》大《たい》社《しゃ》

主祭神
家都美御子大神《けつみみこのおおかみ》
素戔嗚尊《すさのおのみこと》

都会の雑踏から離れ、自分自身を見つめ直すのにぴったりな場所。まずは、「熊野大権現」の奉納幟が並ぶ石段を上り、社殿のある神域へ行きましょう。お参りは中央の本宮、次に左の結宮（第二殿・第一殿）、最後に右の若宮の順番で。さらに良縁をもたらす結いの神様を祀る右側の小さな社・満山社も忘れず参拝を。参拝後は、歩いて10分ほどの「大斎原《おおゆのはら》」へ向かいます。かつて熊野本宮大社があった場所で、今も多くの神々が祀られています。

参道

鳥居から神門へ続く参道は158段の石段。石段の中央は神様の通り道なので、両端を歩きましょう

神門

現世と神域を区別するため、大きな注連縄が張られています。注連縄の向こうは神聖で清浄な空間だということです

ヤタガラスは熊野三山の神様のお使い。体は太陽、3本ある足は向かって右から天・地・人を表しています

ヤタガラスがいっぱい!

社務所前にある御神木の下には黒いヤタガラスのポストがあります

御朱印帳はP.20で紹介!

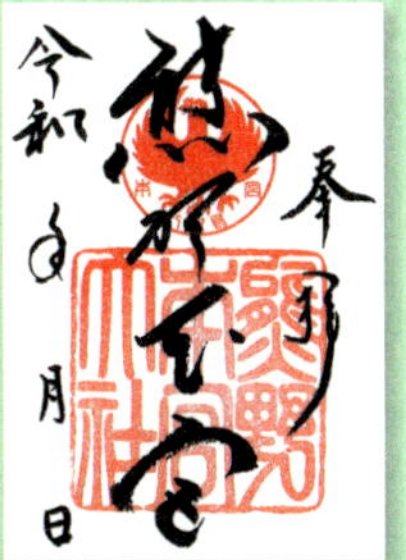


墨書／奉拝、熊野本宮　印／ヤタガラス、本宮八咫烏、熊野本宮大社　●神社の印とヤタガラスの印が押されます

DATA
**熊野本宮大社**
創建／紀元前33（崇神天皇65）年
本殿様式／結宮は入母屋造、本宮・若宮は切妻造
住所／和歌山県田辺市本宮町本宮
電話／0735-42-0009
交通／奈良交通バスなど「本宮大社前」からすぐ
参拝時間／7:00～17:00、宝物殿9:00～16:00（12:00～13:00閉館、土・日・祝のみ）
御朱印授与時間／8:00～17:00
拝観料／無料（宝物殿大人300円、子供100円）

### 「大斎原」で神々の息吹を感じる

入口にそびえるのは高さ34mの全国でも珍しい漆黒の鳥居。先へ進むとぽっかりと開けた空間に石の祠が立っています。本宮大社の神様が最初に降りたとされるところで、「強い気を感じた」「心が癒やされる」と語る人もいるそうです

12:10頃 JR「紀伊勝浦駅」 ← バス+徒歩30分 ← 11:00 飛瀧神社（那智御滝）滞在40分 ← 徒歩10分 ← 10:00頃 熊野那智大社 滞在50分 ← 熊野古道 徒歩35分

強力な癒やしパワーで
日頃の悩みとバイバイ!

主祭神
熊野夫須美大神《くまのふすみのおおかみ》

# 熊《くま》野《の》那《な》智《ち》大《たい》社《しゃ》

鳥居をくぐると、色鮮やかな社殿が目に飛び込んできます。特に新緑の時期は緑が社殿の朱色に映え、フォトジェニック。境内にいるだけで自然が心を癒やしてくれるようです。御祭神名の「夫須美」は「結」という意味をもつことから「結宮《むすびのみや》」とも称され、人の縁や願いを結ぶ社として信仰されてきました。迷いを断ち、新たな縁が結ばれるよう祈願しましょう。参拝後は、境内右側から青岸渡寺の境内を経て参道へ。那智滝の全景が眺められます。

2日目

## 「熊野古道」を歩こう!

熊野古道とは熊野三山を巡拝するための参詣道のこと。古代から中世にかけて熊野信仰が高まり、参詣者がまるでアリのように行列をなしたことから「蟻の熊野詣」と例えられたほどです。すべての参詣道を歩くのは大変! そこで、初心者におすすめなのが、約640mの大門坂から那智山へと続くルートです。苔むした石段は樹齢800年の老杉に囲まれ、当時の面影を色濃く残しているといわれています。

写真提供:熊野那智大社

御朱印帳はP.20で紹介!

墨書/熊野那智大社 印/日本第一霊験所、熊野那智大社、左三つ巴紋 ●「日本第一霊験所」とは、日本で最も霊験があらたかであることを意味します

DATA
**熊野那智大社**
創建/317(仁徳5)年
本殿様式/熊野権現造
住所/和歌山県東牟婁郡那智勝浦町1
電話/0735-55-0321
交通/熊野御坊南海バス「那智山」から徒歩10分
参拝時間・御朱印授与時間/7:30~16:30
拝観料/無料(宝物殿大人300円、子供200円)
URL https://kumanonachitaisha.or.jp

「えん結びの糸」(500円)は紅白の絹糸のお守り。洋服などに縫いつけて

ヤタガラスがキュートなおみくじ(600円)

熊野参拝MAP

## 名物「熊野もうで餅」

1951(昭和26)年創業の和菓子店で頂きたい逸品。ついた餅でこしあんを包み、玄米粉をまぶしたお菓子で、品のよい甘さが絶品です。抹茶とセットで味わえる(450円)ほか、熊野みやげにも最適。

「熊野もうで餅」(5個入り680円、9個入り1200円)

DATA
**茶房《さぼう》 珍重庵《ちんちょうあん》 那智山店《なちさんてん》**
住所/和歌山県東牟婁郡那智勝浦町那智山39
電話/0735-55-0811
交通/熊野御坊南海バス「那智山」から徒歩10分
営業時間/10:00~16:00(天候などにより短縮あり) 休み/不定休

写真提供:熊野那智大社

多くの修験者が滝修行に訪れた大滝の前で自分をリセット！

# 飛《ひ》瀧《ろう》神《じん》社《じゃ》（那《な》智《ち》御《おん》滝《たき》）

主祭神
大己貴命《おおなむちのみこと》

石段を下りるにつれ、ごうごうと鳴る水の音が大きくなり、下りきると見上げるほど大きな滝が正面に。１３３ｍという落差日本一の高さから毎秒１ｔもの水が落ちる様子は圧巻のひと言です。「万物の命を育んでいるのは水です。大滝のそばにいると、水や自然に対して感謝の念が湧いて心に余裕が生まれますね」とは神職のお話。鳥居越しに滝をお参りすると、心が洗われ、新しい自分にリセットされたような感覚になります。また、社務所脇の遥拝所では、滝壺の水を飲むことができます。神様のパワーが宿る水で心と体を潤しましょう。

龍の口からしたたり落ちる滝壺から引いた水を杯に受けて飲みます。飲むと延命長寿の御利益があるとか

### 国指定名勝の「那智の大滝」

那智御瀧は別名を一の滝と称し、さらに上流の二の滝、三の滝と総称して「那智の大滝」とされ、国の名勝に指定されています。大滝を一番近く、正面で拝観できる観覧舞台「お滝拝所舞台」（大人300円）もあります

### 三山をめぐって集める「熊野牛《ご》王《おう》符《ふ》」

「熊野牛王符」は熊野三山で頂ける厄除けの神札。1300年以上の歴史があり、ヤタガラスがモチーフの烏文字が書かれているのが特徴です。玄関に貼れば盗難除け、キッチンなら火災防止、枕や布団の下に敷くと健康や病気平癒に御利益があるとされています。熊野三山それぞれでデザインが異なるため、コンプリートを目指してみては？

熊野那智大社

熊野速玉大社

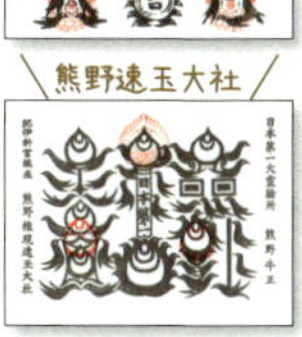

熊野本宮大社

社務所で容器（500円）を購入すれば、滝の水を入れて持ち帰ることができます

DATA

**飛瀧神社（那智御瀧）**

創建／紀元前662年
本殿様式／滝が御神体で本殿はなし
住所／和歌山県東牟婁郡那智勝浦町那智山
電話／0735-55-0321（熊野那智大社）
交通／熊野御坊南海バス「那智の滝前」から徒歩10分
参拝時間・御朱印授与時間／7:30～16:30
拝観料／無料（御瀧拝所大人300円）
URL https://kumanonachitaisha.or.jp

墨書／那智御瀧　印／那智御瀧之本　●御朱印に墨書される「那智御瀧」は飛瀧神社の御神体です。鳥居の前でお参りを

# 最強神社を訪ねて大阪〜京都を縦断！
## 1日であらゆる御利益を手に入れる欲ばりトリップ

「ハッピーな人生を送りたい！」という人におすすめのプランがこちら。天下の台所・大阪と1200年の歴史をもつ京都で強力な御利益を頂ける神社をめぐって、開運招福を目指しましょう。きっと幸せな未来が待っています。

主祭神
天照皇大神《あまてらすすめおおかみ》
事代主命《ことしろぬしのみこと》

大阪

福徳円満の神・えびす様が金運アップをサポート

### 今《いま》宮《みや》戎《えびす》神《じん》社《じゃ》

大阪で金運アップに御利益がある神社といえば、こちら！ 商売繁盛の神様である「えべっさん」こと、えびす様を祀っています。参拝する際に忘れてはいけないのが「念押し参り」。正面からお参りしたあと、本殿裏の銅鑼《どら》をたたいてその場でもう一度お祈りすることで、えびす様にしっかり願いが届くといわれています。1月に催される大祭「十日戎《とおかえびす》」ではひときわにぎやかな雰囲気に包まれますが、普段はえびす様の笑顔のように穏やかで優しい空気が流れています。

**100万人が訪れる大祭は大にぎわい！**

毎年1月9〜11日に斎行される「十日戎」は、大勢の参詣者でにぎわいます。独特のお囃子が響くなか、笑顔の福娘たちが参拝者の持つ福笹に宝船や鯛などの吉兆（縁起物の子宝）を結んでくれます

大阪ではえびす様は少し耳が遠いとされています。そこで、本殿の裏側（えびす様がいらっしゃるいちばん近く）で銅鑼を鳴らすと、願いごとがばっちり伝わるのだとか

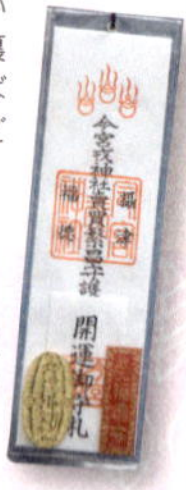

「三体神符」（2000円）には、開運御守と福徳守、金色の小判が同封されています

お財布に入れておくとお金に困らないといわれる「福小判」（500円）

カードタイプの「金運守」（1500円）とさまざまな良縁を結ぶ「神縁守」（1000円）

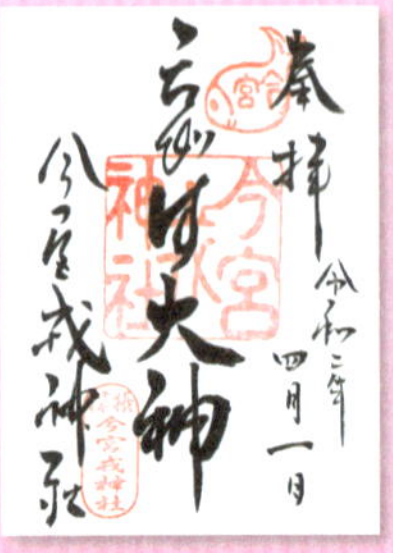

墨書／奉拝、えびす大神、今宮戎神社　印／鯛に今宮、今宮戎神社、摂津・今宮戎神社　●えびす様の持つ鯛にちなんだ印が、ほっこりかわいらしいです

DATA
**今宮戎神社**
創建／600（推古8）年
本殿様式／流造
住所／大阪府大阪市浪速区恵美須西1-6-10
電話／06-6643-0150
交通／南海高野線「今宮戎駅」からすぐ、または大阪メトロ「大国町駅」「恵美須町駅」から徒歩5分
参拝時間／6:00〜22:00　御朱印授与時間／9:00〜17:00
URL http://www.imamiya-ebisu.jp

日帰りモデルプラン

|  |  |  |
| --- | --- | --- |
| 10:00 | JR「新大阪駅」 | 徒歩+電車25分 |
| 10:25 | 今宮戎神社 | 滞在30分／徒歩+電車15分 |
| 11:10 | 少彦名神社 | 滞在30分／徒歩20分 |
| 12:00 | 露天神社（お初天神） | 滞在20分／徒歩+電車55分 |
| 13:15 | 錦市場 | 滞在1時間（ランチ&おみやげ探し）／徒歩15分 |
| 14:30 | 錦天満宮 | 滞在25分／徒歩+バス25分 |
| 15:20 | 御金神社 | 滞在30分／徒歩+電車15分 |
| 16:05 | JR「京都駅」 | |

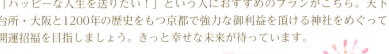

主祭神
少彦名命《すくなひこなのみこと》
神農炎帝《しんのうえんてい》

大阪

## 日本と中国の医薬の祖に長寿と健康をお願い！

# 少《すくな》彦《ひこ》名《な》神《じん》社《じゃ》

ビジネス街の癒やしスポットで疫病退散&健康増進！ 豊臣時代頃から薬種業者が集まり、現在も多くの製薬会社が集まるエリアにひっそりとたたずむ神社に祀られているのは、健康と医薬の神様です。境内には、病気平癒や医師・薬剤師を目指す人の合格祈願、そして飼い主とペット両方の健康を祈願する絵馬がずらりと並んでいます。

御朱印帳はP.20で紹介！

墨書／神農さん、神心、少彦名神社　印／定給療病方咸蒙其恩頼、少彦名神社　●上の印は神社入口にも記されている『日本書紀』の一節です

ペット祈願絵馬や神社のシンボルである神虎を描いた絵馬などが選べます（各1000円）

DATA
**少彦名神社**
創建／1780（安永9）年
本殿様式／一間社流造
住所／大阪府大阪市中央区道修町2-1-8
電話／06-6231-6958
交通／大阪メトロ「北浜駅」から徒歩5分、または大阪メトロ「淀屋橋駅」から徒歩10分
参拝時間／6:30～17:00
御朱印授与時間／9:30～16:00
URL http://www.sinnosan.jp

### ビルの谷間で参拝者を出迎える

神社はビルの谷間に鎮座しています。うっかり通り過ぎてしまわないよう、神社の入口の高いところに掲げられた神虎（病気平癒の張子の虎）の看板に注目を

大阪

## あの有名作品の舞台で永遠の愛を手に入れる

# 露《つゆの》天《てん》神《じん》社《じゃ》（お初《はつ》天《てん》神《じん》）

高層ビルの谷間にたたずむ緑いっぱいの境内は、喧騒を感じない不思議な空間。1703（元禄16）年に境内で実際にあったお初と徳兵衛の心中事件は、人形浄瑠璃『曽根崎心中』のモデルになりました。悲恋ながらもふたりが貫き通した純愛のように「結ばれない恋を成就させたい」人は、必ずお参りしましょう。縁結びの効果は絶大です。

主祭神
少彦名大神《すくなひこなのおおかみ》
大己貴大神《おおむなちのおおかみ》　天照皇大神《あまてらすすめおおかみ》
豊受姫大神《とようけひめのおおかみ》　菅原道真公《すがわらのみちざねこう》

御朱印帳はP.21で紹介！

墨書／参拝、露天神社　印／摂津曽根崎、お初天神、巴と菊の紋、露天神社、お初と徳兵衛、TO YOU TENJIN SHRINE　●お初と徳兵衛の印は着物やかんざしがカラフル

水色とピンクが選べる「幸結び」（各600円）はお香入り。大切な人とひとつずつ持つのもおすすめ

### 恋愛成就のパワースポット

本殿に向かって左側、お初と徳兵衛ゆかりの地にある慰霊像は必ず参拝したい場所。ふたりの像に熱心に願掛けするカップルもいるのだとか

DATA
**露天神社（お初天神）**
創建／約1300年前
本殿様式／神明造
住所／大阪府大阪市北区曽根崎2-5-4
電話／06-6311-0895
交通／JR「大阪駅」、阪急・阪神「大阪梅田駅」、大阪メトロ御堂筋線「梅田駅」から徒歩10分、大阪メトロ谷町線「東梅田駅」から徒歩3分、またはJR東西線「北新地駅」から徒歩5分
参拝時間／6:00～23:00　御朱印授与時間／10:00～17:00
URL http://www.tuyutenjin.com

京都

## 京都随一の繁華街を見守る鎮守社

# 錦《にしき》天《てん》満《まん》宮《ぐう》

主祭神

菅原道真公《すがわらのみちざねこう》

錦市場の東側突き当たりにあり、「錦の天神さん」と呼ばれ親しまれています。「近隣からも遠方からも、気軽に立ち寄れる場所でありたいと思っています」と神職の方がお話しされるとおり、境内は買い物ついでにふらりと立ち寄りやすく、常に参拝者の姿があります。お参りしやすいカジュアルな印象ですが、実は菅原道真公を祀る天満宮のなかでも、特に由緒深い二十五社(菅公聖蹟二十五拝)の第2番でもあり、格式のある神社なのです。

## “京の台所”錦市場でランチ&ショッピング

400年以上の長い歴史をもつ商店街。約390mのアーケードには、京野菜や湯葉など京都ならではの食材やグルメを扱う約130軒の店がずらりと立ち並びます。お店の人と会話を楽しみつつ、京都の食文化に触れてみて。

アーケードのおかげで天気に左右されることなく買い物が可能

DATA

**錦《にしき》市《いち》場《ば》**

住所／京都府京都市中京区錦小路通り寺町通り西入る高倉通り

電話／075-211-3882(京都錦市場商店街振興組合)

交通／地下鉄烏丸線「四条駅」・阪急京都線「烏丸駅」から徒歩3分、または阪急京都線「京都河原町駅」から徒歩4分

営業時間&休み／店舗により異なる

## 繁華街に鎮座する市民のオアシス

観光客でにぎわう繁華街にありながら、境内には緑が多く安らげる雰囲気。境内の入口では奉納された提灯が、夜を明るく照らしてくれています。20:00まで御朱印を頂けるのが、旅行者にもうれしい！

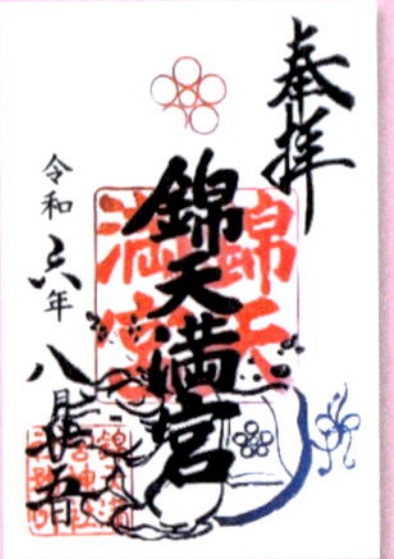


墨書／奉拝、錦天満宮　印／梅紋、錦天満宮、錦天満宮神社社務所　●御神牛が描かれた御朱印は書き置きです

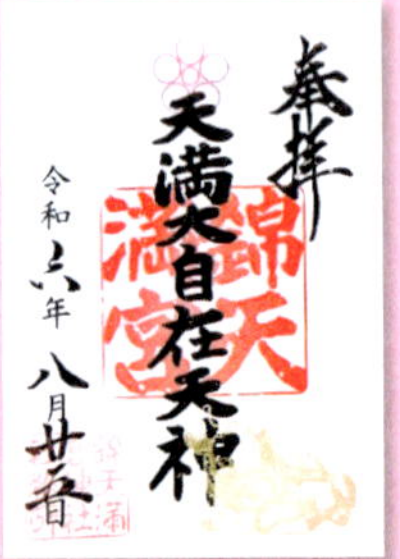


墨書／奉拝、天満大自在天神　印／梅紋、錦天満宮、御神牛、錦天満宮神社社務所　●毎月1・15・25日限定で授与

境内には御神牛のブロンズ像が。自分の体の気になる部分と同じ部位をさすると回復するといわれています

恋人はもちろん友達や親子の縁も結んでくれる「なかよしおまもり」(500円)

願いごとを書いた紙を中に入れる「大願梅」(500円)。境内の木に奉納しても持ち帰ってもOKです

DATA

**錦天満宮**

創建／1003(長保5)年

本殿様式／流造

住所／京都府京都市中京区新京極通り四条上ル中之町537

電話／075-231-5732

交通／阪急京都線「京都河原町駅」から徒歩5分、地下鉄烏丸線「四条駅」から徒歩10分

参拝時間／8:00〜20:00

御朱印授与時間／9:00〜20:00

URL http://nishikitenmangu.or.jp

**ピカピカ輝く黄金の鳥居**
鳥居を入る前から明るい未来にいざなってくれそうなパワーを感じます。御神木は秋に葉が黄色く染まるイチョウの大木で、こちらも金運アップに御利益がありそう

御神木にちなんだ「いちょう絵馬」（500円）には、願いごとばかりではなく、願いがかなった人からの感謝の言葉も書かれています

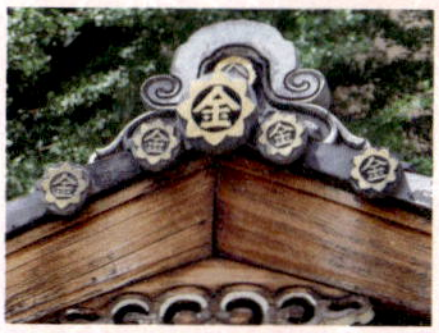

本殿屋根の瓦は社紋である「金」がいっぱい！　本殿や黄金の鳥居をスマホの待ち受け画面にするだけでも金運が上がりそうです

宝くじを入れたら何度も高額当選したといううわさのある「福つつみ守」（2000円）

主祭神
金山毘古命《かなやまひこのみこと》

「御利益があった」の声多数！
リッチな未来をつかめ！

# 御《み》金《かね》神《じん》社《じゃ》

京都

住宅街を歩いていると突如現れる黄金の鳥居が目印。こちらは国内でも珍しい金属を司る神様を祀る神社です。もともとは付近に徳川家康によって設けられた金座・銀座があり、江戸幕府の貨幣の鋳造を担っていました。その後現在の社殿が建立されて、近年では全国から多くの人が訪れるようになり、「金運御利益がすごい！」とお礼参りに再訪する人も続出。平日でも参拝者が途切れない、お参りマストの金運スポットです。

墨書／奉拝、御金神社　印／金紋、御金神社守護　金色の印／鳥居、金　●御朱印にも黄金の鳥居が輝いています。御朱印は書き置きで頂けます

墨書／奉拝、御金神社　印／金紋、御金神社守護　金色の印／イチョウ　●御神木であるイチョウの葉を大きくかたどった金運金箔御朱印

財布に入れておくと仲間（＝お金）を呼ぶといわれる「おたから小判」（500円）

財布形がかわいい「大金守り」（2000円）

「御金守り（イチョウ）」（2000円）は御神木がモチーフ

「御金みくじ」（500円）は「大大吉」が出ることもある。「金」の文字をあしらった縁起物入り

DATA
**御金神社**
創建／不詳
住所／京都府京都市中京区押西洞院町614　電話／075-222-2062
交通／地下鉄東西線「二条城前駅」、地下鉄東西線・烏丸線「烏丸御池駅」から徒歩6分、または市バス「堀川御池」から徒歩5分
参拝時間／自由　御朱印授与所開設時間／10:00～16:00

島の聖地
壱岐
日帰りプラン

# 150の神社が大集合！
# “神々が宿る島”壱岐でご縁をぎゅっと結ぶ

佐賀県の北西約20kmに浮かぶ島・壱岐。1周約40kmの小さな島ながら、なんと神社が150社も集まります。また、遺跡や景勝地などエネルギーが凝縮するスポットも多数。効率よく島内をめぐるなら車がおすすめです。八百万の神々に守られた美しい島で御朱印ドライブを満喫しましょう。

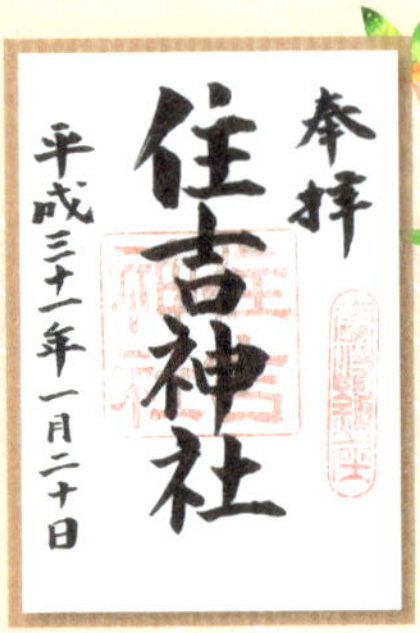


DATA
住所／長崎県壱岐市芦辺町住吉東触470
電話／0920-45-3002
御朱印授与時間／8:00～17:00

## 壱岐を代表する筆頭神社
## 住《すみ》吉《よし》神《じん》社《じゃ》

境内にそびえる夫婦楠の周りを、男性は左に、女性は右に回ると願いがかなうとか。12月に約700年の歴史をもつ「大大神楽」が奉納されます。

## 行く前に知っておきたい！　壱岐インフォメーション

### 1 壱岐は天と地をつなぐ聖地

壱岐は、『古事記』の国生み神話で、イザナギとイザナミが生んだ日本で５番目の島「伊伎島（いきのしま）」として登場します。「天比登都柱（あめのひとつばしら）」という別名をもち、天と地をつなぐ役割をもっていました。また、壱岐が勝手に移動しないよう神様が８本の柱を立ててつなぎとめたという伝説も。壱岐の名所である猿岩（→P.70）と左京鼻（→P.141）はその８本の柱のうちの２本とされています。

### 2 島へのアクセスは船か飛行機

壱岐へのアクセスは、長崎からなら飛行機、福岡・佐賀からは船を利用。船体を海面に浮かべて走るジェットフォイルの所要時間はカーフェリーの半分です。

| | | |
|---|---|---|
| 福岡～壱岐 | 博多港～芦辺港 | ジェットフォイル約１時間５分（１日２便）、カーフェリー約２時間10分（１日１～３便） |
| | 博多港～郷ノ浦港 | ジェットフォイル約１時間10分（１日２～３便）、カーフェリー約２時間20分（１日２便） |
| 長崎～壱岐 | 長崎空港～壱岐空港 | 飛行機約30分（１日２便） |
| 佐賀～壱岐 | 唐津東港～印通寺港 | カーフェリー約１時間45分（１日４～５便） |

※最新情報は出発前にご確認ください

### 3 壱岐の対象施設で割引やサービスが受けられるカード

「一支國（いきこく）国民証」は、期間中（有効期限2026年３月31日まで）何度でも特典が受けられる旅行者向けのお得なカードです。発行手数料1100円。
電話／0920-47-3700（壱岐市観光連盟）
URL https://www.ikikankou.com/spot/10181

### 4 御朱印を頂くときに気をつけたいこと

複数の神社を兼務しているなどの理由で神職が不在のことも多いです。書き置きを準備している神社もありますが、確実に御朱印を頂きたいなら事前に電話で確認するのがおすすめです。

### 5 壱岐オリジナル御朱印帳をチェック

壱岐の名所や文化財をモチーフにしたカラフルな御朱印帳は必見。ミニガイドブック付きで散策にも便利です。各港の観光案内所で販売。

壱岐市オリジナル御朱印帳（1500円）
※価格は変更の可能性あり

### 壱岐のモン・サン・ミッシェル

干潮の前後数時間のみ参道が出現する神秘的なスポット。干潮の時間帯は季節・日によって変わるため事前に確認を

境内に強い力が満ちる

## 月《つき》讀《よみ》神《じん》社《じゃ》

全国に点在する月讀神社の総本社とされ、安産祈願や病気平癒に御利益が。天照大神の弟である月讀命を祀ります。

DATA
住所／長崎県壱岐市芦辺町国分東触464
電話／0920-45-4145
御朱印授与時間／9:00～17:00

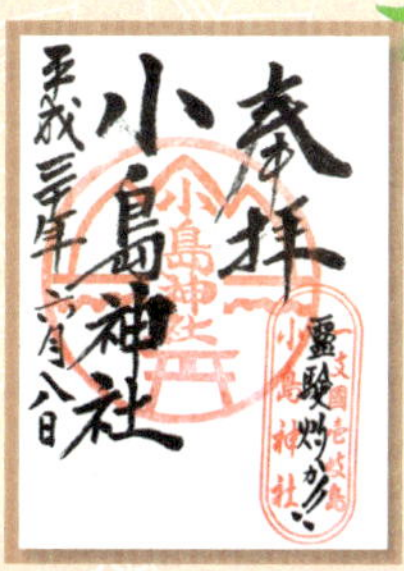


海に浮かぶ縁結びの社

## 小《こ》島《じま》神《じん》社《じゃ》

内海湾内の島・小島に鎮座。島全体が神域とされているため、小石1個、小枝1本さえ持ち帰ることはできません。

DATA
住所／長崎県壱岐市芦辺町諸吉二亦触1969
電話／0920-45-1263（寄八幡宮）
御朱印授与時間／自由（書き置き、寄八幡神社で授与）

"海女の里"を見守る

## 寄《より》八《はち》幡《まん》神《じん》社《じゃ》

海中に立つ鳥居が特徴で、地元の海女たちが漁の安全を祈願します。海につかる「はらほげ地蔵」の近くにあります。

DATA
住所／長崎県壱岐市芦辺町諸吉本村触１７２２　電話／0920-45-1263　御朱印授与時間／自由（書き置き）

海を見渡す絶景に立つ

## 龍《りゅう》蛇《だ》神《じん》社《じゃ》

出雲大社から龍蛇神を迎えて創祀。眺めのよい高台にあり、海岸には龍の鱗のような薄い石がひしめいています。

お守りは壱岐神社で授与

DATA
住所／長崎県壱岐市芦辺町瀬戸浦龍神崎　電話／0920-45-1276（壱岐神社）　御朱印授与時間／要電話予約（壱岐神社で授与）

交通安全祈願はこちら

## 本《ほん》宮《ぐう》八《はち》幡《まん》神《じん》社《じゃ》

平戸藩主が特別に崇敬した「壱岐七社」の一社。神功皇后が安産を祈って身に付けたという「鎮懐石」を祀ります。

DATA
住所／長崎県壱岐市勝本町本宮西触1185
電話／0920-43-0766
御朱印授与時間／自由（書き置き）

石猿がずらりお出迎え

## 男《おん》嶽《だけ》神《じん》社《じゃ》

国生み神話で神様が降臨したとされるパワースポット。対になる女嶽神社とあわせて参拝すると良縁に恵まれるとか。

DATA
住所／長崎県壱岐市芦辺町箱崎本村触1678　電話／0920-45-1881　御朱印授与時間／8:00～17:00（要電話予約）

1300年の歴史を紡ぐ

## 聖《しょう》母《も》宮《ぐう》

奈良時代初期に創建したと伝わる古社。加藤清正が寄進した石垣や表門など歴史を感じさせる社宝は必見です。

DATA
住所／長崎県壱岐市勝本町勝本浦554-2
電話／0920-42-0914
御朱印授与時間／要電話予約

### 神社カフェで頂く「神社エール」

参拝途中のリフレッシュにおすすめなのが、男嶽神社の境内にある「おみやカフェ」。ショウガを漬け込んだ「神社エール」など、手作り酵素ドリンクが人気です。ワッフルとのセット500円。

DATA
おみやカフェ
営業時間／10:00～16:00
休み／不定休

一緒に行きたい観光スポット

岩越しに沈む美しい太陽を望む夕日の名所でもあります

大鬼が鯨を捕るため踏ん張ってできた足跡と伝わる「鬼の足跡」

「鬼の足跡」は超特大！

## 牧《まき》崎《ざき》公《こう》園《えん》

島の西端部に位置。岬に開いた周囲約110mの大穴「鬼の足跡」は、長い年月をかけて海の浸食作用によって造り出された人気の景勝地です。ゴリラの横顔に見える「ゴリラ岩」にも注目を。

DATA
住所／長崎県壱岐市郷ノ浦町渡良東触1956-2　電話／0920-48-1130（壱岐市役所観光課）
交通／郷ノ浦港から車18分

長崎県最大の前方後円墳

## 双《そう》六《ろく》古《こ》墳《ふん》

標高約100mの丘陵部に築造された全長約91mの前方後円墳。金銅製品や新羅土器など、貴重な埋葬品が多数発掘されました。高さ約10mの墳丘を覆う緑が美しいです。

DATA
住所／長崎県壱岐市勝本町立石東触81
電話／0920-45-2728（壱岐市社会教育課文化財班）
交通／郷ノ浦港から車15分

全長約11mの横穴式石室へは入室できません

自然が造り出した巨大彫刻

## 猿《さる》岩《いわ》

島の西部に位置する黒崎半島の先端にある高さ約45mの玄武岩。長い年月をかけて波や風雨で削られた岩の形が「サルの横顔にそっくり」といわれ、フォトスポットとして観光客に人気です。「日本の奇岩」に選定されています。

DATA
住所／長崎県壱岐市郷ノ浦町新田触870-3
電話／0920-48-1130（壱岐市役所観光課）
交通／壱岐空港から車30分、または郷ノ浦港から車20分

Part 1

# 第三章

# 山の聖地

神の領域に最も近いとされ、
古くから崇拝の対象だった、山。
山を登り、空を仰ぎ、
拝むことですべてが浄化され、
雄大にそびえ立つ
山の力を感じられるはずです。

# 山の聖地
## 絶対行きたいオススメ寺社1

月山山頂に鎮座する月山神社本宮。頂上から鳥海山を望みます

**三山を参拝して開運招福**

「出羽三山」とは羽黒山・月山・湯殿山の総称です。見開きの御朱印が頂けます。

山形

# 出羽三山神社【でわさんざんじんじゃ】

山形県の中央にそびえる出羽三山の各頂上または中腹に神社があり、総称して「出羽三山神社」と呼ばれています。三山は修行者が滝行などの厳しい修行を行った聖地。出羽三山をめぐる修行では、羽黒山で現世利益を頂き、月山で死後を体験し、湯殿山でよみがえりを果たすといわれています。山自体が強いパワーをもつため、より強力な運気アップを願うなら、三山すべてに登ってお参りを。ただし、月山と湯殿山は冬季の参拝ができません。三山の神々を合祀している羽黒山の三神合祭殿を参拝して大いなる自然の力を頂きましょう。

**杉木立に囲まれて立つ国宝の五重塔**

東北にある最古の五重塔とされ、高さは約29m。杉木立に囲まれた羽黒山境内にあり、五重塔が立つ場所は山内で最も低い谷です。エネルギーが満ちる縁起のよい場所だといわれています。

**ここが聖地POINT**

**新しい自分に生まれ変わる**

羽黒山は現世利益と穢れを捨て、よみがえりができるとされます。羽黒山石段は2446段あり、山頂まで約1時間かかりますが、新しい自分に生まれ変わる道だと思ってがんばりましょう。途中、石段の険しい場所が3カ所あります

**主祭神 / 主な御利益**

【出羽神社】倉稲魂命《うかのみたまのみこと》　伊氐波神《いではのおおかみ》

【月山神社】月読命《つきよみのみこと》

【湯殿山神社】大山祇命《おおやまつみのみこと》　大己貴命《おおなむちのみこと》　少彦名命《すくなひこなのみこと》

開運祈願など

**神社の方からのメッセージ**

出羽三山の開祖は崇峻天皇の御子・蜂子皇子(はちこのおうじ)です。蘇我氏との政争に巻き込まれて北上した皇子が最初に開いたのが羽黒山。境内には、皇子を祀った蜂子神社や墓があります。

三神合祭殿は国内最大級の茅葺屋根の建物で、国指定重要文化財です。古来、社殿手前の鏡池は神霊が宿る神の御池とされ、祈願を込めた銅鏡を埋納する習慣がありました。「羽黒鏡」と呼ばれる銅鏡は、出羽三山歴史博物館に常設展示されています。

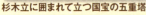

## 一緒に行きたい立ち寄りスポット

### 80種以上のクラゲを展示
## 鶴岡市立加茂水族館《つるおかしりつかもすいぞくかん》

クラゲの展示種数世界一を誇る水族館。直径5mの巨大水槽「クラゲドリームシアター」で約1万匹のミズクラゲを見たり、成長段階のクラゲを観察したり、どっぷりその魅力にはまることができます。

DATA
住所／山形県鶴岡市今泉大久保657-1
電話／0235-33-3036
交通／庄内交通バス「加茂水族館」からすぐ
営業時間／9:00～17:00(最終入館16:00)
休み／無休
料金／大人1500円

### 芭蕉も食べた精進料理
## 羽黒山参籠所《はぐろさんさんろうじょ》 斎館《さいかん》

羽黒山の三の坂を登ると左手にある参籠所。予約をすれば、出羽三山山麓で取れる旬の山菜やきのこなどを使った伝統の精進料理が味わえます。「精進料理 お膳」(汁物、ご飯付き10品、3850円)など。

DATA
住所／山形県鶴岡市羽黒町手向羽黒山33
電話／0235-62-2357(予約制)
交通／庄内交通バス「羽黒山頂」から徒歩10分
営業時間／11:00～14:00　休み／無休

御朱印帳はP.19で紹介!

墨書／奉拝、東三十三ヶ国総鎮護、出羽三山神社、三神合祭殿　印／羽黒山、出羽三山靈場　●全国六十六州のうち、東三十三ヵ国の民衆や武将から崇敬を集めました

墨書／霊峰、月山神社本宮　印／東北総鎮守、月山頂上、出羽三山霊場　●『延喜式神名帳』に名神大社とある東北屈指の社格を誇る神社。夏季は山頂で御朱印を頂けます

墨書／奉拝、出羽三山神社奥宮、湯殿山神社本宮　印／湯殿山、出羽三山靈場　●松尾芭蕉は『奥の細道』で「語られぬ湯殿にぬらす袂かな」という句を残しています

### 出羽三山の神々を合祀
## 出羽神社《でわじんじゃ》(三神合祭殿《さんじんごうさいでん》)

長い石段を上って山頂にたどり着くと、茅葺屋根の社殿が出現。朱色の柱や極彩色の彫刻に圧倒されます。月山と湯殿山が閉山となる冬季は、こちらに参拝して御朱印を頂きます。

### 人生のリスタートに最適
## 月山神社《がっさんじんじゃ》

出羽三山の中で最も高い標高1984mの月山頂上に鎮座。8合目から頂上まで約3時間の登山になります。心機一転して新しいことを始めるときに力を授けてくれるといわれています。

### 口外・撮影禁止の聖地
## 湯殿山神社《ゆどのさんじんじゃ》

湯殿山は神のすむ山とされ、御神体への参拝は裸足になってお祓いを受けてから。「言わず語らずの山」と呼ばれ、ここで見聞きしたものは口外しないのが慣わし。撮影もNGです。

DATA
**出羽神社(三神合祭殿)**
創建／593(推古元)年
本殿様式／権現造
住所／山形県鶴岡市羽黒町手向字羽黒山33
電話／0235-62-2356
交通／庄内交通バス「羽黒山頂」下車
参拝時間・御朱印授与時間／8:30～16:30
URL http://www.dewasanzan.jp

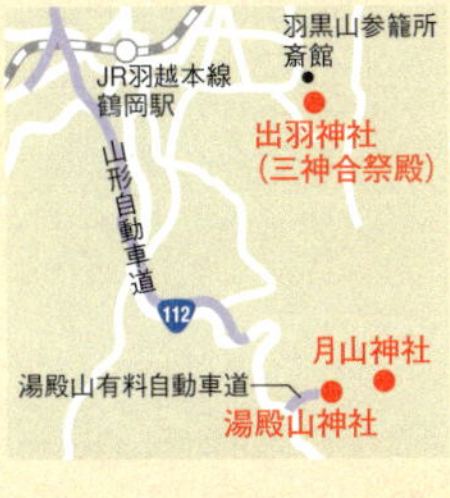


DATA
**月山神社**
創建／593 (推古元) 年
本殿様式／方形 (ほうぎょう) 造
住所／山形県東田川郡庄内町立谷沢字本沢31
電話／090-8921-9151
交通／庄内交通バス「月山八合目」から徒歩2時間30分
参拝時間・御朱印授与時間／7・8月頃7:00～16:00
URL http://www.dewasanzan.jp

DATA
**湯殿山神社**
創建／605(推古13)年
住所／山形県鶴岡市田麦俣六十里山7
電話／0235-54-6133
交通／JR羽越本線「鶴岡駅」からシャトルバス(6～10月の土・日、一部夏季期間限定)。または山形自動車道「月山IC」から車25分
参拝時間・御朱印授与時間／GW周辺～11月上旬頃8:30～16:00
URL http://www.dewasanzan.jp

## 関東エリアを守護する霊山に鎮座

装備を整えて本社までの登山にチャレンジ！御祭神はさまざまな絆を結ぶ力をもっています。

神奈川

# 大山阿夫利神社

【おおやまあふりじんじゃ】

標高1252mの大山頂上に本社、標高700mの中腹に下社があります。下社まではケーブルカーで上がれますが、本社までは片道約1時間30分の登山です。古くから関東総鎮護の霊山とされ、御祭神は災いを除き、人と人など、多彩な絆を取りもつパワーの持ち主です。江戸時代は庶民の登拝「大山詣り」が盛んで、年間20万人もの参詣があったとか。

**ここが聖地POINT**

### パワーも眺望も抜群の本社

下社で登山の無事を祈り、登拝門脇の祓所にある大麻（おおぬさ）で体を祓い清めてから登山開始。途中の夫婦杉や天狗の鼻突き岩などからパワーを享受しましょう。山頂にある本社からの景色は息をのむ絶景で疲れも吹き飛びます

表は下社から大山頂上を拝した風景、裏は下社境内にある獅子山を刺繍した御朱印帳（1800円）

拝殿の右脇から地下に入ると、大山の清水を引いた泉が。透明度抜群の清らかな水からは延命長寿の力を頂けます

飲用やお水取りの場合は龍の口から「神水」を頂きましょう

主祭神／主な御利益

大山祇大神《おおやまつみのおおかみ》

縁結び、仕事運など

\ 下社 /

墨書／関東総鎮護、大山阿夫利神社　印／関東・総鎮護・大山阿夫利神社、阿夫利神社下社之印　●雨乞い信仰の「あめふり」が転じて「阿夫利」になったそうです

\ 本社 /

墨書／大山頂上本社、大山阿夫利神社　印／頂上本社、頂上・本社・大山阿夫利神社　●社務所が閉じているときは、お参りした旨を伝えれば下社でも頂けます

拝殿右手にあるカフェ「茶寮 石尊（せきそん）」では御神水で入れたコーヒーや甘味などを味わえます。眼下に相模湾、はるか三浦半島まで見渡せる眺望抜群のテラス席が人気です。
営業時間／9:50頃～16:30
※ケーブルカー終了の30分前閉店
休み／不定休

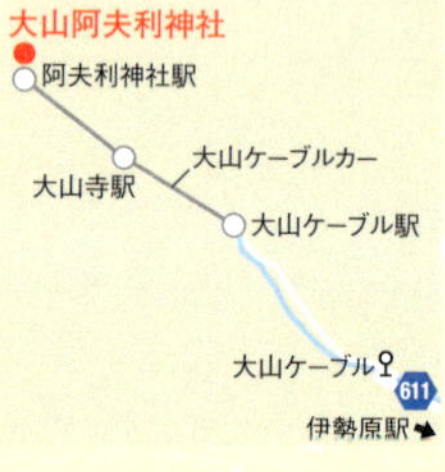


DATA

**大山阿夫利神社**

創建／2200年前　本殿様式／不詳
住所／神奈川県伊勢原市大山355
電話／0463-95-2006
交通／神奈川中央交通バス「大山ケーブル駅」下車、徒歩15分の「大山ケーブル駅（山麓駅）」からケーブルカー6分、「阿夫利神社駅（山上駅）」下車、徒歩4分
参拝時間／自由　御朱印授与時間／ケーブルカーの運行時間に準ずる
URL http://www.afuri.or.jp

**神社の方からのメッセージ**

本社までの登山途中にある「富士見台」からは富士山を一望。江戸時代の浮世絵に描かれたほどの絶景で、来迎谷（らいこうだに）と呼ばれています。山頂までは休憩を取りながらゆっくり登ってください。

登山を終えて到着した本社からは力強いパワーを感じるはず。山頂からは相模湾や丹沢、富士山、房総半島まで見渡せます。絶景を楽しみながらのランチがおすすめです。時間があったら龍神伝説が残る「二重滝」にも足を延ばしてみましょう。

奈良

# 橿原神宮【かしはらじんぐう】

## 日本建国の聖地で元気の源をチャージ

豊かで平和な国造りを目指した神武天皇が祀られています。畝傍山《うねびやま》を背景に厳かなたたずまいを見せています。

約53万㎡という広大な境内に素木造りの社殿が建ち並びます。御祭神は、日本最古の正史『日本書紀』に第一代天皇と記載されている神武天皇。社殿が立つ地は神武天皇が即位し、都を築いた地とされ、日本の始まりの地といわれています。神武天皇は127歳までの長寿を健康でまっとうされたことから開運延寿の神様として崇敬されています。



### ここが聖地POINT
### 内拝殿奥に鎮まる御祭神

祭典が行われる内拝殿の屋根越しには幣殿の千木が見え、その奥に御祭神を祀る本殿があります。本殿は1855（安政2）年に建造された京都御所の内侍所（賢所）を移築した建物で重要文化財に指定されており、通常外からは見ることができません

墨書／奉拝　印／紀元二千六百八十四年、橿原神宮　●「橿原神宮」の朱印は1940（昭和15）年に紀元（皇紀）2600年を奉祝して製作されました。すっきりした御朱印には由緒ある神社らしい品格が感じられます

外拝殿の大絵馬は毎年制作され、現在は日本画家の藤本静宏氏により手がけられています。高さ4.5m、幅5.4mもあり、実際に授与される干支絵馬の約1600倍の大きさに当たります

毎年4月29日の「昭和祭」と11月23日の「新嘗祭」に内拝殿前で厳かに舞われる「久米舞」

**主祭神／主な御利益**

神武天皇《じんむてんのう》

媛蹈韛五十鈴媛皇后《ひめたたらいすずひめこうごう》

開運招福、健康長寿など

「健脚守」（500円）は御祭神の長寿にあやかって、足腰丈夫で長生きしてほしいという願いが込められています

「やたがらす健康守」（500円）は神武天皇を橿原まで道案内したという神様のお使い・ヤタガラスに健康であるよう導いてもらうお守り

DATA
**橿原神宮**
創建／1890（明治23）年
本殿様式／入母屋造
住所／奈良県橿原市久米町934
電話／0744-22-3271
交通／近鉄「橿原神宮前駅」から徒歩10分
参拝時間／日の出～日没
御朱印授与時間／9:00～16:00
URL https://kashiharajingu.or.jp

神社の方からのメッセージ

橿原神宮は『記紀』において日本建国の地とされた聖地に1890（明治23）年に創建されました。豪壮な雰囲気の社殿が建ち並ぶ雄大な境内の中、すがすがしい気持ちで参拝いただければと思います。

第一鳥居をくぐってから外拝殿までは徒歩で約10分ととにかく広く、境内も社殿も圧倒的な壮大さで心が洗われるようです。また、橿原神宮から東北へ進むと神武天皇陵があります。周囲約100m、高さ5.5mの円丘で、周囲にはお堀がめぐらされています。

岩手

# 中尊寺【ちゅうそんじ】

## 東日本随一の名刹は平安仏教美術の宝箱

黄金に輝く金色堂をはじめ、3000点以上の国宝・重要文化財が収められています。

850（嘉祥3）年、慈覚大師円仁によって開山。12世紀初めからは、奥州藤原氏初代清衡公が平和な世の中の到来を願い、大規模な堂塔の造営に着手しました。奥州藤原氏は平泉を拠点に東北の覇者として君臨しますが、四代泰衡公が源氏に攻められ、滅亡。しかし、建築や彫刻など各分野にわたる貴重な文化遺産が100年近く続いた平泉の栄華と歴史を今に伝えています。

御本尊

【本堂本尊】釈迦如来《しゃかにょらい》

【金色堂本尊】阿弥陀如来《あみだにょらい》

### ここが聖地POINT
### 極楽浄土を表現した金色堂

中尊寺創建当初の姿を今に伝える唯一の建造物。内外に金箔を押した絢爛豪華な内陣部分は、螺鈿細工や象牙、宝石によって飾られ、古の繁栄を想起させます。初代清衡公をはじめ、基衡公、秀衡公、泰衡公の亡骸が金色の棺に納められています

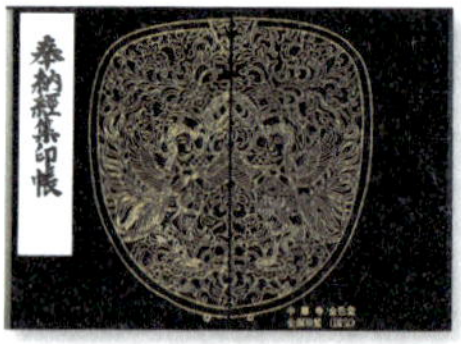



浄土世界をモチーフにしているという国宝の金銅華鬘（こんどうけまん）が金押しされた御朱印帳（2300円、御朱印含む）

本堂の御本尊は2013（平成25）年に造顕・開眼供養されたもの。像高は約2.7m、台座・光背を含めた総高は5mに及びます。清衡公が「丈六皆金色釈迦」像を鎮護国家大伽藍の御本尊として安置したことを見本にしています

古くから本堂や金色堂への表参道として利用されてきた月見坂。両脇に立つ樹齢300年の老杉が荘厳な雰囲気

墨書／奉拝、金色堂、関山中尊寺　印／藤原三代金碧霊廟、弥陀三尊種子、金色堂印
●金色堂の御朱印。金色堂で新たに御朱印帳を求めると見開きの御朱印を頂けます

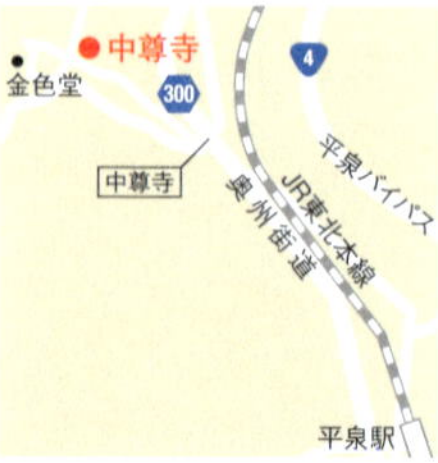



DATA
**中尊寺**
山号／関山　宗旨／天台宗
住所／岩手県西磐井郡平泉町平泉衣関202　電話／0191-46-2211
交通／JR東北本線「平泉駅」から徒歩30分（参道入口まで）
拝観時間／8:30～17:00（11月4日～2月28日～16:30）※10分前に拝観券発行終了
御朱印授与時間／中尊寺本堂・金色堂・讃衡蔵朱印所8:30～17:00（11月4日～2月28日～16:30）※参道沿い各御朱印所は不定休のため、授与時間は未設定
拝観料／讃衡蔵・金色堂・経蔵・旧覆堂 大人1000円
URL https://www.chusonji.or.jp

画像提供:中尊寺

お寺の方からのメッセージ

本堂内陣の御本尊両脇には、本山延暦寺から分燈された「不滅の法灯」がともっています。日本の天台宗の開祖である伝教大師最澄がともして以来、1200年間消えたことがないといわれています。

5月1日から5日にかけて開催される「春の藤原まつり」は、平泉を挙げての祭りです。特に平泉に逃れた義経公を秀衡公があたたかく迎えた様子を再現した「源義経公東下り行列」はおおいに盛り上がります。

## 2本の御神木に幸福祈願

秋田

# 伊豆山神社【いずさんじんじゃ】

創建以降、この土地や花館を含む高関郷の産土神社として崇敬されてきました。イザナミが亡くなり悲嘆にくれるイザナギの涙から生まれた泣澤女神が祀られていることでも有名な神社です。里宮から本宮までは徒歩約1時間。男坂と比較的緩やかな女坂の2通りがあり、ルートによってさまざまな景色が楽しめます。

御朱印帳はP.19で紹介！

墨書／伊豆山神社　印／夏詣、伊豆山神社、神爾、季節の印　●季節の印は毎月変わります。御朱印は里宮から徒歩5分ほどの社務所で頂くことができます

墨書／奉拝、泣澤女神　印／大神神爾　●美しい水の女神には生命長久の御神徳があります

「川を渡る梵天」として知られている2月11日斎行の「梵天奉納祭」。色彩豊かな梵天が渡し船で対岸に渡り、伊豆山頂に鎮座する本宮に奉納されます

**主祭神／主な御利益**

積羽八重言代主神《つみはやえことしろぬしのかみ》

泣澤女神《なきさわめのかみ》

子宝、家内安全など

**ここが聖地POINT**

600万年前に地中深くからマグマが噴出し、その後隆起した伊豆山。男坂の「ねじれ杉」と女坂の天然「ブナ」「湧き水」など、聖なるスポットが点在

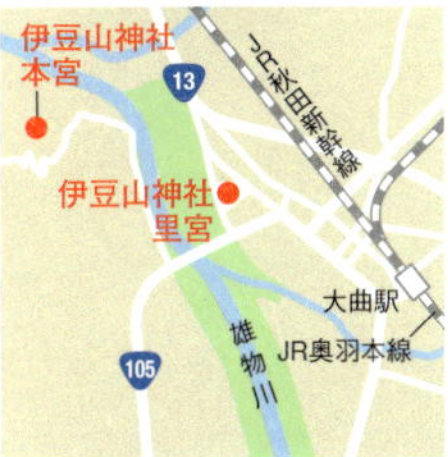


DATA

**伊豆山神社**

創建／807（大同2）年　本殿様式／三間社流造

住所／秋田県大仙市泉町8-59（里宮）、大仙市花館揚の森1（本宮）、大仙市花館中町2-40（社務所）

電話／0187-62-4134

交通／JR「大曲駅」から徒歩25分（本宮まではさらに1時間）

参拝時間／自由

御朱印授与時間／9:00～17:00

URL https://www.izu.or.jp

---

## 松尾芭蕉の句で知られる東北屈指の霊山

山形

# 立石寺【りっしゃくじ】

860（貞観2）年、慈覚大師が開いた寺院。「山寺」の通称で呼ばれます。有名なのが、芭蕉が参詣時に詠んだ句「閑さや岩にしみいる 蝉の声」です。また、秘仏の御本尊を安置する根本中堂の堂内にともっているのが「不滅の法灯」。開山の際、比叡山延暦寺から分けられた法灯で、1200年近くともり続けていることになります。

墨書／奉拝、法燈不滅、山寺立石寺　印／寶珠山、薬師如来を表す梵字ベイの印、立石寺印　●根本中堂で頂ける御朱印。墨書から法灯の迫力を感じます

慈覚大師を祀る開山堂と写経を納める山内最古の建物・納経堂

芭蕉と弟子の曾良像。山内には芭蕉の句を納めたせみ塚もあります

**御本尊**

薬師如来《やくしにょらい》

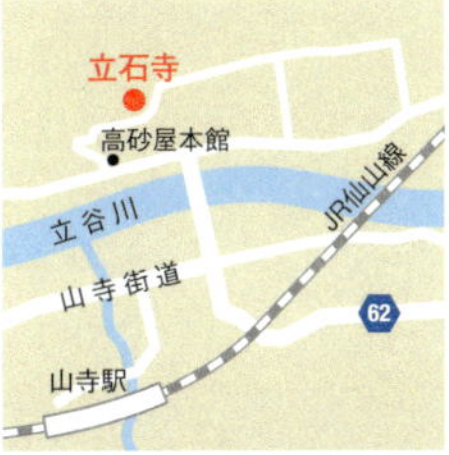


DATA

**立石寺**

山号／宝珠山

宗旨／天台宗

住所／山形県山形市山寺4456-1

電話／023-695-2843

交通／JR仙山線「山寺駅」から徒歩5分

拝観時間／8:00～17:00

御朱印授与時間／8:00～17:00（華蔵院のみ9:00～12:00、13:00～16:00）

拝観料／300円、根本中堂内陣参拝200円

URL https://rissyakuji.jp

**ここが聖地POINT**

山沿いに参道が作られ、往復約1時間30分の登拝となります。全行程石段（全部で1015段！）のため、服も靴も普段使っているものでOK。山上の五大堂は山中随一の絶景です

福島

# 石都々古和氣神社

【いわつつこわけじんじゃ】

## 大いなる自然に神聖な力を感じる

歴史ある陸奥国一之宮で諸願成就。参道の磐境《いわさか》や川沿いの桜並木からパワーを授かりましょう。

通称八幡山に鎮座する都々古別三社のうちの一社です。境内は三芦城（石川城）の跡地で、古来山岳信仰の聖地としてあがめられてきました。参道には神々の依代と考えられている多くの磐境（大きな岩）が点在しており、樹齢160年の天龍桜とともに大きな存在感を放っています。月替わり御朱印や節句ごとに頒布される限定御朱印は、かわいらしいイラストが人気です。

**主祭神／主な御利益**

迦毛大御神《かもおおみかみ》　大国主神《おおくにぬしのかみ》
八幡大神《やはたのおおかみ》
縁結び、長寿など

**ここが聖地POINT**

### 数々の磐境がパワーを放つ

参道や境内には、天狗岩、亀石、屏風岩、石門（鳥居）、船形石、神籬（ひもろぎ）岩、勾玉岩、剣石とたくさんの磐境があります。石から力強いパワーを感じて、手をかざす人もいるとか

限定御朱印はP.10で紹介!

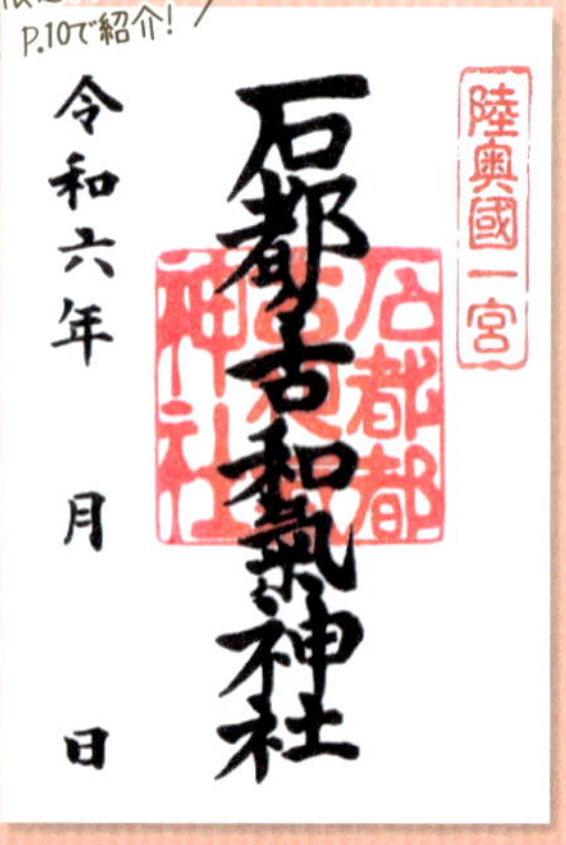


墨書／石都々古和氣神社　印／陸奥國一宮、石都都古和氣神社　●かわいらしいイラストが描かれた季節限定御朱印など、年間30種類以上の御朱印が授与されています

因幡の白兎をモチーフにした「良縁お守り」（各700円）など、カラフルなお守りが多数

心身の健康を願う「無病息災護符」（左）と開運を祈願した「笑門福来神符」（各1500円）

石川町出身の石像彫刻の名工・小林和平による狛犬は必見。「飛翔獅子」といわれる後ろ足を跳ね上げる姿が特徴的で、卓越した彫刻技術は全国的に高く評価されています

DATA

**石都々古和氣神社**

創建／不詳（延喜式内社）　本殿様式／流造
住所／福島県石川郡石川町下泉296
電話／0247-26-7534
交通／JR水郡線「磐城石川駅」から徒歩15分
参拝時間／自由
御朱印授与時間／9:00～12:00、13:00～16:00
URL https://www.instagram.com/iwatsutsukowake/

**神社の方からのメッセージ**

参道途中には道の両側にアジサイが幾重にも咲き誇る「紫陽花の小径」と呼ばれるフォトスポットがあります。見頃の6月から7月には、アジサイの香りが参拝する方々を包み込みます。

毎年9月に斎行される例大祭は900年以上の歴史を誇る伝統行事。神社神輿は神社から当番町の御仮屋に下がり、各町内の奉納を受けると、翌日神社に上がります。その後、威勢のよい掛け声とともに町内神輿が大通りを練り歩く神輿パレードが開催されます。

安産&開運の御利益あり！

茨城

# 雨引観音（楽法寺）

【あまびきかんのん（らくほうじ）】

古くから安産や子育ての御利益で広く信仰を集めている名刹。御本尊は大石垣の先にある観音堂に祀られています。100種5000株を栽培する、茨城屈指のアジサイの名所としても有名です。大干ばつに襲われた際、降雨を願って納経すると国中に雨が降ったため、山号を「天彦山」から「雨引山」に変えたと伝わります。

御本尊
延命観世音菩薩《えんめいかんぜおんぼさつ》

墨書／常陸國、延命観世音、雨引山　印／坂東二十四番、火炎のなかに三宝珠の印、常州楽法寺雨引　●坂東三十三観音の第二十四番札所です

境内に放し飼いにされているクジャクは拝観者に大人気です

6月上旬から7月中旬は色とりどりのアジサイの花が咲き誇ります

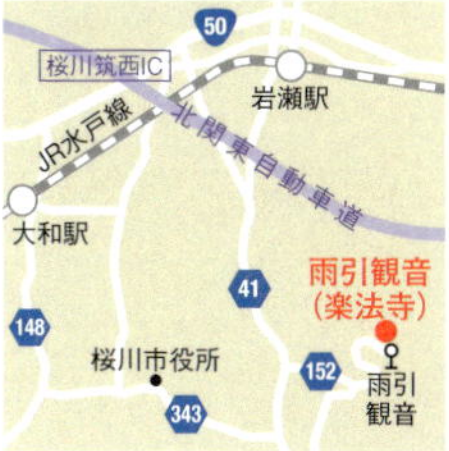


DATA
**雨引観音（楽法寺）**
山号／雨引山　宗旨／真言宗
住所／茨城県桜川市本木1
電話／0296-58-5009　交通／JR水戸線「岩瀬駅」からタクシー10分、または桜川市バス「雨引観音」からすぐ（土曜、休日のみ運行）
拝観時間／8:30～17:00（アジサイまつり期間8:00～20:00）　御朱印授与時間／8:30～17:00　拝観料／無料
URL http://www.amabiki.or.jp

ここが聖地POINT

山全体に霊力があふれています。仁王門にいたる石段は「厄除けの石段」とされ、上りきると厄が落ちるのだとか

羽黒山を登って金運アップを願う

栃木

# 羽黒山神社

【はぐろさんじんじゃ】

神社が鎮座するのは羽黒山の山頂にほど近い標高444m地点です。スギと朱色の幟が立ち並ぶ参道を上って社殿前に到着したら参拝を。御祭神は万物創世の御利益があるという「作神《さくがみ》」です。五穀豊穣はもちろん、金運アップや安産祈願にも御神徳を発揮します。毎年11月に斎行される例祭「梵天祭」が有名です。

主祭神／主な御利益
稲倉魂命《うかのみたまのみこと》
五穀豊穣、金運、商売繁盛、家内安全、子孫繁栄など

墨書／奉拝、羽黒山神社、下野印／羽黒山神社璽　●下部の印は、祭礼や季節の花など種類豊富。すべて宮司の手彫りです。境内奥の密嶽神社の御朱印も頒布

215段の石段の途中に2本の木が根元で1本になった「縁結びの杉」があります

「白蛇金運御守」（800円）は金運のシンボルである白蛇と小判が印象的です

DATA
**羽黒山神社**
創建／1058（康平元）年
本殿様式／流造
住所／栃木県宇都宮市今里町1444
電話／028-674-3479
交通／関東バス「羽黒山入口」から徒歩50分
参拝時間／自由
御朱印授与時間／10:00～16:00

ここが聖地POINT

境内奥の密嶽神社へ向かう途中にある「双神結び平」。好天日に角柱に穴を開けた「富士見の穴」をのぞくと、視線の先に富士山が。羽黒山にいながら富士山のパワーを頂けます

栃木

# 日光二荒山神社

【にっこうふたらさんじんじゃ】

## 日光の原点とされる聖地

あらゆる良縁を結ぶといわれる世界遺産。みずみずしい生気が満ちる地に鎮座します。

主祭神／主な御利益

大己貴命《おおなむちのみこと》　田心姫命《たごりひめのみこと》

味耜高彦根命《あじすきたかひこねのみこと》

縁結び、金運など

朱塗りの楼門の先にたたずむ鳥居をくぐると拝殿です。御祭神は良縁を授けてくれる神様。縁結びを祈願したあとは、必ず神苑へ行きましょう。苑内には水に触れるとよい運気が定着するという二荒霊泉や、願いを込めるとあらゆる良縁に恵まれる縁結びの笹など、御利益スポットがぎっしり。金運アップに御神徳のある大国殿や成績アップが期待できる朋友神社《みともじんじゃ》など境内社も多数。

### ここが聖地POINT

### あらゆる縁を結ぶ御神木

拝殿の向かいにあるひとつの根から2本のスギが伸びる「夫婦杉」と御祭神親子にちなんだ三本杉の「親子杉」。夫婦円満や家庭円満の御利益を頂けます

美容と愛情運が上昇する「日光美人愛情御守」（1000円）

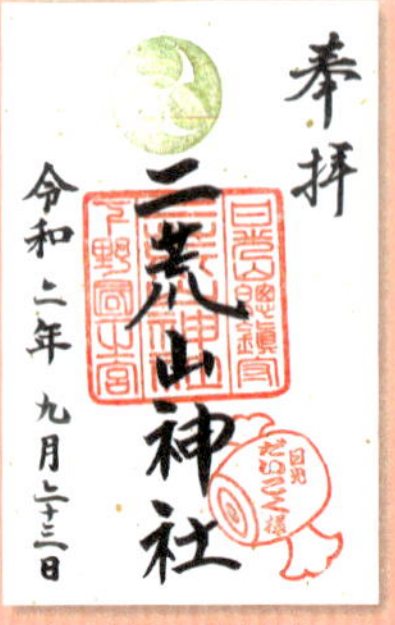


墨書／奉拝、二荒山神社　印／左三つ巴紋、日光山総鎮守・二荒山神社・下野国一之宮、小槌に日光だいこく様　●別宮や境内摂社の御朱印も頒布

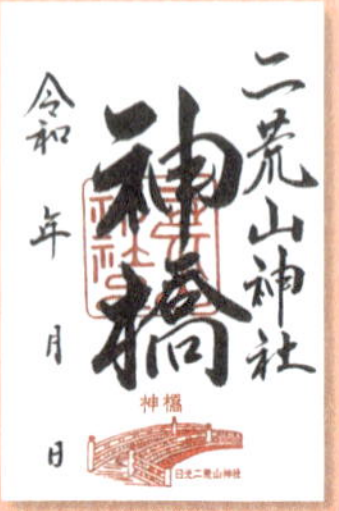


墨書／二荒山神社、神橋　印／二荒山神社印、神橋、日光二荒山神社　●美しい神橋の姿を印で表現しています。神橋のたもとにある社務所で授与

### 願かけスポットが盛りだくさん！

参拝者の運気を上げる、気になる名所が密集しています。こちらで紹介したスポット以外にも見どころは多数。時間をかけてじっくりお参りを楽しんで。

運試し輪投げ

3つ投げてひとつでも入れば運気良好！

良い縁の杜

鳥居の先に良縁スポットが集まっています

良い縁七福神の「特別朱印スタンプ」（1000円）が頂けます

日光銭洗所

幸運をもたらす霊水でお金を洗うと福が舞い込むとか

DATA

**日光二荒山神社**

創建／782（天応2）年

本殿様式／八棟造

住所／栃木県日光市山内2307

電話／0288-54-0535

交通／東武バス「大猷院・二荒山神社前」からすぐ、またはJR日光線「日光駅」・東武日光線「東武日光駅」から徒歩40分　参拝時間・御朱印授与時間／8:00～17:00（11～3月～16:00）※受付終了は30分前

拝観料／無料（神苑300円）

URL http://www.futarasan.jp

神社の方からのメッセージ

神社の御神体である男体山の頂上には勝道上人が開いた奥宮があります。森林限界に近づくと木が小さくなり、中禅寺湖が見えます。往復6～7時間と、体力が必要ですが、すばらしい景色に疲れも吹き飛びますよ。

眼病が治るという「薬師の霊泉」と、おいしい酒が造れるという「酒の泉」を引いた「二荒霊泉」は、若返りに効果があるとされ、お水取りも可能です。持ち帰り用のボトルは近くの茶店で購入できます。茶店では霊泉を使ったコーヒーや抹茶などが味わえます。

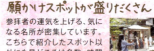

埼玉

# 三峯神社【みつみねじんじゃ】

## 霧の霊気で心身をリフレッシュ！

精悍な表情の神使オオカミがあらゆる災難を除け、祈願成就をお手伝い。

山の聖地

主祭神／主な御利益

伊弉諾尊《いざなぎのみこと》　伊弉冉尊《いざなみのみこと》

夫婦和合、家内安全、火難・盗難除けなど

関東屈指のパワースポットといわれる古社。奥秩父の山中、標高約１１００ｍの御神域に鎮座しています。木々に覆われるようにして立つ総漆塗りの拝殿は、きらびやかな極彩色の装飾が華麗です。また、神社のある三峰は霧がかかりやすい場所。幻想的な霧のなかを歩くと体いっぱいにきれいな空気が満ち、参拝後は心身ともに浄化されたような気持ちになれるはずです。

### ここが聖地POINT
**神のお使いはオオカミ**

鳥居の両脇にいるのは、狛犬ではなくオオカミの像。霧は神のお使いであるオオカミの霊気とされ、邪気や厄を祓い、活力をくれるといわれています

霧が濃いのは歓迎の証です

御神木が内符として納められている「氣の御守」（各1000円）。勇気や元気、やる気を与えてくれます。全4色

祈祷によりオオカミを神札に収め、1年間自宅に貸し出していただく「御眷属拝借（ごけんぞくはいしゃく）」（5000円）。お札には諸厄を祓う強力な御神徳が！

拝殿前にある樹齢800年の「重忠（しげただ）杉」。堂々とした立ち姿から確かな神気を感じます。「重忠」とは鎌倉時代の武将・畠山重忠のこと

墨書／登拝、三峯神社　印／三峰神社
●オオカミの絵付きの書き置き御朱印。口は狛犬のように「阿吽（あうん）」になっています。オリジナル御朱印帳もあります

DATA
**三峯神社**
創建／111（景行天皇41）年
本殿様式／春日造
住所／埼玉県秩父市三峰298-1
電話／0494-55-0241
交通／西武観光バス三峯神社線「三峯神社」からすぐ
参拝時間／自由（社務所9:00～17:00）
御朱印授与時間／9:00～17:00
URL https://www.mitsuminejinja.or.jp

神社の方からのメッセージ

かつてオオカミは農作物を荒らすイノシシやシカを退治する大切な動物でした。そこで秩父では災難を除く霊力をもった神のお使いとしてオオカミをあがめてきました。今も御眷属信仰は根強く残っています。

神社は秩父多摩甲斐国立公園内にあり、雲海が発生しやすいスポットとしても有名です。早朝、奥宮遥拝殿から眺める雲海と朝焼けに染まる山々の風景は手を合わせたくなるような神々しさに満ちています。雲海の発生ピークは10月中旬～11月中旬です。

境内全域からパワーを授かる

東京

# 新宿天満宮 成子天神社

【しんじゅくてんまんぐう なるこてんじんしゃ】

参道では恵比寿様や大黒様がお出迎え、境内に入ると御神木の「夫婦公孫樹《めおといちょう》」、お稲荷様、本殿の向こうには富士塚まであります。学業成就はもちろん、キャリアアップして高収入ゲットの祈願や、就職したい企業との縁結びの力も頂けるかもしれません。

主祭神／主な御利益
菅原道真公《すがわらのみちざねこう》
仕事・学業、厄除け、金運、縁結びなど

「合格御守」、「学業成就御守」（各600円）は梅の花があしらわれたお守り

表参道や境内、北参道には七福神が並び、境内で七福神めぐりができます

御朱印帳はP.20で紹介！

墨書／天満宮　印／奉拝、新宿天満宮、成子天神社、梅の神紋、成子天神社　●力強い墨書が印象深い御朱印です。御朱印の内容は変更になることがあります

DATA

**新宿天満宮 成子天神社**

創建／903（延喜3）年
本殿様式／入母屋造
住所／東京都新宿区西新宿8-14-10
電話／03-3368-6933
交通／東京メトロ丸ノ内線「西新宿駅」から徒歩2分、都営大江戸線「都庁前駅」から徒歩8分、JR「新宿駅」から徒歩11分
参拝時間／自由
御朱印授与時間／9:00～16:00
URL http://www.naruko-t.org

ここが聖地POINT

富士山の溶岩が使われた富士塚は、新宿区に現存する6つの富士塚のなかで一番の大きさを誇ります。麓の浅間神社で参拝後、富士塚の階段を登ると、頂上には祠があります

---

鼓動しているかのような岩は鳥肌もの

三重

# 花窟神社

【はなのいわやじんじゃ】

境内に入ると、頭上にそびえるのは大きな岩。太陽の光を浴びて輝いて見えるこの岩こそ、花窟神社の御神体です。岩にそっと手を当てると温かさを感じ、まるで生きているかのようです。「夜明けに仰ぎ見る岩は特に神々しい」と神職の言葉。強い生命力を感じられるパワースポットとしても注目を集めています。

主祭神／主な御利益
伊弉冊尊《いざなみのみこと》
縁結び、商売繁盛など

参道前に立つ「お綱茶屋」では古代米のおにぎりなどが味わえます

約170mの大綱を岩窟の御神体とマツの御神木に渡す「お綱掛け神事」

墨書／奉拝、紀の国熊野、花窟神社　印／世界文化遺産、伊弉冊尊、花窟神社　●印象的な「野」の字は、お綱掛け神事の御綱をイメージしているそうです

DATA

**花窟神社**

創建／不詳
本殿様式／御神体のみで本殿はなし
住所／三重県熊野市有馬町上地130
電話／0597-89-0100（熊野市観光協会）
交通／三重交通バス「花の窟」から徒歩3分、またはJR紀勢本線「有井駅」から徒歩15分
参拝時間／自由
御朱印授与時間／9:00～16:00
URL http://www.hananoiwaya.jp

ここが聖地POINT

境内にある「おたま様」は、両手を当てて祈願する石です。手水舎でしっかりと手を清めてから参拝を

災難から守ってくれる「神猿《まさる》さん」

滋賀

# 日吉大社

【ひよしたいしゃ】

全国に3800社以上ある日吉・日枝・山王神社の総本社で、豊臣秀吉公や徳川家康公もあがめた由緒ある神社。「魔が去る」「勝る」に通じるとして名付けられた神猿《まさる》さんは神様のお使いとして大切にされています。

墨書／山王総本宮、日吉大社　印／神猿の印、日吉大社　●こちらは日吉大社の御朱印ですが、東本宮の御朱印には別タイプの神猿の印を押していただけます

DATA
**日吉大社**
創建／紀元前91（崇神天皇7）年
本殿様式／日吉造
住所／滋賀県大津市坂本5-1-1
電話／077-578-0009
交通／JR湖西線「比叡山坂本駅」から徒歩20分、または京阪石山坂本線「坂本比叡山口駅」から徒歩10分
参拝時間・御朱印授与時間／9:00～16:30　拝観料／500円

主祭神／主な御利益
大己貴神《おおなむちのかみ》　大山咋神《おおやまくいのかみ》
厄除け、縁結びなど

ここが聖地POINT
日本屈指の霊山である比叡山に鎮座。神猿さんは御朱印、お守りにも登場し、強力なパワーを発揮します

---

天皇、皇室と深い縁をもつ「御寺《みてら》」

京都

# 泉涌寺

【せんにゅうじ】

写真提供:御寺泉涌寺

寺名は1218（建保6）年、開山の月輪大師が主要伽藍を建立した際、山内の一角に清泉が湧き出したことに由来します。現在の建物は江戸時代以降の再建です。仏殿には運慶作と伝わる阿弥陀・釈迦・弥勒の三尊が安置されています。

墨書／奉拝、霊明殿、みてら、泉涌寺　印／皇室香華院、菊の御紋、御寺泉涌寺之印　●皇室の菩提寺であることを意味する「皇室香華院」の印が押されます

DATA
**泉涌寺**
山号／東山、月輪山　宗旨／真言宗
住所／京都府京都市東山区泉涌寺山内町27
電話／075-561-1551
交通／JR・京阪本線「東福寺駅」から徒歩20分、または市バス「泉涌寺道」から徒歩15分
拝観時間／9:00～17:00（12～2月～16:30）
御朱印授与時間／9:00～16:30（12～2月～16:00）
拝観料／500円（特別拝観500円）
URL https://mitera.org/

御本尊
阿弥陀《あみだ》・釈迦《しゃか》・弥勒三尊仏《みろくさんぞんぶつ》

ここが聖地POINT
南北約12kmに及ぶ東山三十六峰の南端、月輪山麓に鎮座します。月輪陵がある東丘陵は聖域とされています

---

巨大なパワーストーンに活力を頂く

兵庫

# 石寶殿 生石神社

【いしのほうでん　おうしこじんじゃ】

御神体の「石乃宝殿《いしのほうでん》」は、現代人の常識・科学では仕組みが解明できない古来の建造物、「日本三奇」のひとつとして知られる神秘の巨岩。周囲のどこから見ても、まるで浮いているように見えて不思議です。

墨書／奉拝、日本三奇　印／勾玉の中に「生石神社」の印、播磨國石寶殿　●「日本三奇」の文字が目を引く御朱印。参拝してから頂きましょう。御朱印帳もあります

DATA
**石寶殿 生石神社**
創建／崇神天皇時代（前97～前30年）
本殿様式／御神体のみで本殿はなし
住所／兵庫県高砂市阿弥陀町生石171
電話／079-447-1006
交通／JR神戸線「宝殿駅」から徒歩25分（タクシー5分）
参拝時間／日の出～日の入り
御朱印授与時間／9:30～16:30
拝観料／100円

主祭神／主な御利益
大穴牟遅命《おおあなむちのみこと》　少毘古那命《すくなひこなのみこと》
病気平癒、安産など

ここが聖地POINT
分岩の「霊岩」を全身で力を込めて押すと、偉大な力を授かれるといわれています

奈良

# 大神神社

【おおみわじんじゃ】

## 日本最古の神社のひとつ

御神体山・三輪山に鎮まる御祭神は人々の生活全般の守護神として信仰されています。

本殿は設けず拝殿をとおして三輪山を拝する太古の神祀りの姿を今に残す古社中の古社です。創祀に関わる伝承や、国難を御祭神の御神徳で鎮めたという数々のエピソードが古代の歴史書『古事記』『日本書紀』に残されています。御祭神は人々が幸せに暮らせるよう守ってくださる生活全般の守護神。拝殿前には御祭神の化身とされる白蛇がすむという御神木「巳の神杉」があります。

主祭神／主な御利益

大物主大神《おおものぬしのおおかみ》

家内安全、縁結びなど生活全般

ここが聖地POINT

### 健康な体を手に入れる！

狭井（さい）神社は御祭神の荒魂（あらみたま）を祀る摂社。病気平癒・身体健康に御利益があり、4月18日の「鎮花祭（はなしずめのまつり）」は多くの医薬業者が参列する疫病除けの祭りです。また、三輪山への登拝は狭井神社で申し込みを

狭井神社の拝殿脇にある「薬井戸」は、万病に効くという薬水が湧出します。水をくみに来る参拝者多数

「卯」と深い御神縁がある大神神社の御祭神の御神徳が宿る「なで守」（1000円）

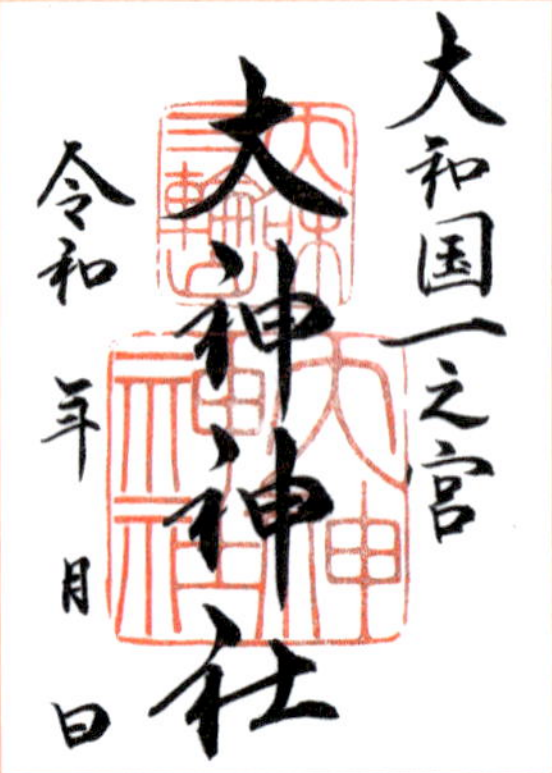


墨書／大和国一之宮、大神神社　印／大和三輪山、大神神社　●神体山である三輪山の印が押されます。古くから神様のなかの大神様として尊ばれてきました。大和国（現在の奈良県）の一之宮でもあります

三輪山を背景に国の重要文化財である拝殿がデザインされた御朱印帳（2000円）

三輪山の御砂が入った「清めの御砂」（100円）は気になる場所や建物を清められます

「赤御幣」（500円）を玄関に祀って災いごとを祓いましょう

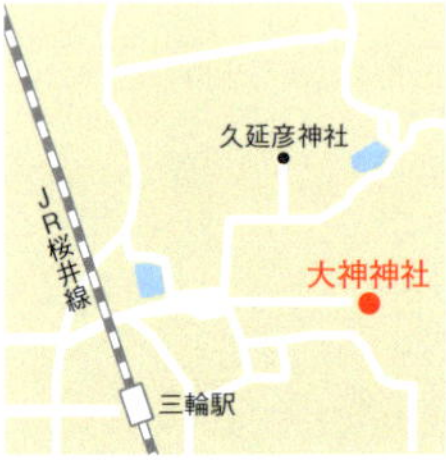


DATA

**大神神社**

創建／神代 ※『記紀』の伝承による
本殿様式／本殿はなく三輪山を御神山とする
住所／奈良県桜井市三輪1422
電話／0744-42-6633
交通／JR桜井線「三輪駅」から徒歩5分
参拝時間・御朱印授与時間／9:00～17:00
URL https://oomiwa.or.jp

神社の方からのメッセージ

狭井神社、知恵の神様を祀る久延彦（くえひこ）神社、本社と同じく本殿がなく古代の祭祀の姿をとる檜原（ひばら）神社にもそれぞれ御朱印がございます。ぜひ、お参りのあとお受けください。

最も重要な神社の祭典は4月9日の「春の大神祭」です。2000年の伝統を誇る大祭で、かつて疫病が大流行した際に、神示によって御祭神をあつくお祀りしたところ平安が戻ったことに起源します。8日の「宵宮祭」、10日の「後宴祭」と合わせて3日間斎行されます。

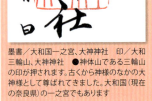

奈良

縁起のよい寅がいっぱい

# 朝護孫子寺【ちょうごそんしじ】

本堂は1958（昭和33）年の再建で、深い谷に張り出した舞台造。舞台から大和平野を一望できます。本堂の下ではまったく光が差さない真っ暗な堂内を歩く「戒壇めぐり」にチャレンジを。ちょっとしたスリルを味わえ、暗闇のなかで如意宝珠を納めた扉の鍵に触れると心願成就の御利益あらたかと伝わります。

信貴山の宝物を展示する霊宝館。一般拝観料は大人300円、小人200円（特別展は別途料金）

御本尊

毘沙門天《びしゃもんてん》

ここが聖地POINT

寅年寅日寅の刻に聖徳太子に必勝の秘法を授けた毘沙門天を祀ります。寅と縁の深い阪神タイガース必勝祈願の御札祈札も！

墨書／奉拝、毘沙門天、信貴山朝護孫子寺　印／毘沙門日本最初出現霊場、毘沙門天を表す梵字ベイの印、総本山信貴山本堂印
●成福院、千手院、玉蔵院でも授与

墨書／奉拝、弘法大師　印／大和北部八十八ヶ所第四十六番、弥勒菩薩を表す梵字ユの印、信貴山本堂

DATA

**朝護孫子寺**

宗旨／真言宗　山号／信貴山
住所／奈良県生駒郡平群町信貴山2280-1
電話／0745-72-2277
交通／奈良交通バス「信貴大橋」から徒歩5分
拝観／自由
御朱印授与時間／9:00～17:00
拝観料／境内無料
URL http://www.sigisan.or.jp

---

岡山

鬼退治の神様が全力応援

# 吉備津神社【きびつじんじゃ】

御祭神は昔話「桃太郎」のモデルとされる勇猛な神様。安産や勝負運向上など幅広い御神徳であがめられています。自然の地形に沿って建てられた廻廊は全長360m。県指定の重要文化財です。境内には梅林やアジサイ園があり、四季折々の花が参拝者の眼を楽しませています。鬼の力で厄を除けるお守りなど授与品も豊富。

主祭神／主な御利益

大吉備津彦命《おおきびつひこのみこと》

健康、勝運、安産など

ここが聖地POINT

神の山として崇敬されてきた吉備中山の麓に鎮座。1579（天正7）年に再建された廻廊は必見です

御朱印帳はP.21で紹介！

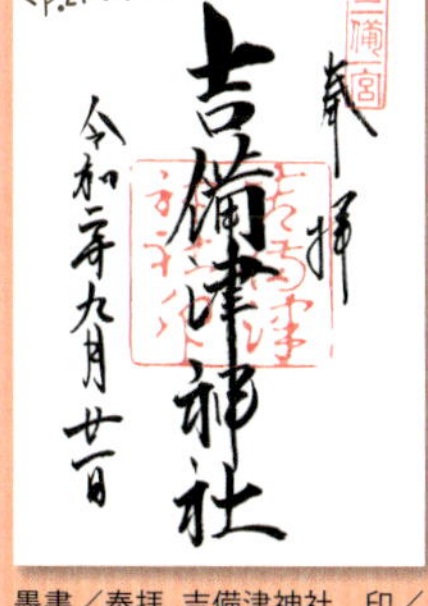

墨書／奉拝、吉備津神社　印／三備一宮、吉備津神社印　●三備（備前・備中・備後）の一之宮と称される、吉備国の総鎮守です

災除けの「桃守」（800円）。桃にある小さな穴をのぞくと桃太郎の姿が映ります

セイロの中で玄米を振ったときに鳴る音で願いの成就を占う「鳴釜神事」

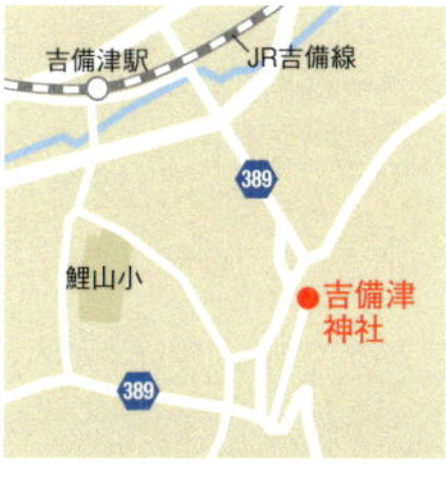


DATA

**吉備津神社**

創建／不詳　※西暦200～300年頃と推測される
本殿様式／吉備津造（比翼入母屋造）
住所／岡山県岡山市北区吉備津931
電話／086-287-4111
交通／JR吉備線「吉備津駅」から徒歩10分
参拝時間／4:30～17:30
（閉門は18:00）
御朱印授与時間／9:00～16:00
URL https://www.kibitujinja.com

香川

# 金刀比羅宮
【ことひらぐう】

## 幸せを招く"こんぴらさん"

物事を円滑に進めるパワーをもつ海の神様。波風立てず穏やかに過ごせるパワーをゲット。

昔から"こんぴらさん"として親しまれ、江戸時代はお伊勢参りと並ぶ人々の憧れの参拝地でした。御祭神は海の神様であることから、海に携わる人が全国から参拝に訪れます。また、事業がスムーズに進み、商売が繁盛し成功へ導かれるといわれ、金運も上昇します。本宮は琴平山の中腹に鎮座し、長い石段を上ります。体力を要しますが、そのぶん達成感は格別です。

主祭神 / 主な御利益

大物主神《おおものぬしのかみ》　崇徳天皇《すとくてんのう》

商売繁盛、金運上昇など

### ここが聖地POINT
**必訪・御利益スポット**

1368段の階段の先にある奥社。正式名は厳魂神社です。金刀比羅本教の教祖である厳魂彦命(いづたまひこのみこと)が祀られています。"こんぴらさん"の守り神とされパワーも最強です。石段は本宮からゆっくり上って30分ぐらいです

墨書/金刀比羅宮　印/琴平山、金刀比羅宮印　●金刀比羅宮が鎮座する琴平山は、象の頭を横から見た形に似ていることから、「象頭山(ぞうずさん)」とも呼ばれています

本宮の格天井に施されている「桜樹木地蒔絵」をモチーフにデザインした上品な御朱印帳(各1500円)。濃藍と淡黄の2種類あります

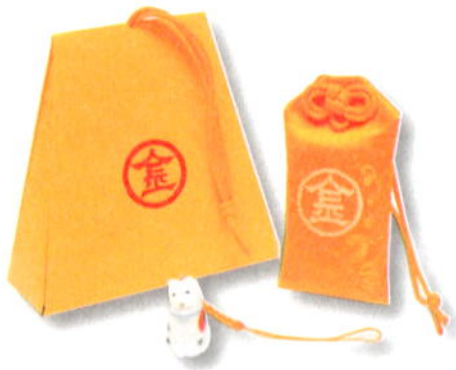

「幸福の黄色いお守り」と「ミニこんぴら狗」のセット(1500円)。お守りの鮮やかな黄色は、体にもよいウコンで糸を染めて出しています

4月10日に斎行される「桜花祭(さくらさい)」は、讃岐路に春の訪れを告げる風物詩です。巫女、舞人、伶人、神職が桜の花びらを冠に飾り付け、お供えする神饌にも桜の花が散りばめられ、いつもの祭典とは異なる雰囲気を見せます。また、祭典では巫女による八少女舞が奏進されます

DATA
**金刀比羅宮**
創建/約3000年前
本殿様式/大社関棟造
住所/香川県仲多度郡琴平町892-1
電話/0877-75-2121
交通/JR土讃線「琴平駅」から徒歩15分(参道入口まで)
参拝時間/6:00〜18:00
御朱印授与時間/9:00〜17:00
URL http://www.konpira.or.jp

神社の方からのメッセージ

海の神様ということで、漁業や貿易関係の方々が多数おいでになります。養殖を始める前に必ず参拝される海苔養殖の組合なども。幅広い御神徳があり、さまざまな職業の方が御祈祷を受けられています。

金刀比羅宮の森の中のカフェ/レストラン「神椿」のカフェは年中無休なので、参拝後のひと休みにおすすめです。香川産フルーツを贅沢に使用した人気の「季節のパフェ」のほか、軽食やドリンクを提供。駐車場もあります。

手描きの絵を添えた御朱印が人気

徳島

# 徳島眉山 天神社
【とくしまびざん てんじんしゃ】

万葉集にも詠まれ、徳島市のシンボル的存在で親しまれる眉山を背景に鎮座。学問の神様・菅原道真公を祀っていることから、受験生や昇進試験を控えた参拝者が多く訪れます。境内社の姫宮神社は、恋愛のパワースポットとして有名。恋する女性が良縁成就を願います。ポップな絵柄のお守りなど授与品も豊富です。

**主祭神 / 主な御利益**
菅原道真公《すがわらみちざねこう》
学業、良縁など

カラフルで気分が上がる「大吉守」(800円)

菅原道真公の像やさすれば知恵がつくという「知恵の牛」もあります

ほかの御朱印と御朱印帳はP.11・19で紹介!

墨書/奉拝、天神社、姫宮　印/徳島眉山、天神社印、姫宮神社、(九人大明神、神紋(梅鉢)が押されることもあります)、雲と月、ヒガンバナ(9月限定)　●見開きの月替わり御朱印もあります

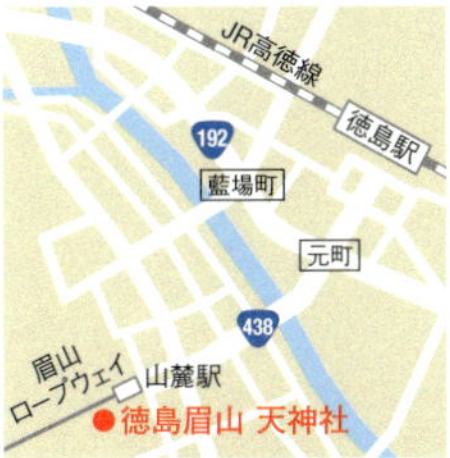


DATA
**徳島眉山 天神社**
創建/1809(文化6)年
本殿様式/流造
住所/徳島県徳島市眉山町天神山1
電話/088-622-9962
交通/JR高徳線「徳島駅」から徒歩10分　参拝時間/自由
御朱印授与時間/9:30~17:00
URL https://www.bizan-tenjinsha.org

**ここが聖地POINT**
ハートがいっぱいの姫宮神社。巨大な奇石・陰石が鎮座し、良縁や子宝、夫婦円満に御利益があるとされます

道を切り開く力強い神様

高知

# 土佐神社
【とさじんじゃ】

拝殿の建築様式は、本殿に向かって勝ち虫と呼ばれるトンボが飛び込む形に見立てた「入蜻蛉形式」。これには凱旋を報告する社という意味があるといわれ、学業や仕事の成功を目指して挑戦する人の心強い味方になってくれます。参拝後は神社から徒歩10分ほどの「しなねの森」へ。御神木などをめぐる散策コースがあります。

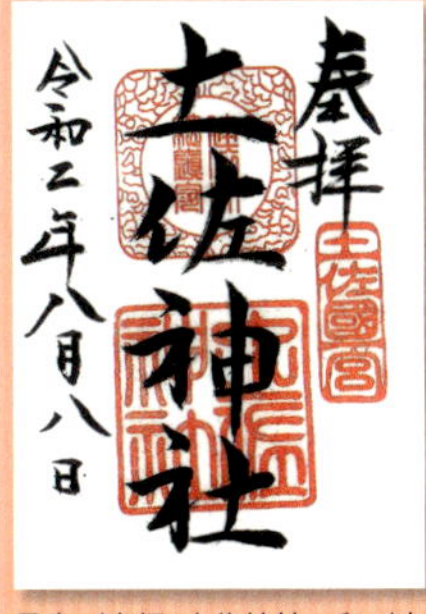


墨書/奉拝、土佐神社　印/土佐神社、土佐國総鎮守、土佐國一宮　●トンボの絵が描かれた挟み紙には、神社の由来や造りについての説明が書かれています

土佐藩2代藩主・山内忠義が建立した「鼓楼(ころう)」。国の重要文化財に指定

志を達成できるよう祈願された「志守」(800円)

「勝守」(800円)は合格祈願のお守りに

**主祭神 / 主な御利益**
味鉏高彦根神《あじすきたかひこねのかみ》　一言主神《ひとことぬしのかみ》
勝負運、開拓など

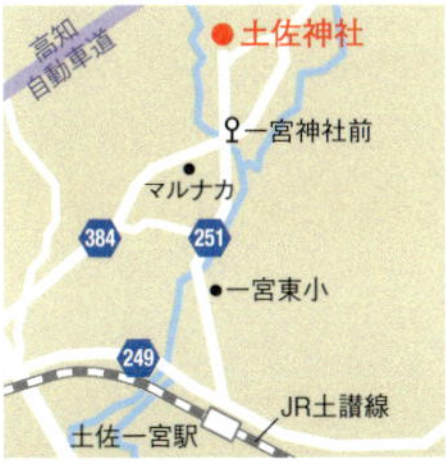


DATA
**土佐神社**
創建/不詳
本殿様式/入母屋造
住所/高知県高知市一宮しなね2-16-1
電話/088-845-1096
交通/JR土讃線「土佐一宮駅」から徒歩20分、またはとさでんバス「一宮神社前」から徒歩5分
参拝時間/自由
御朱印授与時間/8:00~17:00
URL https://tosajinja.com

**ここが聖地POINT**
神社創建の由緒に関わるという「礫(つぶて)石」は境内最強の聖地とされています

佐賀

# 武雄神社【たけおじんじゃ】

## 森厳なる自然に抱かれた名社

主祭神は360歳を誇る日本一長寿の神様です。あらゆる困難を除け、運気を向上させてくれます。

奈良時代から鎮座する古社。緑に囲まれた境内は老木の木立に囲まれ、すがすがしい空気に満ちています。主祭神は長寿の守護神ですが、ほかに仲哀天皇、神功皇后など五柱が祀られているため、武運長久、開運、厄除けなど多彩な御利益を頂けます。市指定重要文化財の肥前鳥居（三ノ鳥居）は、下部が太くバナナのような形をした珍しい造りで、この地方独特のものです。

ここが聖地POINT

### シンボル「武雄の大楠」

御船山（みふねやま）の奥深い神域にたたずむ樹齢3000年以上という御神木は、龍神が宿るといわれる日本屈指のパワースポットです。根元の空洞の広さはなんと約12畳。根元に学問の神とあがめられる天神様（菅原道真公）が祀られています

主祭神／主な御利益

武内宿禰《たけうちのすくね》

縁結び、子授けなど

大楠にあやかり、延命長寿、病気平癒・無病息災、商売繁盛・金運を祈願した「大楠守」（1500円）

ちりめん生地で奉製された「宝来守」（1000円）は縁結びのお守り。鈴は夫婦檜に結びつけ、お守りは身近に持ちましょう

墨書／奉拝、武雄神社　印／社紋　●大楠を参拝した人限定の見開き御朱印は武雄市にある印章店「小林はんや」が監修。通常より時間がかかるので注意。2カ月ごとの限定御朱印や上品な御朱印帳（1800円）も人気

限定御朱印はP.12で紹介！

墨書／奉拝、樹齢三千年武雄の大楠、武雄神社　印／武雄神社　●通年頒布の大楠御朱印。印影を鮮明にするために金粉を使用した見開きの御朱印です。堂々とした大楠の姿が印象的

DATA

**武雄神社**

創建／735（天平7）年
本殿様式／流造
住所／佐賀県武雄市武雄町武雄5327
電話／0954-22-2976
交通／祐徳バス「武雄高校前」から徒歩3分
参拝時間／自由
御朱印授与時間／9:00〜17:00
URL http://takeo-jinjya.jp

神社の方からのメッセージ

「武雄の大楠」の迫力に「圧倒された」「感動した」という感想をよく頂きます。大楠の荘厳さと、あたり一帯の神秘的な空間は写真だけでは伝えることができません。ぜひ、実際にご参拝いただき、その雰囲気を体験してください。

2本の檜が根元で結ばれ仲睦まじく立っている縁結びの「夫婦檜」。「願掛け宝来鈴」（300円）を鈴緒に結び、さまざまなご縁を授かるよう願いを込めて優しく鳴らして拝礼します。赤いひもなら良縁・恋愛成就など、願いによって宝来鈴のひもの色が異なります。

Part 2

# 第三章 水の聖地

日本は生命の源である
水の宝庫であり、
寺社と水にまつわる
多くの神話が残っています。
大地を潤し、心を癒やし、
厄を祓い清める水の力を
頂きに出かけましょう。

水の聖地
絶対行きたいオススメ寺社1

## 美しき朱色の竜宮城を参詣

太古の昔から「神々が宿る島」と伝えられる厳島に鎮座する名社。潮の満ち引きで風景が一変します。

広島

# 嚴島神社【いつくしまじんじゃ】

海の中に大鳥居と社殿を構える配置が大きな特徴。6世紀末に創建され、平清盛の時代に社殿の様式が確立したとされています。朱塗りの社殿と紺碧の海、背後に広がる霊山・弥山《みせん》の豊かな自然とのコントラストが絵巻物のような美しさを放ちます。潮の満ち引きを計算して造られているだけに、干潮時と満潮時のどちらも訪れたいもの。日によって潮汐の時間帯が異なるため、事前にチェックしましょう。御本社に祀られているのは海の安全を守る三姉妹の神様。大いなるパワーを授けてくださいます。

### ここが聖地POINT
海に浮かぶ!?　社殿

満潮時は大鳥居、社殿が海に浮かんでいるように見え、干潮時は砂浜が姿を現すよう緻密に設計されています。海にせり出すかたちで社殿が建てられたのは、島全体が御神体であり陸地に建造するのは畏れ多いとされたからだとか

**参拝後は宝物館で収蔵品を見学**

「嚴島神社 宝物館」では平家納経(複製)や重要文化財の大鳥居扁額など、収蔵品の一部が展示されています。
入館時間／8:00～17:00(無休)
入館料／大人300円

**主祭神／主な御利益**

市杵島姫命《いちきしまひめのみこと》
田心姫命《たごりひめのみこと》　湍津姫命《たぎつひめのみこと》
開運厄除、心願成就、交通安全など

**神社の方からのメッセージ**

大鳥居修理工事は2022(令和4)年12月に竣工しました。2024年9月現在、多宝塔や東廻廊、高舞台などを順次修復工事中です。工事の内容および修了予定月は神社の公式サイトでご確認いただけます。

約275mの廻廊はあと戻りできない一方通行です。御利益をもれなく頂けるよう、各スポットをお見逃しなく。御本社や境内社のほか、高潮時に海水の圧力を弱めるため、床板の間に隙間がある目透し(めとおし)など、高い建築技術にも注目してみましょう。

## 一緒に行きたい立ち寄りスポット

### 多島美と原生林を望む
### 弥山《みせん》

806（大同元）年に弘法大師・空海によって開基された535mの霊山。奇岩や怪石が点在し、数々の伝説が残る宮島信仰の聖地です。山頂にある弥山展望台からは瀬戸内の島々が浮かぶ360度の眺望が楽しめます。

DATA
住所／広島県廿日市市宮島町
電話／0829-44-2011（宮島観光協会）
交通／宮島ロープウエー「獅子岩駅」から弥山山頂まで徒歩30分
営業時間／散策自由、弥山展望台10:00～16:00

### もみじまんじゅうの名店
### やまだ屋《や》 宮島本店《みやじまほんてん》

1932（昭和7）年創業、季節限定品を含め多種多様なもみじまんじゅうが揃います。旅の思い出作りにおすすめなのが「手焼き体験」（1人880円）。自分で作る焼きたてもみじまんじゅうの味は格別です。

DATA
住所／広島県廿日市市宮島町835-1
電話／0829-44-0511
交通／宮島桟橋から徒歩7分
営業時間／9:00～18:00
休み／無休

御朱印帳はP.21で紹介！

墨書／奉拝、嚴島神社　印／三つ亀甲剣花菱紋、嚴島御社印　●神紋はとてもめでたい亀甲紋です。嚴島の地名は「神を斎（いつ）き祀る島」が由来とされます。島全体が信仰の対象となる神域でした

## ゆっくり歩いて30分 参拝ルート

### ❶ 入口

入口は1ヵ所のみ。手前の石灯籠には神様のお使いである神鴉（ごからす）の像が止まっています。すてきな導きを祈願して参拝スタート！

### ❷ 客《まろうど》神社

新たな縁を授けてくださる五男神を祀ります。祓串で心身を清めてからお参りを。拝殿上部には「猪の目」という魔除けの模様が彫られています。

### ❸ 御本社

本殿に祀られているのは主祭神の三女神。平清盛や豊臣秀吉などがあつく崇敬し、心願を成就させました。心を込めて財運アップや技芸上達をお願いしましょう。

### ❹ 高舞台

漆塗りの高欄をめぐらした舞台。正月のほか、4月15日の「桃花祭」、10月15日の「菊花祭」などで神々への舞楽が奉納されます。

### ❺ 門客《かどまろうど》神社

海に突き出した平舞台の両脇に鎮座。御本社を波風から守ってきた強い守護パワーを感じる絶景ポイントです。

### ❻ 大国《だいこく》神社

大国主命が鎮まる社。良縁を結び、恋を成就させるパワーは抜群です。

### ❼ 天神社《てんじんしゃ》

学問の神様である菅原道真公を祀ります。立身出世の御神徳も。

神紋入りの「しゃくし」（300円）は福運を招く縁起物です

DATA
**嚴島神社**
創建／593（推古天皇元）年
本殿様式／両流造檜皮葺
住所／広島県廿日市市宮島町1-1　電話／0829-44-2020
交通／宮島口旅客ターミナルからフェリーで10分の宮島フェリーターミナルから徒歩15分
参拝時間／1/1　0:00～18:30、1/2～1/3　6:30～18:30、1/4～2/28　6:30～17:30、3/1～10/14　6:30～18:00、10/15～11/30　6:30～17:30、12/1～12/31　6:30～17:00
昇殿料／大人300円、高校生200円、小・中学生100円
URL http://www.itsukushimajinja.jp

水
の聖地
絶対行きたいオススメ寺社2

東京

# 上野東照宮【うえのとうしょうぐう】

## 仕事で天下を取る力をがっちりゲット!

御祭神は戦国の世を制して幕府を築いた英雄です。あらゆる局面でライバルに勝つパワーを頂けます。

上野公園内に鎮座します。関東大震災でも傾かなかった大石鳥居や200基以上もの石灯籠が並ぶ参道など、見どころは多数。特に注目したいのは、3代将軍・徳川家光公が造営替えした社殿です。日光までお参りに行けない江戸の人々のため、日光東照宮に準じた豪華な社殿を建てたといわれています。天下人となった御祭神にあやかって、勝運や出世運アップを願いましょう。

### ここが聖地POINT
### 不忍池で水を飲む龍?

唐門は1651(慶安4)年造営の国指定重要文化財。日光東照宮の「眠り猫」を作ったことで有名な名工・左甚五郎による昇り龍・降り龍の彫刻で飾られています。この龍には毎夜、不忍池に水を飲みに行くという伝説があります

「他抜守」(800円)は栄誉権現社のお守り。出世、受験、就業などあらゆる場面で困難に打ち勝てるよう祈願されています

「仕事守」(800円)。仕事の成功、就職成就祈願のお守りです

主祭神 / 主な御利益

徳川家康公《とくがわいえやす》

徳川吉宗公《とくがわよしむね》 徳川慶喜公《とくがわよしのぶ》

出世運、勝運、健康長寿、開運、招福など

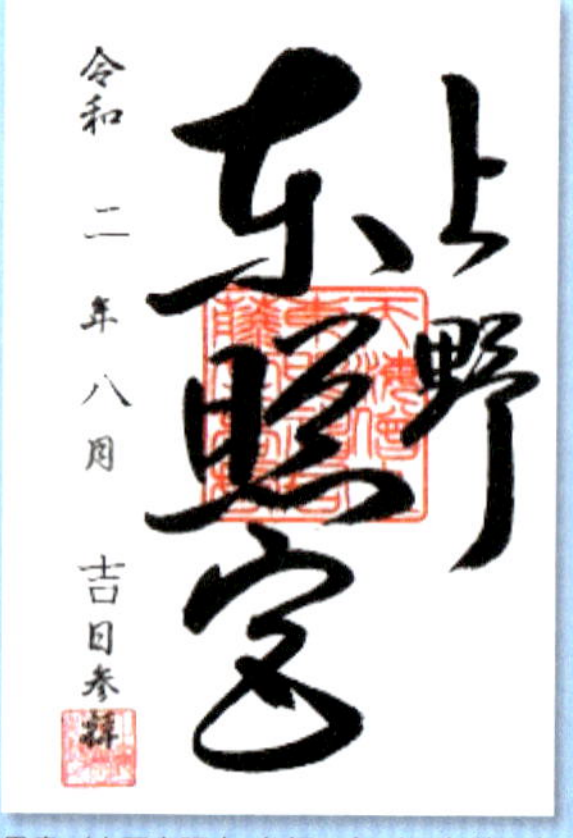


墨書/上野東照宮、参拝　印/天海僧正東照神君藤堂高虎、上野東照宮社務所　●中央に押される印の「天海僧正東照神君藤堂高虎」は、創建当時の御祭神です。現在の御祭神は変わっていますが、変更以前と同じ印を複製し現在も使っています

御朱印帳はP.21で紹介!

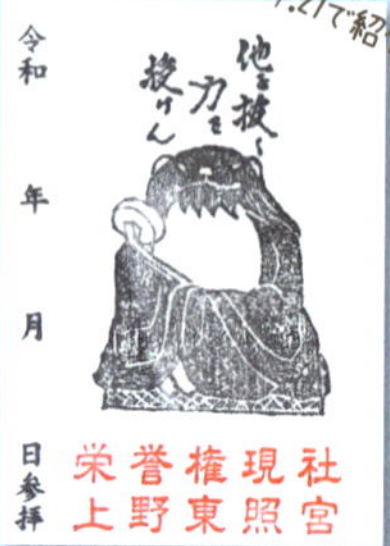


印/他を抜く力を授けん、御狸様、栄誉権現社、上野東照宮、参拝　●境内社に祀る栄誉権現(御狸様)の他抜(たぬき)御朱印。毎日2種類を授与。書き置きのみ

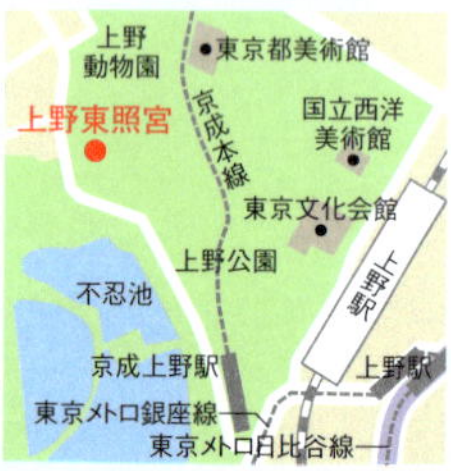


DATA
**上野東照宮**
創建/1627(寛永4)年
本殿様式/権現造
住所/東京都台東区上野公園9-88
電話/03-3822-3455
交通/JR「上野駅」公園口または京成本線「京成上野駅」池の端口から徒歩5分
参拝時間/9:00~17:30(10~2月~16:30)
御朱印授与時間/9:30~17:00(10~2月~16:00)
URL https://www.uenotoshogu.com

神社の方からのメッセージ

境内社の栄誉権現社は別名・御狸様ともいわれる社です。江戸時代の伝説で四国八百八狸を支配する刑部狸をお祀りしています。「たぬき」が「他を抜く」との語呂合わせから、強運開祖の神、必勝の神として受験生の参拝も多いです。

社殿や唐門のほかにも国指定重要文化財が多数。1651(慶安4)年に造営された透塀もそのひとつです。社殿の四方を囲んでいて、上段には野山の動物と植物、下段には海川の動物の彫刻が250枚以上も施されています。色鮮やかに表現された彫刻に注目を。

鹿児島

# 霧島神宮【きりしまじんぐう】

**一生に一度は訪れたい霧島連峰の聖地**

太古のロマンあふれる美しい神社で主祭神+六柱の神様から大いなる力をチャージ。

神様が天から降り立った「天孫降臨」の地といわれる神聖な場所に鎮座。"西の日光"とも呼ばれる華麗な極彩色の社殿が美しい神社です。太古の時代に霧島神宮が鎮座していたという高千穂河原まで上ると、雄大な自然と古代から伝わる祭祀の面影を感じることができます。坂本龍馬が日本初とされるハネムーンで訪れた地であることから、縁結びにも御利益があります。



**ここが聖地POINT**

**神聖な霧島神水峡を散策**

霧島神宮を参拝したら、大鳥居から徒歩5分ほどの霧島神水峡へ。神々しい雰囲気で、青く輝く水に心が清らかになるようです。流れた溶岩でできた柱状節理や、豪快に流れ落ちる滝など、神秘的な自然を満喫できます

表紙には深い緑に抱かれた朱色の本殿、裏面には霧島山の刺繍が施されている御朱印帳（1500円、御朱印含む）

「九面守」（1000円）は全9種。白は厄除け、青は学業成就など色で御利益が異なり、9つ揃うとすべての願いがかなうのだとか

六匹の猫（六猫）を"無病"になぞらえた「無病守」（1000円）。愛らしい猫の絵とパステルカラーが印象的

主祭神 / 主な御利益

天鏡石国鏡石天津日高彦火瓊瓊杵尊《あめにぎしくににぎしあまつひたかひこほのににぎのみこと》

良縁、学業成就など

墨書／霧島神宮　印／国宝、霧島神宮
●2022年に本殿、幣殿、拝殿が国宝に指定されたため、「国宝」の印が入ります。鹿児島県内の建造物では初めての国宝です

DATA
**霧島神宮**
創建／540（欽明天皇元）年
本殿様式／入母屋造
住所／鹿児島県霧島市霧島田口2608-5
電話／0995-57-0001
交通／鹿児島交通バス「霧島神宮」からすぐ
参拝時間／自由
御朱印授与時間／8:00～17:30
URL https://kirishimajingu.or.jp

謎の梵字が刻まれている岩や、岩穴からいつも風が吹き出る風穴など、「霧島七不思議」が神社周辺に点在します

**神社の方からのメッセージ**

神社から車で約30分の場所にある高千穂河原は、約1000年前に神様がお祀りされた場所で、起業など、何かをスタートするときに御利益があるともいわれています。ぜひ、足をお運びください。

霧島温泉郷にある温泉旅館「さくらさくら温泉」では、日帰り入浴ができます。温泉成分を豊富に含んだ天然の泥湯が評判で、肌に塗ってしばらく乾燥させ、最後に石鹸を混ぜた温泉で洗い流せば、美肌効果が期待できるとか。ランチバイキングもあります。

写真提供:瑞巌寺

宮城

# 瑞巌寺【ずいがんじ】

## 日本三景に建つ松島のシンボル

伊達政宗公が菩提寺として定めた奥州随一の禅寺です。

約5年の歳月をかけて1609（慶長14）年に本堂を建立。伊達政宗公が完成させた寺の内部は10室に分かれており、桃山美術を現代に伝える貴重な建造物であることから、本堂、庫裡《くり》が国宝に指定されています。本堂の襖絵や障壁画、中門のこけら葺き建築など、随所に政宗公の思い入れがうかがえます。寺の南側、海岸沿いに位置する五大堂も政宗公が造営したものです。

御本尊

聖観世音菩薩《しょうかんぜおんぼさつ》

### ここが聖地POINT

#### 海面をのぞく橋は縁結びスポット

五大堂が建つ小島に架かる「すかし橋」は、橋のすき間から海面が見えます。カップルが手をつなぎ、足元を見ながら渡れば聖地である五大堂へ着けることから、縁結びの橋ともいわれています

写真提供:瑞巌寺

墨書／奉拝、聖観音、松島瑞巌寺　印／青龍山、仏法僧宝（三宝印）、瑞巌寺印　●「五大明王」の墨書がある五大堂の御朱印も頒布。御朱印帳と揃いの御朱印帳袋もあります

写真提供:瑞巌寺

本堂の中心となる室中（孔雀の間）を彩るのは、仙台藩最初のお抱え絵師・狩野左京による襖絵「松孔雀図」。左回りに四季の移ろいを描いています

写真提供:瑞巌寺

すかし橋の先にある宝形造の五大堂。33年に一度（次回は2039年）御開帳されます

政宗公が朝鮮出兵から持ち帰って手植えした臥龍梅。3月下旬から4月上旬が見頃

写真提供:瑞巌寺

DATA

**瑞巌寺**

山号／松島青龍山　宗旨／臨済宗
住所／宮城県宮城郡松島町松島町内91
電話／022-354-2023
交通／JR仙石線「松島海岸駅」から徒歩10分
拝観時間／4～9月8:30～17:00（3・10月～16:30、2・11月～16:00、1・12月～15:30）※最終受付は閉門の30分前
御朱印授与時間／4～9月8:30～16:30（3・10月～16:00、2・11月～15:30、12・1月～15:00）
拝観料／700円（小・中学生は400円）
URL https://www.zuiganji.or.jp

お寺の方からのメッセージ

伊達家や瑞巌寺の貴重な資料を展示する宝物館にもぜひ足をお運びください。国指定重要文化財の本堂障壁画群、伊達家から寄進された絵画・書跡・茶碗といった美術工芸品などを展示しております。

日本三景のひとつに数えられる松島を楽しむなら、海の上から島を見られる観光船がおすすめ。大小さまざまな島をめぐりながら、松島の多島美を堪能できます。

茨城

# 大洗磯前神社

【おおあらいいそさきじんじゃ】

## 聖なる鳥居を拝み神様のパワーを頂く

波しぶきが飛び散る岩礁に立つ
パワースポットで心身をリフレッシュ！

水の聖地

神社の前に広がる磯辺は、地震や噴火、天然痘などに苦しむ人々を救うために御祭神が降臨したと伝わる聖地。海上の岩の上には「神磯の鳥居」が立ち、毎年元日に神職がこの磯で初日の出を拝むのが習わしです。真っ青な空と海が心身を癒やし、絶えず参拝者が訪れます。また、御祭神は子供の夜泣きを治し、成長を見守る神様としても知られ、子供連れの参拝者も数多くいます。

主祭神／主な御利益

大己貴命《おおなむちのみこと》　少彦名命《すくなひこなのみこと》

病気平癒、商売繁盛など

### ここが聖地POINT

**「神磯の鳥居」は必見！**

神様が降臨したという磯辺に鳥居が立ちます。水戸藩2代藩主の徳川光圀公もそのすばらしさに感動したと伝わる神磯の景色は、ぜひ見ておきたいところ。写真は階段手前の展望台から撮るのがおすすめです

墨書／奉拝、大洗磯前神社　印／大洗磯前神社、ウサギ　●墨書と印のシンプルな御朱印です。御祭神が「因幡の白兎」に登場する神様のため、ウサギの印が押されます

御祭神が降臨したという「神磯の鳥居」の情景が見開きで描かれている御朱印帳。荒々しい波が打ち寄せる風景は臨場感たっぷりです（2000円、御朱印含む）

「お守り」（1000円）の裏面は大黒様です

随神門の前には、大国様と恵比寿様の木造が鎮座。たくさんなでて福を頂きましょう

DATA

**大洗磯前神社**

創建／856（斉衡3）年
本殿様式／一間社流造
住所／茨城県東茨城郡大洗町磯浜町6890
電話／029-267-2637
交通／大洗町コミュニティバス「大洗磯前神社下」からすぐ
御朱印授与時間／9:00～16:00
URL oarai-isosakijinja.net

**神社の方からのメッセージ**

当社の社殿は戦国時代に火災に遭い荒廃。江戸時代に水戸藩2代藩主・徳川光圀公、3代藩主・綱條（つなえだ）公が社殿の再興に尽力されました。光圀公は神磯の光景に感動されたと伝わります。

境内には神社鎮座1100年を記念して設立された大洗海洋博物館があります。クジラの貴重な標本や漁業に関する資料、漁網などが展示されています。開館時間／8:30～17:00（10～3月～16:30）、土・日・祝のみ開館、料金／大人500円

群馬

# 赤城神社【あかぎじんじゃ】

きれいを目指す女子をサポート

赤城山頂上に広がる湖畔に立つ神社で、小鳥ケ島全体が聖域です。赤城山と湖の神様を祀っています。神社の方によると「湖の神様は赤城姫という、きれいなお姫様で、女性の願いならどんなことでも力を与えてくれます」とのこと。〝美人になって良縁を得たい〟というちょっと贅沢な願いごともかなえてもらえるかもしれません。

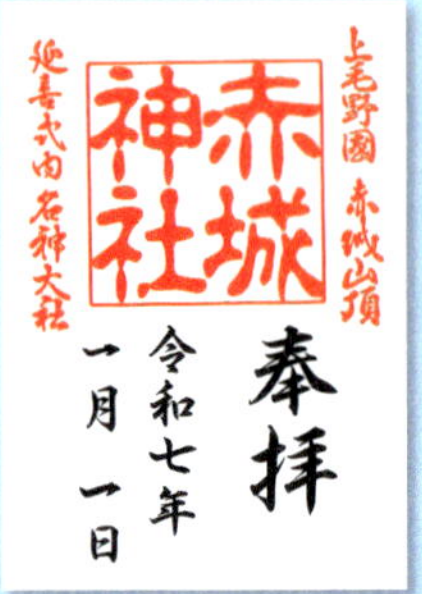


墨書／奉拝　印／上野國赤城山頂、赤城神社、延喜式内名神大社　●書き置きを頒布。創建年代は不明ですが、「大同元年」（806年）に遷宮された記録が残ります

十二単を身にまとった赤城姫の御朱印帳（3000円）。全5色

主祭神／主な御利益

赤城大明神《あかぎだいみょうじん》

縁結び、開運招福、学業成就など

女性の願いをかなえ、守ってくれる特大「姫守り」（3000円）

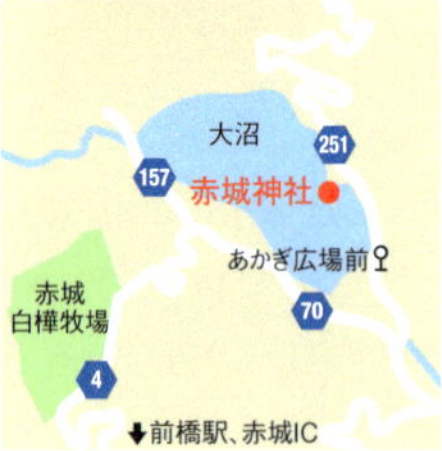


DATA

**赤城神社**

創建／不詳
本殿様式／権現造
住所／群馬県前橋市富士見町赤城山4-2
電話／027-287-8202
交通／関越交通バス「あかぎ広場前」から徒歩10分
参拝時間／日の出より日没まで
御朱印授与時間／9:00～16:00
URL http://akagijinja.jp

### ここが聖地POINT

神社のある大沼湖の源は御神水と呼ばれ、古来、朝廷や幕府に献上されてきました。毎年5月8日の「山開き祭・例大祭」にはこの水を持ち帰り、各村の田の口に注ぎ、豊作を祈願します

東京

# 常保寺【じょうほじ】

御朱印は常時約10種類！

室町時代創建。寺宝として釈迦が入滅する様子を描いた大涅槃図を所蔵しています。江戸時代の作とされ、通常は描かれない猫が登場する珍しいものです。毎年1月から2月に一般公開されます。絵印が印象的な御朱印は常時約10種類を授与。御本尊のほか、猫地蔵や龍など、モチーフはさまざま。御朱印帳に直接書いていただけるものもあります。

御本尊

釈迦如来《しゃかにょらい》

墨書／奉拝、猫仏、南無妙法蓮華経　印／佛法僧寶の三宝印、開運招福、招き猫地蔵、瀑布山常保寺　●事前にウェブサイトで対応可能な日時の確認を

招き猫地蔵がモチーフの御朱印帳（各2000円）

「開運　招き猫地蔵」は開運招福、商売繁盛、千客万来の御利益があるとか

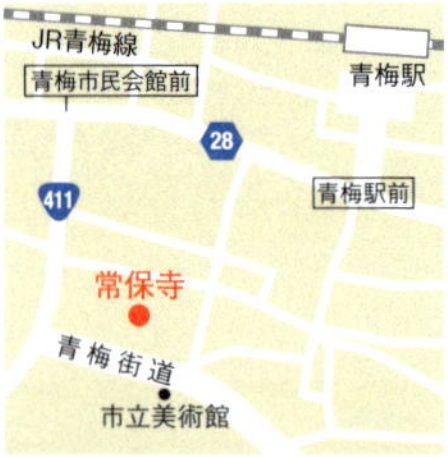


DATA

**常保寺**

山号／瀑布山　宗旨／臨済宗建長寺派
住所／東京都青梅市滝ノ上町1316
電話／0428-22-2418（御朱印に関する電話での問い合わせは不可）
交通／JR青梅線「青梅駅」から徒歩5分
拝観時間／9:00～17:00
御朱印授与時間／10:00～11:45、13:00～15:00
拝観料／無料
URL https://jyouhoji.jiin.com

### ここが聖地POINT

白滝不動尊に安置する「倶利伽羅龍王（くりからりゅうおう）」。龍が剣を飲み込む姿は人間と仏が一体になることを意味します。清水の湧出する場所に祀られ水にまつわる仕事の人が信仰しています

神奈川

# 長谷寺【はせでら】

## 御本尊は国内最大級の観音様

美しい境内は「鎌倉の西方極楽浄土」と呼ばれ季節の花が訪れる人々の心を和ませています。

御本尊

十一面観世音菩薩《じゅういちめんかんぜおんぼさつ》

寺の歴史は古く、開創は736（天平8）年と伝わります。アジサイの名所として有名で、観音山あじさい路に40種類以上、約2500株のアジサイが咲き誇り、5月下旬から6月下旬にかけて見頃を迎えます。御本尊が安置されている観音堂は、石段を上った上境内。堂内には木造としては国内最大級を誇る高さ9・18mの観音像がそびえ、威厳に満ちた姿に誰もが圧倒されます。

水の聖地

### ここが聖地POINT
**境内から鎌倉の海を望む**

見晴台に行くと、鎌倉の海と町を一望。美しく輝く青い海の眺望を楽しみましょう。天気のよい日は、三浦半島や伊豆大島を望むことができます

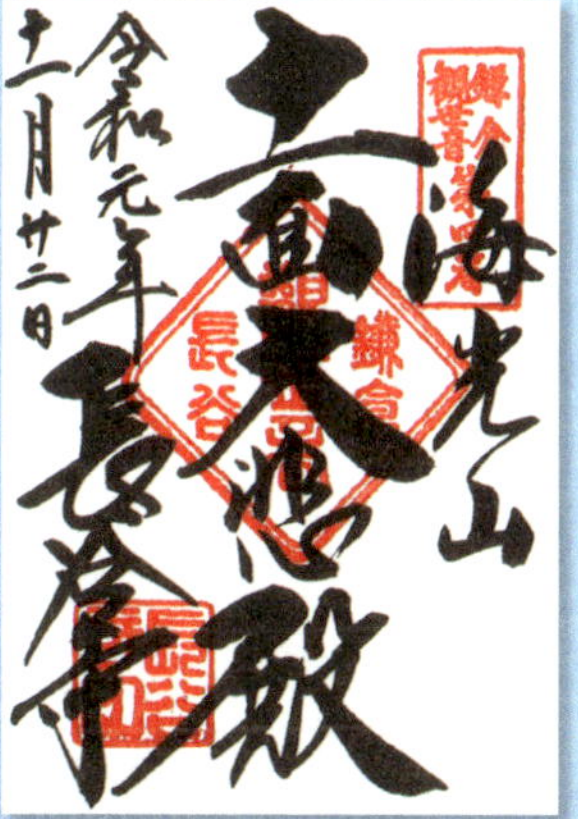


墨書／海光山、十一面大悲殿、長谷寺　印／鎌倉観世音第四番、鎌倉・長谷・観世音、長谷寺印　●1、4～6月は書き置きの御朱印のみの授与となります

長谷寺の御本尊、十一面観世音菩薩立像は、右手に錫杖、左手に水瓶を持ち、岩座に立つ独特の像容です。通称「長谷観音」

悪いことが起こりそうなときは身代わりになって割れてくれるという手作りの土鈴「身代わり鈴」（800円）

「十一面守」（1000円）。長谷寺の紋である逆さ卍が織り込まれています

観音堂左手にある経蔵の内部には輪蔵（りんぞう）と呼ばれる回転式の書架があり、経典が納められています

いちごを数字にすると一と五で十五（じゅうご）。「十分によい五（ご）利益にめぐまれる」よう祈祷された「願い叶う守」（700円）

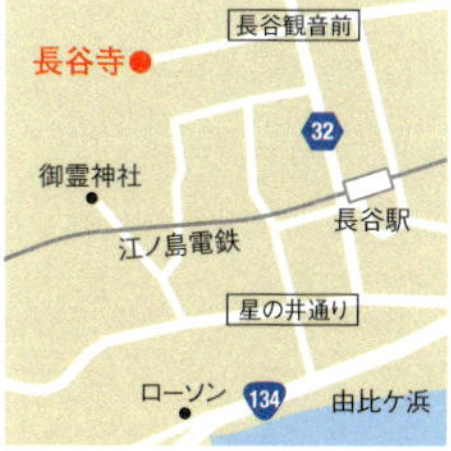


DATA
**長谷寺**
山号／海光山
宗旨／浄土宗系単立
住所／神奈川県鎌倉市長谷3-11-2
電話／0467-22-6300
交通／江ノ島電鉄「長谷駅」から徒歩5分
拝観時間／8:00～16:30（4～6月～17:00）
御朱印授与時間／8:00～16:00
拝観料／400円
URL https://www.hasedera.jp

お寺の方からのメッセージ

観音山の裾野から鎌倉の海と町を望む中腹に広がる境内では、四季を通じて数多くの植物が見られます。季節ごとに表情を変える美しい風景と、古都の風情をお楽しみください。

寺宝を展示する「観音ミュージアム」や弘法大師が修行したという「弁天窟」など見どころの多い長谷寺ですが、境内にひっそりとたたずむ「和み地蔵」と、3ヵ所に立つ3体の地蔵が寄り添った姿の「良縁地蔵」も参拝者に人気です。ぜひ探してみてください。

福井

幅広い御神徳で人生を応援

# 氣比神宮【けひじんぐう】

広島の嚴島神社、奈良の春日大社と並ぶ、日本三大木造鳥居のひとつに数えられる朱塗りの大鳥居が出迎えてくれます。『おくの細道』で松尾芭蕉が訪れたことでも名高い由緒ある神社です。七柱の神様を祀り、さまざまな願いごとをかなえてくれると、遠方からの参拝者も多数。特に衣食住や健康運に御利益大とか。

墨書／奉拝　印／五七の桐紋、十六八重菊紋、右三つ巴紋、氣比神宮、越前之國一宮　●越前国（現在の福井県北東部）で最も社格が高いことを表す御朱印

「長命水」は亀の石像から吐出。ひと口飲めば健康に過ごせるといわれます

上品な紺地に氣比の松原と大鳥居が織り込まれた御朱印帳（1800円、御朱印含む）

主祭神／主な御利益

伊奢沙別命《いざさわけのみこと》　日本武尊《やまとたけるのみこと》
仲哀天皇《ちゅうあいてんのう》　玉姫命《たまひめのみこと》
神功皇后《じんぐうこうごう》　武内宿禰命《たけのうちのすくねのみこと》
応神天皇《おうじんてんのう》

縁結び、長寿など

DATA
**氣比神宮**
創建／702（大宝2）年
本殿様式／流造
住所／福井県敦賀市曙町11-68
電話／0770-22-0794
交通／JR北陸本線「敦賀駅」から徒歩15分
参拝時間／5:00～17:00（10～3月6:00～）
御朱印授与時間／8:45～16:45
URL https://kehijingu.jp

ここが聖地POINT

武内宿禰命は大変長生きをした神様。境内に湧出する地下水「長命水」は御神徳が宿る御神水として信仰されます

---

愛知

自然のエネルギーがあふれる

# 猿田彦三河神社【さるたひこみかわじんじゃ】

三河湾国定公園の区域内で、幸田町の最高峰・遠望峰《とぼね》山の麓に鎮座。自然の強力な気に満ちたなかに、本殿や「大井乃滝」など、ひときわ強いパワースポットやアイテムがあります。御祭神は土地守護、交通安全などの霊験あらたか。苦しいことやうれしいことなどを報告すれば、よい方向へと守り導いていただけます。

墨書／奉拝、猿田彦三河神社　印／皇紀二六八四年、左三つ巴紋、猿田彦三河神社之印、宗教法人猿田彦三河神社、カエル　●月替わりの限定御朱印も頂けます。図柄が描かれた御朱印は書き置きのみです

ほかの限定御朱印はP.11で紹介！

墨書／猿田彦三河神社　印／肉球、猿田彦三河神社印　●神社のある幸田町が「アイボの聖地」といわれることから誕生した御朱印

親子カエルの石像をなでて、「無事帰る」パワーをチャージ

主祭神／主な御利益

猿田彦大神《さるたひこおおかみ》

交通安全、災難除けなど

DATA
**猿田彦三河神社**
創建／1969（昭和44）年
本殿様式／神明造
住所／愛知県額田郡幸田町大草太根6
電話／0564-62-3809
交通／JR東海道本線「幸田駅」「相見駅」から車20分
参拝時間／自由
御朱印授与時間／9:00～17:00
URL https://www.sarutahiko.net

ここが聖地POINT

落差13mの「大井乃滝」はこの神社随一のパワスポ。マイナスイオンをたっぷり浴びて深呼吸すれば、穢れや悪運が祓われるようです

三重

「お清め」&「縁結び」の神社

# 二見興玉神社【ふたみおきたまじんじゃ】

お清めのパワーがあるという二見の海の波が、境内の近くまでザバ〜ンと打ち寄せます。潮風に触れながら参道を歩くと本殿があり、さらにその奥に進むと、シンボルの夫婦岩が目の前に。夫婦円満、良縁の象徴で有名な夫婦岩は、沖合の海中に鎮まる、主祭神・猿田彦大神ゆかりの興玉神石《おきたましんせき》を拝むための鳥居でもあります。

墨書／浜参宮、奉拝　印／伊勢二見浦、二見興玉神社、二見浦
●「浜参宮」は伊勢神宮を参拝する前に二見浦で身を清めること。リアルな夫婦岩の印にも注目を

夫婦岩の日の出風景が美しい御朱印帳。情熱的な色味がすてき（1500円）

「輪注連縄（300円）」は、体の悪い所をさすると穢れを祓ってくれます

主祭神／主な御利益
猿田彦大神《さるたひこのおおかみ》
縁結び、夫婦円満など

DATA
**二見興玉神社**
創建／不詳
本殿様式／神明造
住所／三重県伊勢市二見町江575
電話／0596-43-2020
交通／JR参宮線「二見浦駅」から徒歩15分
参拝時間／自由
御朱印授与時間／7:30〜16:45※時間変更の場合あり。詳細は社務所まで
URL https://futamiokitamajinja.or.jp

**ここが聖地POINT**
神社前の二見浦でお清めを。心身が浄化されると神様の御利益を受けやすくなるそう

---

京都

「醍醐の花見」が有名な桜の名所

# 醍醐寺【だいごじ】

874（貞観16）年に創建された寺院で、「醍醐の花見」の舞台になりました。1598（慶長3）年、豊臣秀吉は北政所、淀君ら約1300人を招き、盛大な花見の宴を開きました。五重塔から続く女人堂から1時間ほど山道を登ると、醍醐寺開創の地である上醍醐にいたり、山間に薬師堂などが建ち並びます。

御朱印帳はP.20で紹介!

墨書／深雪山、薬師如来、醍醐寺　印／実修実証、薬師如来を表す梵字バイの印、総本山醍醐寺
●観音堂の納経所で頂けます

三宝院の殿舎から庭園を望む。豊臣秀吉が基本設計をした庭園は国の特別史跡・特別名勝

951（天暦5）年完成の五重塔。京都府下で最古の木造建築物。高さは約38m

御本尊
薬師如来《やくしにょらい》

DATA
**醍醐寺**
山号／深雪山　宗旨／真言宗　住所／京都府京都市伏見区醍醐東大路町22
電話／075-571-0002　交通／市営地下鉄「醍醐駅」から徒歩10分　拝観時間・御朱印授与時間／9:00〜16:30受付終了（12月第1日曜翌日〜2月末は16:00）　拝観料／1000円（三宝院庭園・伽藍）※3月20日〜5月GW最終日は1500円（三宝院庭園・伽藍・霊宝館庭園）
URL https://www.daigoji.or.jp

**ここが聖地POINT**
上醍醐の不動の滝などを経て、しばらく進むと霊水の湧く井戸があります。理源大師聖宝がこの地に寺を開くきっかけとなった「醍醐水」で、今でもこの霊水を飲むことができます

## 大阪

# 天之宮神社【てんのみやじんじゃ】

### 芸術品のような御朱印は感動モノ

自然に囲まれた癒やし空間で完全予約制のアートな御朱印をGET!

自然を神とあがめ、その偉大さに畏怖の念を抱く「自然信仰」を今に伝える神社。参道には小川が流れ、季節の花々が参拝者の目を楽しませます。女性神職が心を込めて書き上げる御朱印が人気ですが、「静かな環境のなか、落ち着いて御祈祷や御朱印を受けていただきたい」という神社の思いから、御祈祷は電話による事前予約制、御朱印授与は往復はがきによる抽選式です。

**主祭神／主な御利益**

天然元津大神《てんねんもとつおおかみ》

家内安全、病気平癒、安産祈願など

**ここが聖地POINT**

**水の音で心を清らかに**

自然物を神とあがめる境内には、清らかな水が満ちる開放感いっぱいの庭があります。四季折々に咲く花を観賞しながら背筋を伸ばしてゆっくり深呼吸すれば、自然に生命力を感じ、心も体も健康になりそうです

御朱印の中央から牛がひょっこり！まるで飛び出す絵本のような、正月限定の御朱印

神職と宮人がデザインから制作までを手がける、立体の「オリジナル御朱印帳」（2500〜1万円）。写真左から、紋付き袴、白無垢、卒業袴黒、卒業袴青、神職浅葱袴、巫女袴

ほかの御朱印と御朱印帳はP.10・19で紹介！

安泰を祈願して神職がひと針ひと針奉製する「手毬守り」（4000〜5000円）。一体を作るのに4〜7時間かかるそう

墨書／奉拝、天之宮　印／社紋、天之宮神社　●ていねいに描かれる絵が美しい限定御朱印は2カ月に一度、絵柄が変わります。こちらは2021年1・2月限定の御朱印。たくましい牛が振り返りながら富士山を見つめる縁起のよい図柄です

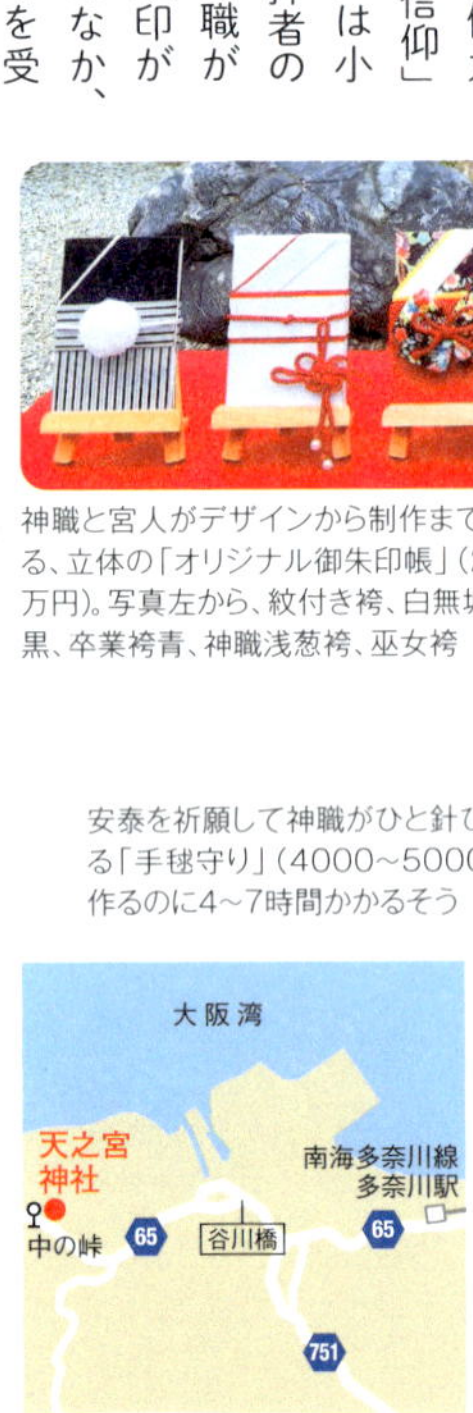


DATA

**天之宮神社**

創建／不詳　本殿様式／神明造
住所／大阪府泉南郡岬町多奈川谷川3249-1
電話／070-8369-8254（電話対応時間10:00〜15:00）　交通／岬町コミュニティバス「中の峠」から徒歩1分　参拝時間／10:00〜15:00 ※神事のため閉所の場合あり。公式サイトで確認のうえ、参拝してください
御朱印授与時間／往復はがきによる抽選
URL https://www.tennnomiya.com
X（旧ツイッター）アカウント：@_tennnomiya_

**神社の方からのメッセージ**

毎年3月8日に斎行する大祭では、櫓の上から神職が餅をまきます。大きくて硬いお餅なので、当たると少々痛いです。心配であればヘルメット、ゴーグルの使用がおすすめです。

神社の公式X（旧ツイッター）では、御朱印の授与について最新情報が確認できます。美しい境内写真とともにアップされる情報をお見逃しなく。さらに境内の様子を動画で見ることも可能。BGMは、なんと宮司のお孫さんが作曲しています。

大願成就を願うなら

兵庫

# 赤穂大石神社

【あこうおおいしじんじゃ】

主君の仇を、藩を取り潰された47人の浪士が見事討ち取った赤穂浪士の討ち入り。当時から歌舞伎や浄瑠璃で演じられ、現在も討ち入りのあった12月はドラマが作られるほど。今でも大願を成就させた浪士を崇敬する参拝者があとを絶ちません。受験合格も、仕事の昇進も、新規事業成功も、義士たちが応援してくださいます。

限定御朱印はP.12で紹介！

金書／大願成就　墨書／大石神社　印／陣太鼓、右二つ巴紋、播州赤穂、大石神社　●金色の「大願成就」印に力強さを感じます。祭り限定の御朱印も頂けます

四十七士の討ち入りの様子を表したファン垂涎の御朱印帳（1500円）

大石内蔵助の長男の通称「主税（ちから）」と、「ここ一番に“力”が出るように」という祈りをかけた「力守」（各700円）

主祭神／主な御利益

大石内蔵助《おおいしくらのすけ》

受験・試験合格、子宝など

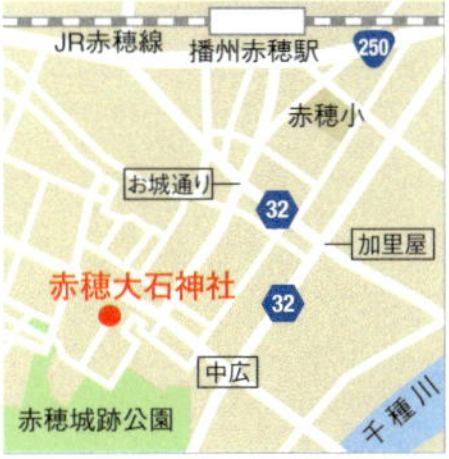


DATA

**赤穂大石神社**

創建／1912（大正元）年

本殿様式／流造

住所／兵庫県赤穂市上仮屋東組131-7

電話／0791-42-2054

交通／JR赤穂線「播州赤穂駅」から徒歩15分

参拝時間・御朱印授与時間／8:00～17:00

URL https://www.ako-ooishijinjya.or.jp

**ここが聖地POINT**

拝殿に向かって右側に「一文字流し」が。“嫌なこと、忘れてしまいたいこと”を漢字1文字で記入して水鉢につけると、文字が溶け、悩みもなくなるとか

---

未来への船出をあと押し！

沖縄

# 波上宮

【なみのうえぐう】

拝殿の両脇でシーサーがお出迎え。拝殿の屋根や手水舎に色鮮やかな琉球赤瓦《りゅうきゅうあかがわら》を使用するなど、境内全域が沖縄らしい明るい雰囲気です。神社が鎮座するのは那覇港を望む場所。琉球の人々が海の神様に航海の安全や豊漁豊穣を願い、祈りをささげてきた聖地です。未来に向かって進む人に追い風を送ってくれます。

墨書／奉拝、波上宮　印／沖縄総鎮守、玻名城上宮　●「沖縄総鎮守」という印が押されますが、沖縄の総鎮守の神社だということを意味します

色鮮やかな御朱印帳（1500円）も「紅型」。松竹梅と社殿がモチーフ

「紅型守」（500円）は健康守護のお守り。袋に沖縄の伝統工芸「紅型（びんがた）」を使用

主祭神／主な御利益

伊弉冉尊《いざなみのみこと》　速玉男尊《はやたまをのみこと》

事解男尊《ことさかをのみこと》

商売繁盛、航海安全など

DATA

**波上宮**

創建／不明 ※1368年頃と思われる

本殿様式／不詳

住所／沖縄県那覇市若狭1-25-11

電話／098-868-3697

交通／那覇バス2・3・5・15・45系統「西武門」から徒歩3分

参拝時間・御朱印授与時間／9:00～17:00

URL https://naminouegu.jp

**ここが聖地POINT**

崖の上にたたずむ社殿が海辺からよく見えます。晴れ渡る海や波風からはエネルギーを感じられるようです

# 今、行くべき 感動の聖地

自然のパワーが満ちる Power #1

## 山の聖地 沖縄

### 琉球開闢の神話、最初の聖地

## 安《あ》須《す》森《むい》

沖縄に伝わる神話の世界で島建ての神「アマミキヨ」が最初に造った大地。2億5000万年という長い年月の間に風雨に浸食され、切り立った奇岩が林立する風景に、太古から続く生命力を感じます。

祈りの空間を感じつつ、岩山の絶壁の先へと登って行くスピリチュアルハイクス

ここにしか生息・生育していない動植物が豊富に存在する自然の宝庫

DATA
住所／沖縄県国頭郡国頭村宜名真1241
電話／0980-41-8117
交通／沖縄自動車道「許田IC」から車1時間10分
開園時間／9:30～16:30（閉園17:30）
休み／無休　料金／ウェブサイト参照
URL https://www.sekirinzan.com

## 水の聖地 京都

### 神話と伝説のパワースポット

## 天《あまの》橋《はし》立《だて》

歩いて渡ると約1時間弱の道のりです

陸奥の松島、安芸の宮島とともに日本三景のひとつに数えられる特別名勝。全長約3.6kmの砂州《さす》でできた砂浜で、数々の神話や伝説の舞台になっています。恋愛成就の御利益で有名な「天橋立神社」へのお参りも忘れずに。

DATA
住所／京都府宮津市文殊天橋立公園内
電話／0772-22-8030（天橋立駅観光案内所）
交通／京都丹後鉄道「天橋立駅」から徒歩7分
営業時間／散策自由　URL https://www.amanohashidate.jp

## 森の聖地 青森・秋田

### 世界最大級の原生林に包まれる

## 白《しら》神《かみ》山《さん》地《ち》

1993（平成5）年に世界自然遺産に登録された、秋田県と青森県にまたがる約13万ヘクタールの山地です。世界最大級の原生的なブナ林が分布し、さまざまなトレッキングコースを整備。迫力たっぷりの滝や神秘的な池から開運を呼び込みましょう。

生命力みなぎる巨大なブナ林

十二湖散策コースに位置する「青池」。季節や時間帯で刻々と色が変化します

DATA
住所／青森県・秋田県
電話／0172-85-2810（白神山地ビジターセンター）
交通／東北自動車道「大鰐弘前IC」から車1時間
営業時間／散策自由
休み／11月上旬頃～4月下旬頃まで冬季閉鎖
URL http://www.shirakami-visitor.jp
（白神山地ビジターセンター）

Part 3 第三章

# 森の聖地

ヒーリング効果のある森林浴は、知らず知らずのうちに酷使している目、頭、体、そして心にやすらぎを与えてくれます。樹の生命力を全身に浴びれば心身まるごとよみがえった自分を実感できるはず。

# 森の聖地
## 絶対行きたいオススメ寺社1

島根

# 出雲大社
【いづもおおやしろ】

## 縁結びの聖地の最高峰で良縁祈願

毎年旧暦10月に全国から神様が集まり、縁結びの会議を開くというご縁の聖地で神々からラブパワーを頂きましょう。

「今年こそ良縁を♡」と願うなら日本屈指の縁結びスポットへ。正門の大鳥居をくぐると、清涼な空気に心が軽くなるようです。真っすぐ延びる松並木の参道は下り坂になっていて、見えない力に引っ張られているように足が前に進みます。拝殿であいさつをしたら、本殿が鎮座する瑞垣の周囲をぐるりと回りましょう。本殿は南向きに建っていますが、御祭神は西を向いているため、本殿西側の拝礼所でもう一度参拝すれば、いっそう神様に思いが伝わるはずです。本殿をお参りしたあとは、巨大な注連縄《しめなわ》で有名な神楽殿にも立ち寄って。

**圧倒的な存在感の大注連縄に言葉を失う**

大注連縄が正面にかけられているのは、御祈祷や結婚式などの祭事行事が執り行われる神楽殿。長さ約13m、重さ約5.2tの注連縄は、数年に一度かけ替えられます。

**ここが聖地POINT**

**神様に近づけるのは本殿裏！**

八雲山を背景に建つ本殿は、大社造という最古の神社建築様式。通常は本殿に入ることができないため、瑞垣の外側から参拝しましょう。最も神様に近づけるのは本殿の裏側。男女の縁だけではなく、さまざまな縁を取りもつ愛情深い神様のパワーを感じて

主祭神／主な御利益

大国主大神《おおくにぬしのおおかみ》

縁結びなど

神社の方からのメッセージ

大神様は私たちの遠い祖先たちと喜びと悲しみを共にしながら、生きていくうえで必要な知恵を授けてくださいました。人々の幸せを願って、男女間に限らず、あらゆる良縁を結んでくださいます。

国宝の本殿は御造営遷宮と御修造遷宮を繰り返していて、現在の社殿は1744（延享元）年に造営され、「平成の大遷宮」によって2013（平成25）年に修造が完了しました。「天下無双の大廈（たいか）」＝「ふたつと同じものがない壮大な神殿」と称されています。

## 一緒に行きたい立ち寄りスポット

### 参拝後の散策が楽しみ♡
### 神門通《しんもんどお》り

出雲大社の前に続く約700mの表参道。ご当地グルメの「出雲そば」や「出雲ぜんざい」などが味わえるグルメスポットはもちろん、参拝の記念にぴったりな品物が並ぶみやげ物店なども充実しています。

DATA
住所／島根県出雲市大社町杵築南
電話／0853-53-2298（神門通り観光案内所）
交通／一畑電車大社線「出雲大社前駅」が最寄り駅
営業時間・休み／店舗により異なる
URL https://www.izumo-kankou.gr.jp/shinmon/2408

### 老舗で頂く出雲そば
### 荒木屋《あらきや》

天明年間（1781～1789年）創業、230年以上の歴史をもつ名店。厳選した地元の玄そばを石臼挽きにし、香り高く、コシがある麺に仕上げています。木のぬくもりを感じる趣深い店内で伝統の味を楽しんで。

DATA
住所／島根県出雲市大社町杵築東409-2
電話／0853-53-2352
交通／一畑電車大社線「出雲大社前駅」から徒歩15分
営業時間／11:00～16:00
（なくなり次第閉店）
休み／水曜（祝日の場合翌日）

こちらもcheck！ 境内の開運スポット♥

墨書／参拝　印／出雲大社　●シンプルだからこそ風格が漂う御朱印。参拝後に御守所で頂きましょう。八雲がデザインされたオリジナル御朱印帳もあります

**❶勢溜《せいだまり》の大鳥居**
神域の入口である境内南端に位置。江戸時代はこの場所に芝居小屋があり、人の「勢」いが「溜」まることからこの名が付きました。

**❷松の参道**
「日本の名松100選」に選ばれている見事な枝ぶりの松が林立しています。参道の中央は神様の通り道とされているため、端を歩きましょう。

**❸ムスビの御神像**
御祭神が「ムスビの大神」になった神話の一場面を再現した大きな像。同じポーズをして神様からあふれる愛情と知性をチャージしてみては？

DATA
**出雲大社**
創建／神代
本殿様式／大社造
住所／島根県出雲市大社町杵築東195
電話／0853-53-3100
交通／一畑電車大社線「出雲大社前駅」から徒歩7分
参拝時間／6:00～18:00
御朱印授与時間／7:00～18:00
拝観料／宝物殿300円、彰古館200円
URL https://izumooyashiro.or.jp
写真提供:島根県観光連盟

茨城

# 鹿島神宮【かしまじんぐう】

## 一度はお参りしたい関東を代表する名社

日本建国に尽くした武の神が強力サポート。人生の節目には迷わず行くべし！

大鳥居をくぐり、境内に足を踏み入れると凛とした空気が漂います。楼門の先には、真っすぐ続く参道。通常は正面に本殿があるものですが、こちらでは右手（北向き）に建てられています。さらに先には奥宮へ向かって奥参道が続きます。御祭神はパワフルな武の神。夢を実現するための強い気持ちを伝えて祈願すれば、困難を克服するサポートをしてくださるはずです。

御祭神／主な御利益
武甕槌大神《たけみかづちのおおかみ》
出世開運、受験、縁結びなど

### ここが聖地POINT
### 本殿から奥宮まで延びる神聖な奥参道

御祭神の荒魂が祀られる奥宮へは約300mの参道を歩きます。広大な神域には600種以上の樹木が生育し野鳥も多く見られます。清浄でスピリチュアルな空気が流れています

境内最奥の御手洗池。1日40万リットルもの水が湧出し、水底や魚の姿がはっきり見えるほど澄んでいます

地中深く埋まり、地震を起こすナマズを抑えていると伝わる霊石の要石。御祭神が降臨した御座だという説も

御朱印帳はP.20で紹介！

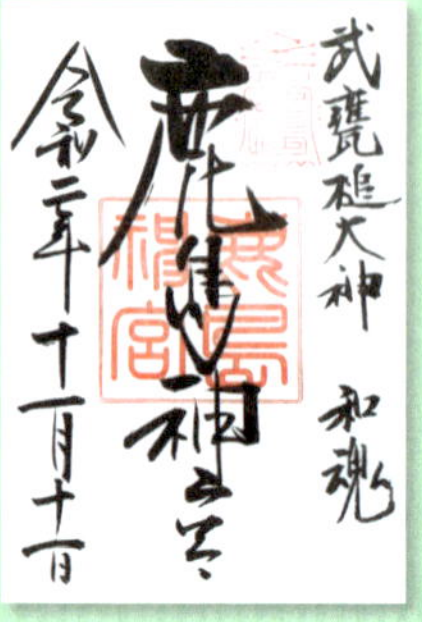

墨書／武甕槌大神、和魂、鹿島神宮　印／鹿島神宮　●御祭神の名と神様の平和的な側面である「和魂（にぎみたま）」の文字が書かれます

奥宮

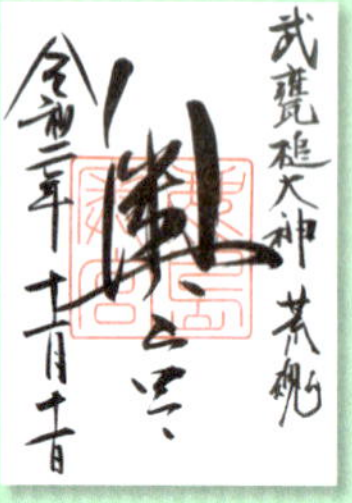

墨書／武甕槌大神、荒魂、奥宮　印／鹿島奥宮　●奥宮には御祭神の荒々しい側面「荒魂（あらみたま）」が祀られていることがわかります

「神鹿みくじ」（500円）。内部におみくじが入っています

「鹿島立守」（1000円）は独立・開業などスタート時の成功を祈願する出世開運のお守り

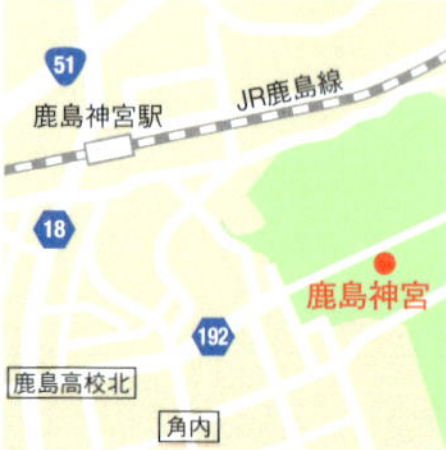


DATA
**鹿島神宮**
創祀／紀元前660（神武天皇元）年頃
本殿様式／三間社流造
住所／茨城県鹿嶋市宮中2306-1
電話／0299-82-1209
交通／JR鹿島線「鹿島神宮駅」から徒歩10分
参拝時間／自由
御朱印授与時間／8:30～16:30
URL http://kashimajingu.jp
写真提供:鹿島神宮

神社の方からのメッセージ
鹿島神宮では境内の掃き掃除を毎日実施しております。当神宮の神職や職員はもちろんですが、地域の人や子供たちがボランティアで清掃に参加するなど、地域ぐるみで神域の美しさが保たれています。

12年に一度、午年の9月上旬に行う大祭「式年大祭御船祭」。御神輿を載せた御座船が80余隻の伴船を従え、大船津から鰐川を進み、香取市の加藤洲まで渡御する絢爛豪華なお祭りです。香取神宮による御迎祭を終えると一路帰路につきます。

## 森の聖地 絶対行きたいオススメ寺社3

新潟

# 彌彦神社【やひこじんじゃ】

## 越後の一之宮で心身を浄化

古くから「おやひこさま」と呼び親しまれ、心の拠りどころとしてあつく信仰されています。

創建から２４００年以上の歴史を有し、聖なる山・弥彦山の麓に鎮座しています。霊験あらたかな神様を祀る神域の境界とされる朱塗りの一の鳥居をくぐると空気が一変します。神様だけが通ることのできる「玉の橋」を眺めてから随神門をくぐると、緑深い弥彦山を背景に拝殿が現れます。御祭神夫婦が仲よく祀られている弥彦山山頂にある御神廟へのお参りも外せません。

### ここが聖地POINT
### 吉凶を占う「火の玉石」

杉並木が続く参道を進むと、持ち上げたときの石の重さで吉凶を占う「火の玉石（重軽の石）」が見えてきます。石を持ち上げ、軽いと感じれば祈願は成就し、重いと感じたら努力が必要といわれています。願いをもち続けることが大切だとか

社紋の丸に大の字紋が配された健康を祈願する「御守」（各500円）

御祭神／主な御利益

天香山命《あめのかごやまのみこと》

厄難消除、起死回生など

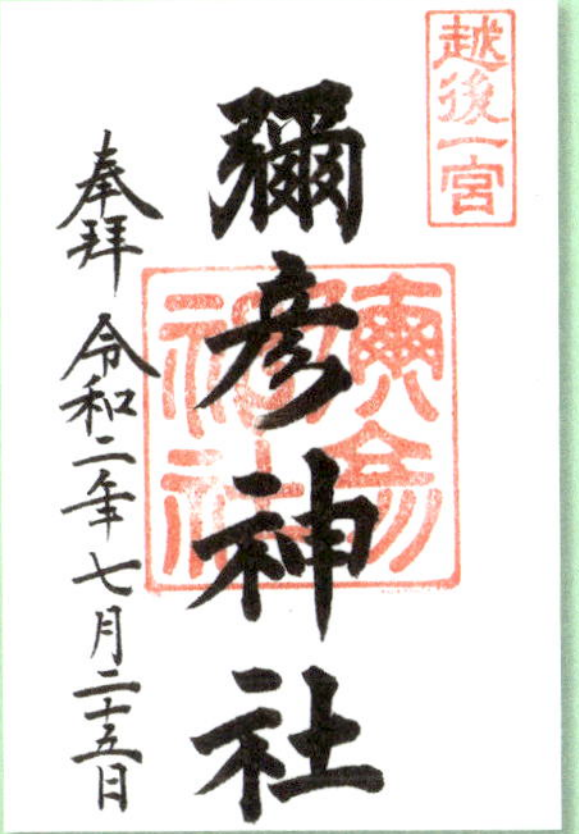


墨書／奉拝、彌彦神社　印／彌彦神社、越後一宮　●平安時代後期の社格制度において越後国（佐渡島を除く現新潟県）の一之宮として崇敬を受け、それを示す印が入っています。御神廟の御朱印も頂けます

ロープウエイに乗って弥彦山山頂にある御神廟へ。縁結びの御利益があることで有名です。佐渡島や新潟平野を一望できます

神様が渡る橋「玉の橋」は、人が渡ることのできない神聖な橋です。小川のせせらぎに耳を澄ませば気持ちが軽やかになります

DATA

**彌彦神社**

創建／崇神天皇御代（紀元前97～前30年）
本殿様式／三間社流造
住所／新潟県西蒲原郡弥彦村弥彦2887-2
電話／0256-94-2001
交通／JR弥彦線「弥彦駅」から徒歩15分
参拝時間／自由
御朱印授与時間／8:30～16:00
URL http://www.yahiko-jinjya.or.jp

神社の方からのメッセージ

当神社の摂社・末社は境内外合わせて18社あり、随神門の手前を右に行くと境内社が並んでいます。境外社の湯神社は商売繁盛や病気平癒、祓戸（はらえど）神社は罪や穢れを祓います。

一の鳥居の目の前にある「社彩庵・ひらしお」の2階にある古民家風カフェで味わえる抹茶シフォンパフェが絶品です。ふわふわのシフォンケーキとさわやかな抹茶の風味が絶妙！　1階はみやげ店になっています。

北海道の一之宮でパワーアップを目指す

北海道

# 北海道神宮

【ほっかいどうじんぐう】

明治時代の開拓を支えた北の大地の総鎮守。御祭神は、開拓三神と明治天皇の四柱です。

約6万坪の広い境内は針葉樹・広葉樹が混在し、豊かな緑に恵まれた杜には野鳥や野生動物が多数生息。名実ともに北海道随一の神社であり、開拓者たちの心のよりどころとして、明治時代から親しまれてきました。北海道の開拓・発展の守護神である開拓三神と明治天皇をお祀りしています。また、境内社として、開拓神社や鉱霊神社、穂多木神社があります。

**主祭神／主な御利益**

大国魂神《おおくにたまのかみ》　大那牟遅神《おおなむちのかみ》
少彦名神《すくなひこなのかみ》　明治天皇《めいじてんのう》
商売繁盛、勝負運向上など

**ここが聖地POINT**

**約120本の梅の木が茂る境内**

桜と同時期のGW頃に見頃を迎える、紅白の花が咲く梅林が見事。ここで取れた梅の実と手稲山系の伏流水で作られた梅酒「神宮の梅」(1000円)は限定販売です

雪国らしく、雪の結晶が刺繍された冬バージョンの御朱印帳(1500円)。緑がさわやかな夏バージョンもあります

北海道でよく見るイチイ(オンコ)。その実から生まれた無病息災を願う「一位の実守」(800円)

北海道開拓の功労者を祭祀する開拓神社。祈願札は家内安全など全部で9種類。名前を書き納めた木札は、例祭の前日に祓い清められお焚き上げをすることで神様に届けられます

財布などに入れておける「カード型肌守」(500円)

墨書／奉拝、北海道神宮　印／北海道総鎮守、北海道神宮　●現在の名称になったのは明治天皇を御増祀した1964(昭和39)年。以前は「札幌神社」と呼ばれていました

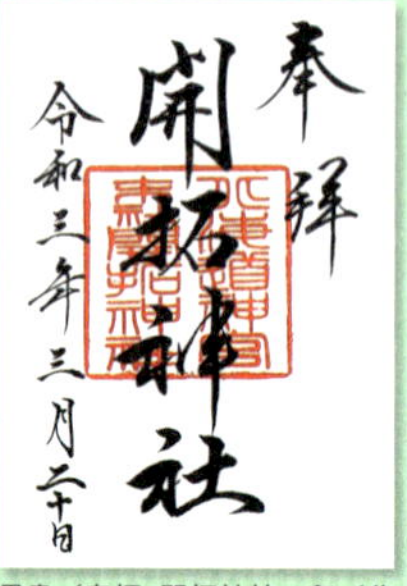



墨書／奉拝、開拓神社　印／北海道神宮境内社開拓神社　●お参り後、北海道神宮の御祈祷受付で「開拓神社の御朱印も頂けますか」と声をかけて頂きましょう

DATA

**北海道神宮**

創祀／1869(明治2)年
本殿様式／神明造
住所／北海道札幌市中央区宮ヶ丘474
電話／011-611-0261
交通／地下鉄東西線「円山公園駅」から徒歩15分
参拝時間／4～10月6:00～17:00、11～2月7:00～16:00、3月7:00～17:00、1月1日0:00～19:00、1月2～3日6:00～18:00、1月4～7日6:00～16:00、1月8～31日7:00～16:00
御朱印授与時間／9:00～閉門(正月期間は要問い合わせ)
※参拝時間・御朱印授与時間は変更の場合あり。公式サイトで事前確認を
URL http://www.hokkaidojingu.or.jp

**神社の方からのメッセージ**

6月の例祭「札幌まつり」では、総勢1000人近くの神輿渡御行列が、笛や太鼓のお囃子とともに札幌の町を練り歩きます。この華麗な行列は、札幌に夏を告げる風物詩となっています。

境内には、東京から到着した「開拓三神」の御霊代を、函館から背負って札幌に入った開拓判官の島義勇(よしたけ)の像があります。「北海道開拓の父」と呼ばれる彼の都市構想が今の札幌の町のベースとなっています。

千葉

運命を切り開く力を授かる

## 香取神宮【かとりじんぐう】

朱色の楼門を抜けた正面に建つ黒漆塗りの御殿を前にすると、自然と背筋が伸びます。「香取」はかつて「楫取」とも記されていて、運命を切り開き物事をよい方向へ導いてくださる（＝かじを取る）神様として御神徳があります。

**ここが聖地POINT**

源頼義公の祈願により三又に分かれたと伝わる「三本杉」。心願成就の御利益があるとされます

**主祭神／主な御利益**

経津主大神《ふつぬしのおおかみ》

勝運、縁結びなど

DATA

**香取神宮**

創建／神武18年（約2660年前）
本殿様式／流造（権現造）
住所／千葉県香取市香取1697-1
電話／0478-57-3211
交通／JR成田線「佐原駅」から車10分、または佐原循環バス「香取神宮」から徒歩5分　参拝時間／自由
御朱印授与時間／8:30～17:00
URL https://katori-jingu.or.jp

墨書／下総國一之宮、香取神宮　印／香取神宮　●下総国（現在の千葉県北部）の一之宮であり、全国に約400社ある香取神社の総本社です

---

東京

鬼太郎がいる!?　由緒ある古社

## 布多天神社【ふだてんじんしゃ】

多摩地方有数の古社で、社伝によれば約1950年前の創建とされます。拝殿前の狛犬は1796（寛政8）年建立で調布市最古。参道に鎮座する「なで牛」をなでれば体の不調が改善され、パワーを頂けるといわれています。

**ここが聖地POINT**

調布市は漫画家・水木しげるが住んだ町。神社奥の神苑に鬼太郎が住んでいるとされ、疫病退散に御利益があります

**主祭神／主な御利益**

少名毘古那神《すくなひこなのかみ》　菅原道真公《すがわらのみちざねこう》

学業成就、病気平癒など

DATA

**布多天神社**

創建／約1950年前
本殿様式／一間社流造こけら葺（非公開）
住所／東京都調布市調布ケ丘1-8-1
電話／042-489-0022
交通／京王線「調布駅」から徒歩5分
参拝時間／6:00～16:30
御朱印授与時間／9:30～16:00
URL http://fudatenjin.or.jp

墨書／奉拝、布多天神社　印／式内郷社布多天神社、布多天神社社務所之印　●郷社はかつての神社社格のひとつで、郷村の産土神をお祀りする社のことです

---

東京

増上寺裏の塔頭寺院

## 宝珠院【ほうしゅいん】

源頼朝公や徳川家康公が信仰し、家康公が開運出世大弁財天と名づけたとされる弁財天像と、港区指定文化財で高さ2mの閻魔大王を祀っています。蓮池などと呼ばれた昭和初期の弁天池を描いた川瀬巴《は》水《すい》の作品などもあります。

**ここが聖地POINT**

寺のある港区立芝公園はクスノキやイチョウなどの大木が生い茂る都会のなかのオアシス。東京タワーも望めます

**御本尊**

阿弥陀如来《あみだにょらい》

DATA

**宝珠院**

山号／三縁山
宗旨／浄土宗
住所／東京都港区芝公園4-8-55
電話／03-3431-0987
交通／都営大江戸線「赤羽橋駅」から徒歩5分、または都営三田線「芝公園駅」から徒歩7分
拝観時間・御朱印授与時間／9:00～17:00
拝観料／無料
URL https://hoshuin.jp

限定御朱印はP.16で紹介！

墨書／奉拝、阿弥陀如来、宝珠院　印／三縁山、阿弥陀如来を表す梵字キリークの印、芝公園宝珠院　●秘仏弁財天の御開帳は毎年4月15～17日に行われます

長野

信州を代表する聖地

# 戸隠神社【とがくしじんじゃ】

杉の古木が並ぶ参道を歩いて神々の鎮座するお社を訪ねて。

標高1904mの戸隠山の麓に鎮座する奥社・九頭龍社・中社・火之御子社・宝光社の五社からなる神社。戸隠山は神話の時代、「天岩戸」が飛んできて現在の姿になったといわれています。五社には天岩屋に隠れた天照大神《あまてらすおおみかみ》を知恵と神力で外へと導いた「天岩戸開き神話」で活躍した神々を祭祀。それぞれに御神徳が異なりますので、時間を取ってじっくり五社を参拝してみて。

**主祭神／主な御利益**

【奥社】天手力雄命《あめのたぢからおのみこと》
開運、心願成就など

【九頭龍社】九頭龍大神《くずりゅうのおおかみ》
虫歯、縁結びなど

【中社】天八意思兼命《あめのやごころおもいかねのみこと》
学業成就、家内安全など

【火之御子社】天鈿女命《あめのうずめのみこと》
舞楽芸能上達、火防など

【宝光社】天表春命《あめのうわはるのみこと》
技芸上達、安産など

## ここが聖地POINT

### 御神木から力をもらう

ひとつの根元から2本に枝分かれし、寄り添うように立つ火之御子社の夫婦杉や、中社にある樹齢900年の三本杉など、御神木はぜひチェックを。樹齢400年を超える杉が両脇に300本以上並ぶ約500mの奥社参道杉並木は言葉を失う迫力です

五社を参拝し、五社の御朱印をすべて受けると限定の「五社参拝記念しおり」(写真右下)が頂けます

「運気向上金運招福守」(右)と「仕事守」(各1000円)はそれぞれ2色展開。中社授与所限定です

中社社殿の天井絵(開運龍)が織り込まれた御朱印帳(2200円)や、奥社の本殿と戸隠山が表紙の御朱印帳(2000円)など4種類あります

墨書／奉拝、戸隠神社　印／信州戸隠山、戸隠神社、中社　●こちらは中社の御朱印です。奥社と宝光社は印のみ替わり、九頭龍社と火之御子社は墨書と印が替わります

墨書／奉拝、戸隠神社　印／信州戸隠山、戸隠神社、奥社、神雪参り、雪の結晶　●冬季(1月7日～4月中旬)限定頒布の神雪参り御朱印です

DATA

**戸隠神社**

創建／奥社:紀元前210年、九頭龍社:不詳、中社:1087(寛治元)年、火之御子社:1098(承徳2)年、宝光社:1058(康平元)年
本殿様式／権現造、入母屋造
住所／長野県長野市戸隠3506(中社)
電話／026-254-2001
交通／奥社・九頭龍社:アルピコ交通バス「戸隠奥社入口」から徒歩40分、中社:アルピコ交通バス「戸隠中社」からすぐ、火之御子社:アルピコ交通バス「戸隠中社」から徒歩5分、宝光社:アルピコ交通バス「戸隠宝光社」からすぐ
参拝時間／自由
御朱印授与時間／9:00～17:00 ※冬季は授与場所・時間に変動あり
URL https://www.togakushi-jinja.jp

神社の方からのメッセージ

「天岩戸開き神話」にゆかりのある神々を中心にお祀りする戸隠神社五社をぜひお参りください。雄大な自然の中、五社めぐりをするには五社を結ぶ「戸隠古道」を歩くのがおすすめです。

中社の社殿右側にある「さざれ滝」は戸隠の湧水が流れています。また、中社社殿の天井には幕末～明治の天才画家・河鍋暁斎(かわなべきょうさい)による「龍の天井絵」があります。火災によって焼失したものの、2003(平成15)年に復元されました。

石川

「白山さん」の縁結びパワーは神話級

# 白山比咩神社【しらやまひめじんじゃ】

全国に約3000社ある白山神社の総本宮。北陸を鎮護する加賀の一之宮でもあります。古木に抱かれるように立つ社殿に祀られているのは、「国生み」と「神生み」を行った夫婦神と、その神々の仲裁をした女神様。神名の「菊理《くくり》」は「括る」につながることから、和合・縁結びの神様としてもあつく崇敬を集めています。

主祭神／主な御利益

白山比咩大神《しらやまひめおおかみ》（菊理媛尊《くくりひめのみこと》）
伊弉諾尊《いざなぎのみこと》　伊弉冉尊《いざなみのみこと》
家内安全、縁結びなど

墨書／奉拝、白山比咩神社　印／白山本宮加賀一ノ宮、白山比咩神社、ハクサンシャジン　●右上の印が白山神社の総本宮であり加賀一之宮であることを示しています

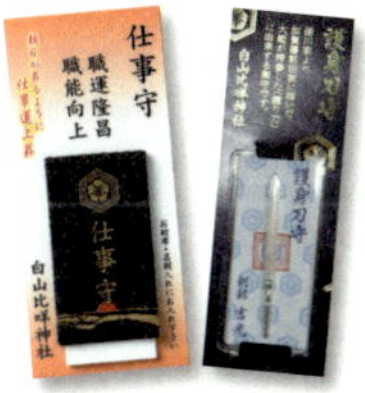


財布や名刺入れに入れやすいカードタイプの「仕事守」（左）と「護身刀守」（各1000円）

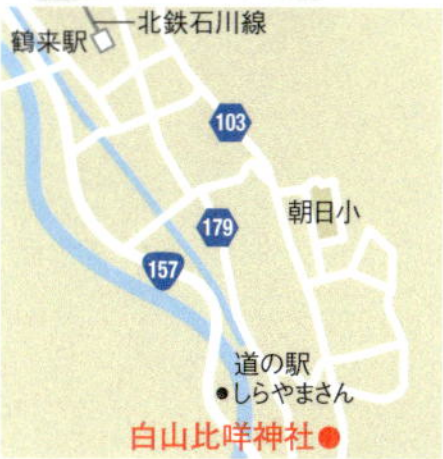


DATA
**白山比咩神社**
創建／紀元前91（崇神天皇7）年
本殿様式／流造
住所／石川県白山市三宮町二105-1
電話／076-272-0680
交通／北鉄石川線「鶴来駅」から車5分
参拝時間／自由
御朱印授与時間／9:00～16:00
URL http://www.shirayama.or.jp

ここが聖地POINT

杉やケヤキの古木が生い茂る約250mの表参道を歩けば気分爽快に。表参道手水舎前にそびえる樹齢800年の老杉が御神木です

岐阜

位山《くらいやま》を神体山《しんたいさん》にもつ岐阜屈指のパワスポ

# 飛驒一宮水無神社【ひだいちのみやみなしじんじゃ】

神体山は巨石群やイチイの原生林があり、古より霊峰と名高い位山です。そこが水源、分水嶺であることから「水主《みぬし》」「水成《みなし》」が転じて「水無《みなし》」の名になりました。神社に祀られているのは御歳大神をはじめ飛驒一円の神々。豊年満作や健康長寿、子授け・安産、交通安全など幅広い願いをかなえてくださいます。

主祭神／主な御利益

御歳大神《みとしのおおかみ》（御年大神《みとしのおおかみ》）
一粒万倍、無病息災など

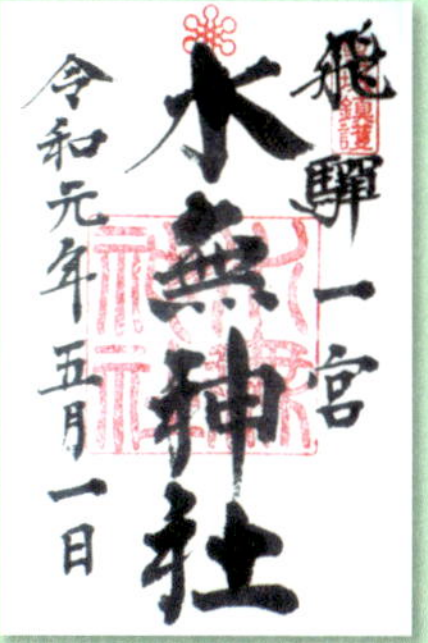


墨書／飛驒一宮、水無神社　印／皇城鎮護、水瓢箪紋、水無神社　●社紋は6つのヒョウタンを水の形に合わせたものです

表に神輿と鳳凰・龍、裏にイチイの木と社紋を施した御朱印帳（2000円、御朱印含む）

延命長寿を願う「健康守」（1000円）は若草色の錦袋がすてき

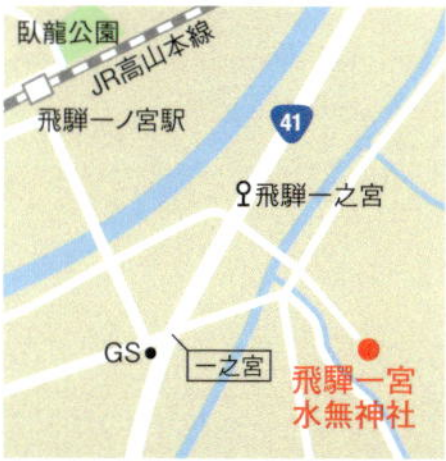


DATA
**飛驒一宮水無神社**
創建／不詳（神代と伝承）
本殿様式／流造
住所／岐阜県高山市一之宮町5323
電話／0577-53-2001
交通／JR高山本線「飛驒一ノ宮駅」から徒歩10分、または濃飛バス「飛驒一之宮」から徒歩5分
参拝時間／自由
御朱印授与時間／8:30～17:00
URL http://minashijinjya.or.jp

ここが聖地POINT

江戸時代、切られまいと一夜のうちにねじれたという伝説の「ねじの木」。逆境に負けないパワーをもらえそう

静岡

# 來宮神社【きのみやじんじゃ】

## 熱海郷の地主の神として鎮座

この地に鎮座した際のエピソードから、来福の神としても信仰されています。

約1300年前、熱海湾で漁師の網に木像がかかりました。木像は「我こそは五十猛命《いたけるのみこと》である。この里にある7本の楠のある洞に私を祀れば、村人と村に入り来る旅人を守ろう」と言いました。五十猛命は樹木と自然保護の神様です。そこで絶対見ておきたいのが御神木の大楠。「願いを込めて幹を1周するとかなう」という伝説があり、お参りする参拝者があとを絶ちません。

主祭神／主な御利益

大己貴命《おおなもちのみこと》

縁結び、禁酒など

御神木の大楠は樹齢2100年以上。夕暮れから23:00はライトアップも。境内や参道には「祝い」や「災い除け」といった幸運を招く意味のある植物が植栽されています

### ここが聖地POINT

**御神木を見るならココ！**

日本屈指のパワースポットといわれる御神木を参拝者がよく眺められるようにと、「大楠・五色の杜」という多目的施設が建てられました。夜間はLEDが点灯し、日中とは趣が異なる幻想的な空間になります

境内では、ハートマークに見える「猪の目」などフォトジェニックな景色に出合えます。SNSでもご縁をつなげたいと、神社自ら「#来宮神社」のハッシュタグの使用を推奨しています

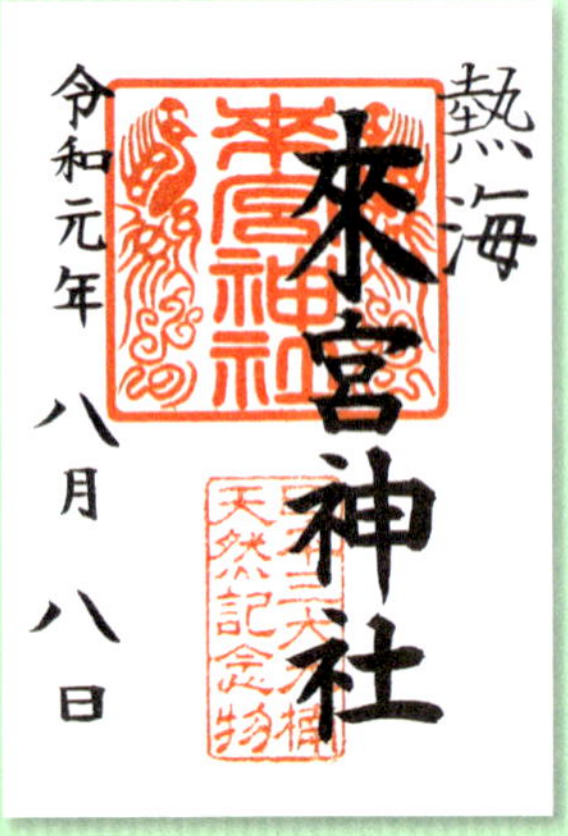


墨書／熱海、來宮神社　印／來宮神社、日本三大大楠天然記念物　●鳳凰が神社名を囲んでいる縁起のよいデザインの社名印が押されます。一緒に境外社の御朱印も頂けます

「楠木御朱印帳」(2500円)は国の天然記念物の大楠が描かれています。持っているだけで御利益がありそう

リボンの形をした「蝶々縁結び守り」。すてきなご縁を結んでくれそう

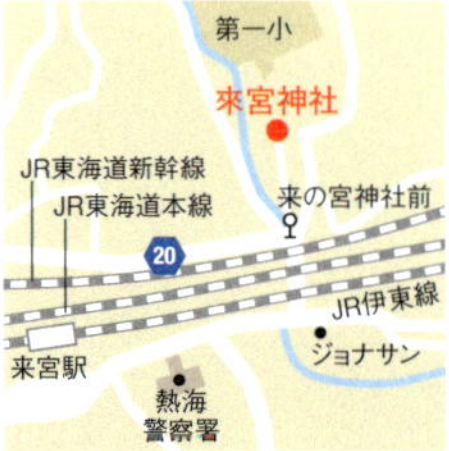


DATA

**來宮神社**

創建／不詳 ※710(和銅3)年以前

本殿様式／権現造

住所／静岡県熱海市西山町43-1

電話／0557-82-2241

交通／JR伊東線「来宮駅」から徒歩3分、または伊豆箱根バス「来の宮神社前」からすぐ

参拝時間／自由

御朱印授与時間／9:00～17:00

URL http://kinomiya.or.jp

**神社の方からのメッセージ**

「五感」で感じる神域をテーマに「心清らかに参拝できる環境作り」に努め、50項目を超える新規事業を展開。「癒・楽・時」(癒やし・楽しさ・時の大切さ)を提供できる空間で、世代を超えた方々がさまざまな「良縁」を結べるよう祈願しています。

御祭神が漂着された際、「むぎこがし・ゆり根・橙・ところ」をお供えし喜ばれた伝説から、神様の特別神饌(しんせん)として現在でもお供えされています。「神人共食(しんじんきょうしょく)」をテーマに、その食材を使ったオリジナルスイーツが境内で楽しめます。

京都

# 宇治上神社

【うじかみじんじゃ】

## 親子三柱の霊力で神サポート!

本殿は神社建築日本最古の国宝です。頭脳明晰な菟道稚郎子《うじのわきいらつこ》のパワーがあふれています。

主祭神/主な御利益

菟道稚郎子《うじのわきいらつこ》

応神天皇《おうじんてんのう》　仁徳天皇《にんとくてんのう》

学業成就、良縁など

カラフルな御朱印が魅力的な、京都の隠れパワースポット。御祭神は応神天皇とその御子2兄弟ですが、主祭神はなぜか弟の菟道稚郎子。博学で兄たちを飛び越して父から皇太子に指名されるほどの人物でしたが、父亡きあとに皇位継承で世が乱れたのを嘆き、命を絶って兄を天皇にしたと伝わります。この学識豊かな神様が人生を切り開いて進む人をあと押ししてくれます。

森の聖地

### ここが聖地POINT

### 親子三神を祀る本殿

本殿は一間社流造の内殿の3棟が「覆屋(おおいや)」で覆われています。12世紀前半(平安時代後期)に建立されたと推測され、内殿と覆屋のすべてが現存する最古の神社建築として、国宝に指定されています

墨書/宇治上神社　印/世界文化遺産、ウサギ、菟道稚郎子宮印、菟道離宮社印　●いずれの御朱印も宮司ひとりで心を込めて書いています。こちらは宮司の在社時のみ御朱印帳に書いていただけます

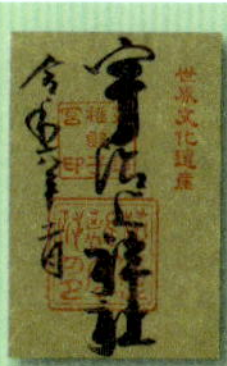

**茶加美《ちゃかみ》朱印**

墨書/宇治上神社　印/世界文化遺産、菟道稚郎子宮印、菟道離宮社印　●宇治茶にちなむ抹茶色の色紙に墨書、本物の「印泥」(朱肉)を使用した印を押しています

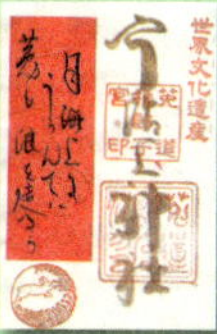

**うさぎ朱印**

金字/宇治上神社、離宮大神　印/世界文化遺産、菟道稚郎子宮印、菟道離宮社印、ウサギ　●ウサギに関する和歌や俳句、謡曲の一節が書かれています

**金字朱印**

金字/離宮明神宇治上神社　印/世界文化遺産、菟道稚郎子宮印、菟道離宮社印、ウサギ　●「離宮明神」とは江戸時代の史料に書かれた宇治上神社の名前。台紙の色は紫式部にちなみます

室町時代に栄えた宇治茶にちなみ、「宇治七名水」が定められました。そのひとつ、境内の「桐原水」は唯一現存し、今もこんこんと湧き出す、いわば奇跡の水。水を汲みに来る人も!

DATA

**宇治上神社**

創建/不詳
本殿様式/一間社流造の内殿三社・覆屋
住所/京都府宇治市宇治山田59
電話/0774-21-4634
交通/京阪宇治線「宇治駅」から徒歩10分、またはJR奈良線「宇治駅」から徒歩20分
参拝時間/7:00〜16:20
御朱印授与時間/9:00〜15:50
URL https://www.ujikamijinja.jp

源氏物語にちなむ絵柄の「人形(ひとがた)」。願いごとと氏名を書いて納めると、神前にささげて一願成就を祈願してもらえます(各700円)

**神社の方からのメッセージ**

世界遺産には当社の敷地、境内のすべてが指定されました。その昔、「離宮」と呼ばれた静かなたたずまいが当社の特色です。悠久の時を経ても当時の荘厳な趣をそのままに伝えていますので、ぜひ訪れて体感してください。

宇治上神社へ続くさわらびの道をさらに先へ進むと、3分ほどで「宇治市源氏物語ミュージアム」に到着。モダンな館内では音声や映像、復元資料などで『源氏物語』「宇治十帖」の世界を体感できます。開館時間/9:00〜17:00(入館〜16:30)、休み/月曜、観覧料/大人600円

京都

# 貴船神社

【きふねじんじゃ】

## 復活愛の最強パワーをもつ神社

愛に生き恋を詠んだ平安の女流歌人も夫との復縁をこちらでお願いしました。

全国に約500社ある貴船神社の総本宮。大地のパワー（氣）が生まれる根源「氣生根《きふね》」の地とされ、緑豊かな境内には冷涼な空気が漂います。3つの社殿があり、本宮・奥宮・結社《ゆいのやしろ》の順番で参拝する「三社詣」が古くからの習わし。結社には良縁を授けてくれる磐長姫命が祀られ、和泉式部が夫との不仲に悩み、切ない心を歌に託して復縁祈願したという逸話が残っています。

主祭神／主な御利益

高龗神《たかおかみのかみ》

縁結び、夫婦円満、運気隆昌など

### ここが聖地POINT

### 大木が寄り添う相生の大杉

結社と奥宮の間にある御神木。同じ根から育った大木が寄り添ってそびえ、樹齢は1000年！ 2本が並んで風雪に耐えた長い年月に尊さを感じます。相生には「相老」の意味もあり、仲むつまじくともに老いるようにと夫婦円満の御加護も頂けそう

水の神様にちなみ、水をイメージするドット柄。裏面には龍神があしらわれています（各2000円）

平安貴族の男女が織られた「むすび守」（各1000円）。縁結びや復縁の効果あり

水の神様を祀る貴船神社ならではの「水占みくじ」（200円）。本宮前に湧き出る御神水におみくじを浸すと、文字が浮き出てきます。御神水が告げるだけあり、よく当たると評判です

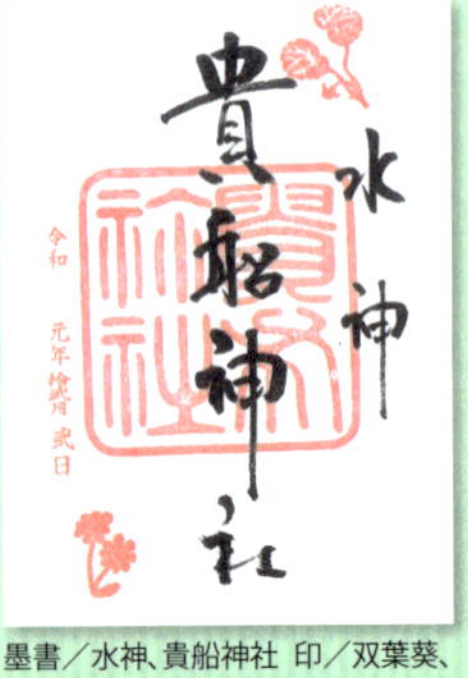

墨書／水神、貴船神社　印／双葉葵、貴布祢社、貴船菊　●イラスト印が押される貴船菊は境内やこの近辺に自生している秋の花。濃いピンクのかわいい花を咲かせます

墨書／貴船神社、奥宮　印／貴布禰社奥宮　●奥宮の御朱印です。かつて「貴布禰社」とも表記していた名残が中央の印に残されています

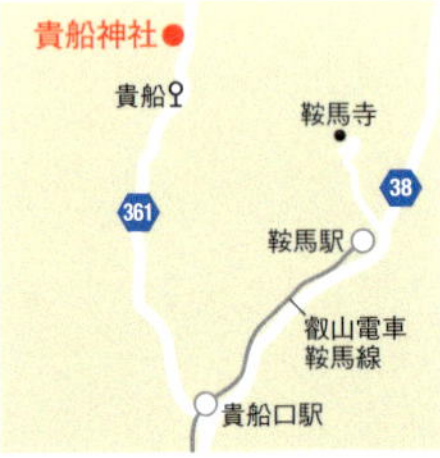


DATA

**貴船神社**

創建／不詳

本殿様式／一間社流造銅板葺

住所／京都府京都市左京区鞍馬貴船町180

電話／075-741-2016

交通／京都バス「貴船」から徒歩5分

参拝時間／6:00～20:00（12～4月～18:00）

御朱印授与時間／9:00～17:00

URL https://kifunejinja.jp

写真提供:貴船神社

神社の方からのメッセージ

京都の奥座敷にあり、都会とは異なる空気に包まれています。自然の緑に朱塗りの灯篭が映える参道の石段は風情たっぷり。マイナスイオンを含む空気が気持ちよく、お参り前から心を整えてくれます。

神話の時代に、玉依姫命（たまよりひめのみこと）が船でたどり着き、社殿を建てたのが神社の始まりです。その創建の地に祀られているのが奥宮。空気がひんやりとしていて、周囲の大樹と相まって一段と神聖なパワーを感じます。

奈良

ラブ&ピースの神様がサポート

# 春日大社【かすがたいしゃ】

御本社（大宮）へは一之鳥居から長い参道が続きます。本殿や回廊は鮮やかな朱色。これは20年に一度、社殿の修繕や調度品の新調を行う式年造替が行われているからです。本殿で参拝したら、境内南側の夫婦大國社へ。ひとつの社に夫婦の大國様が祀られているのは全国で唯一とか。これ以上、強力なサポーターはいません。

墨書／奉拝、春日大社　印／春日大社　●神域にある摂社・末社の数はなんと62！　なかには春日若宮や金龍神社など、御朱印を頂けるお社もあります

「白鹿守」（1000円）は幸運をもたらすお守り。神様のお使い白鹿が描かれています

縁結びが得意な神様・大國様とその奥様を祀る「夫婦大國社」

DATA

**春日大社**

創建／768（神護景雲2）年
本殿様式／春日造
住所／奈良県奈良市春日野町160
電話／0742-22-7788
交通／近鉄奈良線「近鉄奈良駅」から徒歩25分、または奈良交通バス「春日大社本殿」からすぐ
参拝時間／3～10月6:30～17:30、11～2月7:00～17:00（特別参拝9:00～16:00）
御朱印授与時間／9:00～16:00
御本殿特別参拝初穂料／700円
URL https://www.kasugataisha.or.jp

主祭神／主な御利益

武甕槌命《たけみかづちのみこと》　経津主命《ふつぬしのみこと》
天児屋根命《あめのこやねのみこと》　比売神《ひめがみ》
開運厄除け、交通安全など

ここが聖地POINT

春日大社は春日山原始林を背景に鎮座。250haもの面積がある原始林は春日大社の神域として信仰の対象となっていました

---

鳥取

本気で金運アップを目指すなら

# 金持神社【かもちじんじゃ】

「宝くじに当選した」「商売がうまくいった」など、神社には参拝者の喜びの声が続々と届きます。縁起のよい神社名は、全国でこちらだけ。神社が鎮座する場所は、真砂鉄が多く採掘できる場所でした。鉄のことを「かね」と呼んでいたことから、金の取れる谷を多くもつ＝金持という地名になったと伝わります。

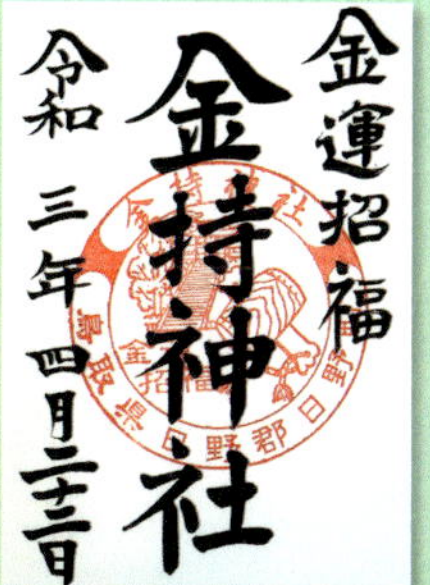


墨書／金運招福、金持神社　印／金持神社・鳥取県日野郡日野町・金運招福・社殿・打ち出の小槌　●イラスト印にも登場する社殿前の階段は94段あります

財布に忍ばせて御利益を期待したい「財布用金運御守」（500円）

広めの駐車場から参道と少し急な石段を歩いて境内へ向かいます

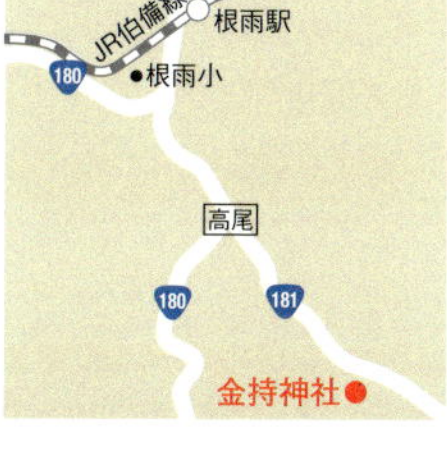


DATA

**金持神社**

創建／810（弘仁元）年
本殿様式／不詳
住所／鳥取県日野郡日野町金持74
電話／0859-75-2591／090-4659-5035
交通／JR伯備線「根雨駅」から車7分
参拝時間／自由
御朱印授与時間／10:30～15:30（土・日曜、祝日10:00～16:00）
URL http://www.kamochijinja.jp

主祭神／主な御利益

天之常立尊《あめのとこたちのみこと》　八東水臣津努命《やつかみずおみづぬのみこと》
淤美豆奴命《おみずぬのみこと》
金運アップ、開運

ここが聖地POINT

樹齢600年と伝わる境内のサワラ、チャンチンの木がパワーツリー。「鳥取県銘木100選」に選ばれています

引いてみたい！「大大吉」のおみくじ

広島

# 草戸稲荷神社

【くさどいなりじんじゃ】

隣接する国宝指定「明王院」の鎮守として祀られた古社。緑の森の中にたたずむ鮮やかな朱色の太鼓橋と本殿が目を引きます。本殿からは福山市を一望。安産や子宝、旅行安全などの御神徳がある20もの稲荷社がある広島屈指のパワースポットとして有名です。「大大吉」のおみくじを求めて多くの参拝者が訪れます。

主祭神／主な御利益

宇迦之御魂神《うかのみたまのかみ》

保食神《うけもちのかみ》　大己貴神《おおなむちのかみ》

商売繁盛、交通安全など

墨書／奉拝、備後国、草戸郷、草戸稲荷神社　印／備後草戸稲荷神社、稲紋　●神社名の入った火炎宝珠の印がインパクト大。備後国は現在の広島県東部

お財布に入れておくと金運が舞い込んできそうな「招福金運守」(500円)

美しい音色で邪気を祓い、幸運へと導く「清めの雫鈴」(各1200円)

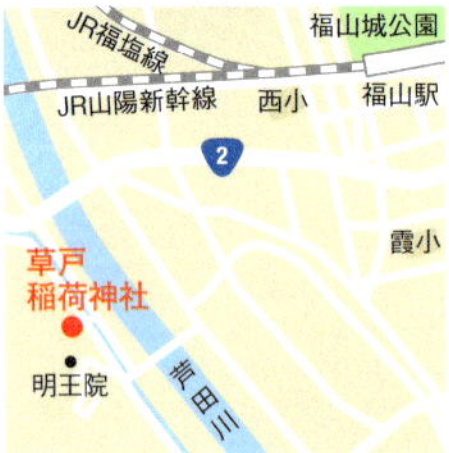


DATA

**草戸稲荷神社**

創建／807(大同2)年
本殿様式／流造
住所／広島県福山市草戸町1467
電話／084-951-2030
交通／JR「福山駅」から車10分、または「福山SAスマートIC」から車10分
参拝時間／自由
御朱印授与時間／9:00～16:00
URL https://kusadoinari.com

ここが聖地POINT

「大吉」を超える「大大吉」が出ると話題のおみくじ(200円)。引き当てたら運気上昇間違いなし!?

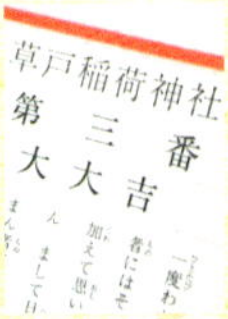


---

人生の岐路に立ったら参拝を

愛媛

# 大山祇神社

【おおやまづみじんじゃ】

全国に1万余りの分社をもつ大山祇神社の総本社。大三島に鎮座し、昔から瀬戸内海における警護を担った村上海賊の守護神として崇敬された神社で、航海の安全に御利益があるとされます。総ヒノキ造りのすがすがしい総門は、2010(平成22)年、焼失前の古図を参考に設計し、688年ぶりに再建されました。

主祭神／主な御利益

大山積神《おおやまづみのかみ》

交通安全、商売繁盛など

墨書／奉拝、大山祇神社　印／延喜式内社、伊豫國一宮、日本總鎮守大山祇神社之印　●日本国の守り神であることを示す「日本總鎮守」の印。力強い「大」の文字に勇気づけられます

御朱印帳は武将たちからあつい信仰を受けた神社らしく、兜をあしらった太布張りの表紙(1500円、御朱印含む)

「御守」、「仕事守」、「厄除御守」ともに三島紋と呼ばれる「隅切折敷に縮三文字」紋の神紋が入っています(各1000円)

DATA

**大山祇神社**

創建／不詳
本殿様式／三間社流造
住所／愛媛県今治市大三島町宮浦3327
電話／0897-82-0032
交通／せとうちバス「大山祇神社前」からすぐ
参拝時間／早朝～17:00
御朱印授与時間／9:00～16:50
URL https://oomishimagu.jp

ここが聖地POINT

御祭神の子孫・小千命(おちのみこと)が植えたと伝わる樹齢2600年とされる御神木。息を止めて周囲を3周すると、願いがかなうといわれます

Part 4

# 第三章 町の聖地

古来、それぞれの土地で敬われ、親しまれてきた神様・仏様をお訪ねすることで、その町の歴史や人々の暮らしが垣間見られます。古くから続く儀式・祭礼には、さまざまな土地の習わしが込められています。地元の人たちが大切にしてきた神仏から大いなる力を授かりましょう。

# 町の聖地
## 絶対行きたいオススメ寺社1

写真提供：住吉大社

## 大阪の町を見守る「すみよっさん」

全国2300社を数える住吉神社の総本社。四柱の神々から御利益を授かれます。月に一度の「初辰《はったつ》まいり」はいつも盛況です。

大阪

# 住吉大社
【すみよしたいしゃ】

悠久の歴史と伝統を誇る神社です。社殿は第一本宮から第三本宮までが縦に、第四本宮は第三本宮の横に並んだ珍しい配置で、四柱の御祭神が鎮座しています。第一本宮から第二、第三、第四本宮の順にめぐるのが正式な参拝順序。そのうち底筒男命・中筒男命・表筒男命、三柱の総称である住吉大神《すみよしおおかみ》は伊弉諾尊《いざなぎのみこと》が穢れを除いて心身を清めた禊祓《みそぎはらえ》で海から現れたと伝えられ、「祓《はらえ》」を司る神様です。今も国中の穢れを祓っていて、毎年7月31日の住吉祭では夏越祓神事が行われています。厄を祓い、幸せを招く御神気をチャージしましょう。

主祭神 / 主な御利益

底筒男命《そこつつのおのみこと》　中筒男命《なかつつのおのみこと》
表筒男命《うわつつのおのみこと》　神功皇后《じんぐうこうごう》

厄除け、安産など

### ここが聖地POINT
### 「初辰まいり」で大願成就

「初辰」とは毎月最初の辰の日のこと。この日に住吉大社の4つの末社をお参りすると願いが実るとされ、早朝から大勢の参拝客でにぎわいます。願いの種を授かり、育て、収穫を得るという縁起にちなんで、増益を願う方法です

写真提供：住吉大社

**人の国から神の国につながる「反橋《そりばし》」**

一の鳥居をくぐった先にある、本宮へと続く架け橋。長さ約20m、高さ約3.5m、幅約5.5mで、最大傾斜はなんと約48度。渡ることで罪や穢れが祓われるといわれています。

神社の方からのメッセージ

住吉大神と称される三柱の神様は「海の神」として信仰されています。海の底・中・表、つまり海すべての守護神としてあがめてきた古代の人々の自然に対する畏怖と深い敬意を感じることができます。

古くから住吉津は大阪湾のなかでも良港とされてきました。遣隋使や遣唐使は、住吉大社で住吉大神に祈りをささげ、住吉津から大陸へと出航したと伝わります。実はおとぎ話の「一寸法師」は住吉大神の申し子が住吉から出発し、淀川を上って京へ向かうお話です。

## 一緒に行きたい 立ち寄りスポット

大阪最古の公園

### 住吉公園《すみよしこうえん》

1873（明治6）年開設。もとは住吉大社の境内で、東西に走る「汐掛道」はかつての表参道でした。日本最古とされる灯台「高燈籠」（現在の灯台は昭和の復元）など、歴史をしのばせる見どころが点在しています。

DATA
住所／大阪府大阪市住之江区浜口東1-1-13
電話／06-6671-2292（公園管理事務所）
交通／南海本線「住吉大社駅」からすぐ
営業時間／散策自由

創業85年以上の洋食店

### 洋食《ようしょく》やろく 本店《ほんてん》

優しいBGMに耳を傾けながら懐かしくも新しい料理に舌鼓を。創業当時からの名物である玉子コロッケとビーフカツレツがセットになった「やろく盛り合わせ」（サラダ・ライス付1990円）が看板メニュー。

DATA
住所／大阪府大阪市住吉区東粉浜3-30-16
電話／06-6671-5080
交通／南海本線「住吉大社駅」からすぐ
営業時間／11:00～13:30、16:30～19:30（売り切れ次第閉店）※第2･4火曜はランチのみ
休み／水曜

ほかの御朱印は P.14で紹介！

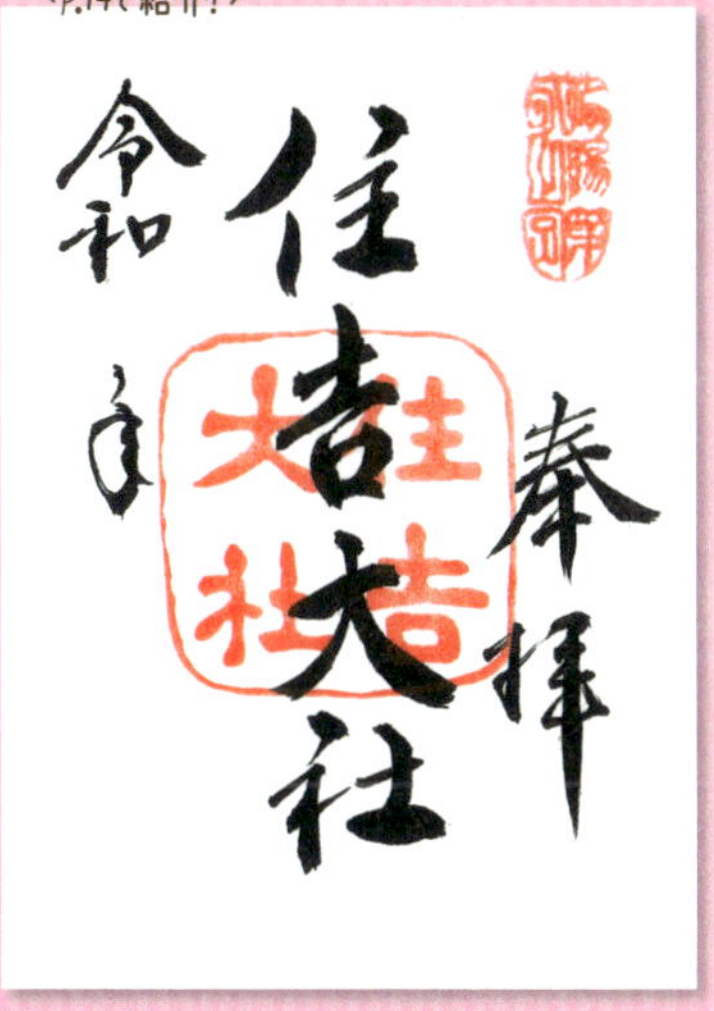


墨書／奉拝、住吉大社　印／攝陽第弐之宮、住吉大社
●縁結びの神様を祀るお社など、多くの摂社・末社が鎮座し、御利益を授かれます。本社のほか摂社や末社を含めて全部で10社の御朱印を頂けます

反橋と住吉造の本殿を大胆にデザインした御朱印帳（2000円）。裏面には社紋の花菱と左三つ巴が織り込まれています

**願いがかなったら“倍返し”**

「感謝の小石」（300円）に感謝の気持ちを込めて自身で「五」「大」「力」と書き、五所御前でひろった石と一緒にお返しすることを忘れずに

**五所御前**

住吉大神を最初にお祀りしたとされる神聖な場所。第一本宮の南側に位置します。玉砂利の中から「五」「大」「力」の各文字が書かれた小石を探し、3つ揃えて持っていると心願成就のお守りになります

小石を見つけたら授与所で専用袋（500円）を頂き、願いを込めながら小石を入れてお守りにしましょう

**侍者社《おもとしゃ》**

「神と人」を結ぶ仲取り持ちの役目を担った神様を祀ることから、良縁祈願の人が多く訪れます

侍者社に奉納する侍者人形をモチーフにした「おもとみくじ」（500円）。恋愛の行方を占う恋みくじです

星柄を織り込んだ「常勝守」（1000円）。勝運アップの御利益が期待できます

DATA
**住吉大社**
創祀／211（神功皇后11）年
本殿様式／住吉造（国宝）
住所／大阪府大阪市住吉区住吉2-9-89
電話／06-6672-0753
交通／阪堺電軌阪堺線「住吉鳥居前駅」からすぐ、南海本線「住吉大社駅」から徒歩3分、または南海高野線「住吉東駅」から徒歩5分
参拝時間／6:00～17:00（10～3月6:30～）
御朱印授与時間／9:00～16:00
URL https://www.sumiyoshitaisha.net

## 良縁祈願は〝東京のお伊勢さま〟で

東京から伊勢神宮を拝むための遥拝殿として創建。縁結びの神社としても女性に人気です。

東京

# 東京大神宮【とうきょうだいじんぐう】

伊勢神宮と同じ神様とともに、あらゆる「結び」の働きを司る神様を祀ることから、縁結びの神社として有名。東京でお伊勢参りがかなうことから、多くの参拝者が訪れます。和紙人形が付いた「恋みくじ」（200円）は、中に書いてある恋愛成就のアドバイスがよく当たると評判。日本で最初の神前結婚式を行った神社であることから境内で新郎新婦の姿を見かけることも。

### ここが聖地POINT
**境内のハート形を探して**

神門の扉をよく見ると、ハート形の装飾が。これは「猪の目」という魔除けの文様です。撮影してスマホなどに保存しておくと恋愛成就するといわれています。いつもにぎわっていますが、午前中は比較的すいています

「願い文」（500円）は願いごとを紙に書き、願いがかなうよう思いを込めてひもで結びます。奉納すると神前に納めてもらえます

主祭神／主な御利益

天照皇大神《あまてらすすめおおかみ》　豊受大神《とようけのおおかみ》

縁結び、開運、家内安全など

墨書／奉拝、東京大神宮　印／東京大神宮
●創建当初は日比谷に鎮座し、「日比谷大神宮」と呼ばれていました。1928（昭和3）年、現在地に移ってから「飯田橋大神宮」となり、戦後に今の社名になりました

「縁結び鈴蘭守」（各800円）は幸福が訪れるという鈴蘭の花言葉に由来。縁結びのお守りのなかで特に人気があります

優しいパステルカラーで蝶と桜の絵柄がかわいい御朱印帳。うぐいす色もあります。カバー付き（各1200円）

**DATA**
**東京大神宮**
創建／1880（明治13）年　本殿様式／神明造
住所／東京都千代田区富士見2-4-1
電話／03-3262-3566
交通／JR中央・総武線・東京メトロ・都営地下鉄大江戸線「飯田橋駅」から徒歩5分
参拝時間／6:00〜21:00
御朱印授与時間／9:00〜17:00
URL https://www.tokyodaijingu.or.jp

**神社の方からのメッセージ**
その年によって日にちは変わりますが、3月3日前後には「雛まつりの祓」を斎行しています。心願成就と無病息災を願う神事でどなたでも参列できます。また立春〜3月3日まではお願いごとが書き込めるお雛様形代（かたしろ）を用意しています。

毎年、七夕には「七夕祈願祭」が行われ、6月1日〜7月7日まで、短冊が用意されます。願いごとを書いて奉納すると神職と巫女が笹竹に結びつけてくれます。笹竹は回廊に飾られ、7月1〜7日の期間ライトアップされます。※変更の場合あり。事前要確認

福岡

# 岡田神社【おかだじんじゃ】

## カラフルでアートな御朱印が人気

『古事記』や『日本書紀』にも登場する古社。厄除け玉に願いを込めて、一投してみましょう。

紀元前、この地を治めた熊族が祖先神を祀ったのが最初とされ、その後、御祭神が高千穂から、国を統一するため東へ向かった神武東征の途中、1年間逗留し、天神地祇をお祀りしたと伝わります。緑豊かな境内は全域に運気アップのパワーがみなぎっているよう。災難除け、金運、縁結び、仕事運アップなどの祈願は、開運石に厄除け玉を思いきり投げつけてお願いしましょう。



### ここが聖地POINT
### 開運石に"玉"を投げる

御祭神が都を開いたと伝わる奈良県橿原市から運んだ開運石は重さなんと400kg。石に一礼してから、厄除け玉を「えいっ」と声を出して投げつけると厄が落ち、福を招くことができるそうです。厄除け玉は縁切り、仕事運、健康運、金運など6種。2種類で500円

なでると子宝、安産、金運、縁結びなどの御利益を授かるといわれている「幸せを運ぶ子宝恵方犬」

1603(慶長8)年に植えたとされるイチョウが御神木です。秋には黄葉が見事です

主祭神 / 主な御利益

神日本磐余彦命《かむやまといわれひこのみこと》(神武天皇《じんむてんのう》)

金運、縁結びなど

「招福まもり」(800円)はヤタガラスが描かれた絵馬形。ヤタガラスは神様のお使いで福を招いてくれます

ほかの御朱印と御朱印帳はP.13・21で紹介!

墨書/奉拝、岡田宮　印/菊の神紋、岡田宮之印、ヤタガラスと金鵄(きんし)、コスモスの花　●金鵄は神武東征のとき、御祭神を案内したとされます。御朱印は二面、三面に押印するものがあり、毎月、印が変わります。社務所で好きな御朱印を選ぶことが可能です

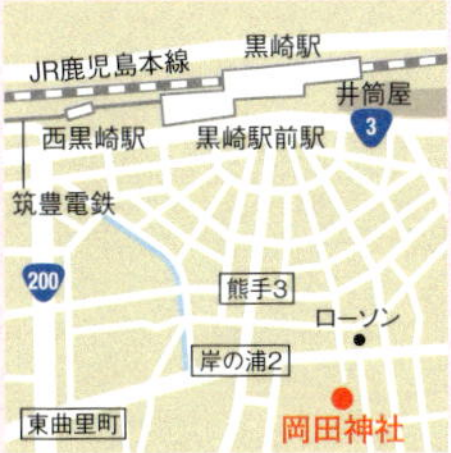


DATA
**岡田神社**
創建/紀元前660年　本殿様式/流造
住所/福岡県北九州市八幡西区岡田町1-1
電話/093-621-1898
交通/JR鹿児島本線「黒崎駅」から徒歩10分
参拝時間/自由
御朱印授与時間/9:00~16:00
URL https://www.okadagu.jp

神社の方からのメッセージ

当地は北部九州の要路に位置し、広く崇敬を集めてきました。江戸時代には歴代福岡藩主が深く信仰し、黒崎宿の産土神に定められました。本殿・幣殿は1718(享保3)年、三の鳥居は1700(元禄13)年の建立です。

「黒崎祇園」は1605(慶長10)年から行われている岡田神社と近隣の春日神社、一宮神社の合同の夏祭りです。7月中旬に御汐井取神事が行われ、山笠の原型である笹山笠を奉納。その後、7月20~23日はきらびやかな飾山笠が奉納され、町内を曳き回されます。

茨城

# 二本松寺【にほんまつじ】

## 数万人を魅了するアジサイの名所

初夏に色鮮やかな花が咲く「あじさいの杜」。水戸光圀公が信仰を寄せた由緒ある寺院です。

平安時代初期の創建と伝わります。水戸徳川家が信仰を寄せ、1691（元禄4）年には水戸光圀公が本堂と寺領を寄進するなど興隆を極めました。しかし、明治に入ると廃仏毀釈を受け、一時衰退。その後、徐々に復興し、1991（平成3）年に現在の本堂が建設されました。御本尊の木造薬師如来坐像は鎌倉時代末期の制作とされ、内陣には十二神将などが安置されています。

御本尊
薬師如来《やくしにょらい》

### ここが聖地POINT
**1万株のアジサイが咲く**

4万$m^2$もの広大な境内に120～130種1万株のアジサイが咲き誇ります。30～40分の散策ルートが整備されていて、1ヵ月に4万人が観賞に訪れます。見頃は6月中旬頃。最新情報は公式SNSで公開されますので、事前に確認しましょう

厄を祓って願いをかなえる

厄

「厄除祈願絵馬」（500円）は、「厄」の文字を抜き取って願かけをするユニークな絵馬です

境内の一角にある書写佛堂。堂内に安置されている石像の阿弥陀如来は吹き出物や皮膚病を治癒する仏様として古来、庶民から信仰を集めています

墨書／奉拝、羽黒山、薬師如来、二本松寺　印／薬師如来を表す梵字ベイ、羽黒山二本松寺之印　●あじさいまつり期間限定御朱印や元三大師の御朱印などもあります

病魔を鎮める力をもつ元三大師（がんざんだいし）を描いた「姿絵シール」（500円）。車や玄関の入口に貼りましょう

薬師如来が左手に持つ薬壺（やっこ）をモチーフにした「薬壺お守り」（500円）。体の悪いところが治ったという声が多数寄せられているそう。柄は一つひとつ異なります

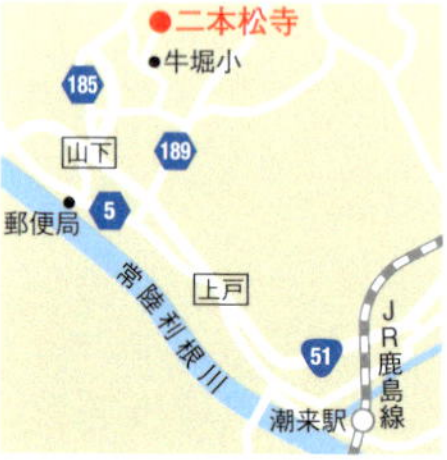


DATA
**二本松寺**
山号／羽黒山　宗旨／天台宗
住所／茨城県潮来市堀之内1230
電話／0299-64-2263
交通／JR鹿島線「潮来駅」から車15分
拝観時間／自由
御朱印授与時間／9:00～16:00
拝観料／無料（「あじさいの杜」は開花期間中400円）
URL http://www.nihonmatsuji.com

**お寺の方からのメッセージ**
アジサイは約1年かけて手入れしています。バラのように真っ赤な品種など、赤いアジサイが多いのが特徴です。散策コースは水戸光圀公お手植えのマキや、菩提樹も楽しめるようになっています。

不思議な力をもつという元三大師はおみくじの創始者。京で病がはやったときに疫病神と闘う自身の姿を版木に刷って疫病を鎮めたとされます。毎年1月3～31日限定で元三大師の御朱印を授与しています。

埼玉

# 川越氷川神社【かわごえひかわじんじゃ】

## 全国から良縁成就を願う女性が訪れる

運命の赤い糸はきっとある！　婚活をがんばる女子たちが絶大な信頼を寄せる川越の総鎮守です。

約1500年前に創建されたと伝わる古社。神社が祀る五柱の神々は、家族であるとともに、ふた組の夫婦神が含まれていることから、「家庭円満の神様」「夫婦円満・縁結びの神様」としてあがめられています。神社では恋愛への御利益抜群と評判のお守りを多数頒布。特に人気の「縁結び玉」は、願いが成就してお礼に境内の小石を返しに来るカップルがあとを絶たないのだとか。

**主祭神／主な御利益**

素盞嗚尊《すさのおのみこと》　奇稲田姫命《くしいなだひめのみこと》
大己貴命《おおなむちのみこと》　脚摩乳命《あしなづちのみこと》　手摩乳命《てなづちのみこと》

縁結び、家庭円満、安産、厄除けなど

### ここが聖地POINT
**多いときは400人が参列！**

毎月8日と第4土曜の月2回、8:08から神前で御祈祷が受けられる「良縁祈願祭」を斎行します。希望者は7:50までに社務所で受付を済ませましょう。良縁祈願祭向けの特別なお守りも頂けます

墨書／奉拝、川越総鎮守、氷川神社　印／雲菱（くもびし）紋、川越市鎮守氷川神社之印、川越氷川神社之印　●社紋は菱形の中に雲を描いた「雲菱」です。"奉"と"拝"の間に目立つように押されています

12ヵ月を12種類の色と「結び」で表した御朱印帳（各1500円）。モチーフは毎月頒布されるお守り「まもり結び」です。自分や好きな人の誕生月の御朱印帳を選ぶのもおすすめ

境内の小石を持ち帰ると良縁に恵まれるという伝承から生まれたお守り「縁結び玉」

境内裏手に寄り添うように並ぶ2本のケヤキ。樹齢600年と推定される御神木です。8の字を描くように周囲を歩くとパワーを頂けるといわれています

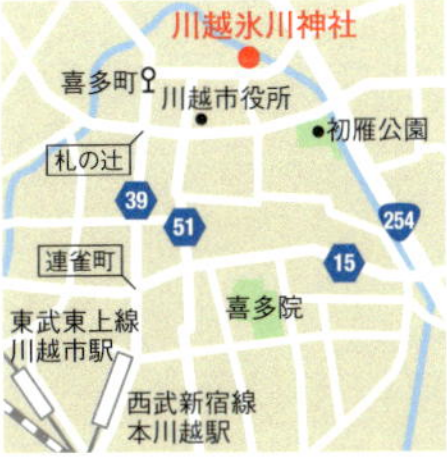


DATA
**川越氷川神社**
創建／541（欽明天皇2）年
本殿様式／入母屋造
住所／埼玉県川越市宮下町2-11-3
電話／049-224-0589
交通／東武バス「喜多町」から徒歩5分
参拝時間／自由
御朱印授与時間／8:00〜18:00
URL https://www.kawagoehikawa.jp

**神社の方からのメッセージ**
「縁結び玉」は身を清めた巫女がひろい集めた小石を麻の網に包み、毎朝神職がお祓いしたものです。生涯の伴侶とめぐり会いましたら、おふたりで神社へお戻しください。代わりに特別なお守りを差し上げます。

運命のふたりは生まれたときから小指と小指が赤い糸で結ばれている……そんな言い伝えにちなんで、川越氷川神社で結婚式を執り行う際は、指輪交換の代わりに赤い水引で編んだ「結い紐」を互いの左手小指に結び合う独自の儀式を行います。

切り絵御朱印発祥の寺

埼玉

# 埼玉厄除け開運大師・龍泉寺

【さいたまやくよけかいうんだいしりゅうせんじ】

特別な厄除けと開運の2体のお大師様を日本で唯一同時に祀る「日本三大厄除け開運大師」のひとつとして有名です。厄除けや方位除け、開運の御利益は関東屈指。ほかにも縁結びに強い千手観音菩薩や安全に御利益のある平成安全大観音、ぼけ封じや長寿を祈願するぼけ封じ観音など、多くの仏様をお祀りしています。

限定御朱印はP.15で紹介!

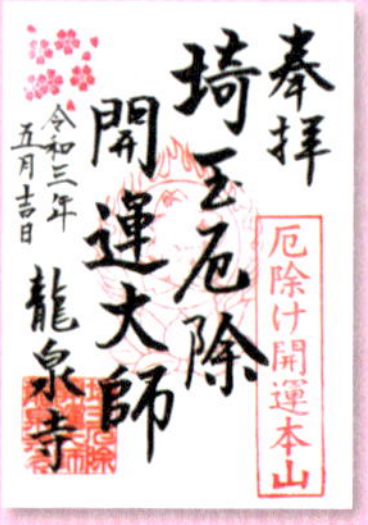


墨書／奉拝、埼玉厄除開運大師、龍泉寺　印／厄除け開運本山、梵字キリークの印、季節の印、埼玉厄除開運大師龍泉寺印　●ほかに千手観音(右)、観世音、不動明王の通常御朱印を頒布

墨書／奉拝、千手観音　印／武州路十二支本尊霊場子歳守り本尊、千手観音を表す梵字キリークの印、季節の印、埼玉厄除開運大師、埼玉厄除開運大師龍泉寺印

日本三大開運大師の御利益が込められた限定特別守「大開運守」(1000円)

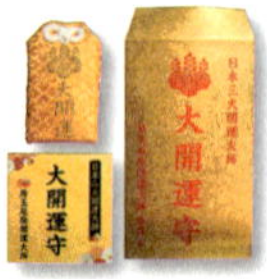


御本尊

厄除け金色大師《やくよけこんじきだいし》

開運金色大師《かいうんこんじきだいし》

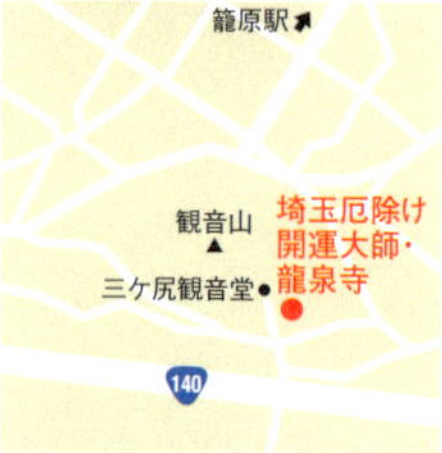


DATA

**埼玉厄除け開運大師・龍泉寺**

山号／少間山　宗旨／真言宗
住所／埼玉県熊谷市三ヶ尻3712
電話／048-532-3432
交通／JR高崎線「籠原駅」から車5分
拝観時間・御朱印授与時間／9:00～16:00
拝観料／無料
URL https://yakuyoke-kaiun.jp

**ここが聖地POINT**

金色に輝く2体のお大師様の像は厨子に納められ、毎年1月1日から3日まで御開帳があります。厄を祓い、あらゆる願いをかなえ幸福へと導いてくださいます

---

日本で唯一! 料理の神様

千葉

# 高家神社

【たかべじんじゃ】

『日本書紀』に以下のような記事があります。「天皇が上総に着いたとき、ハマグリを取ることができた。これを磐鹿六雁が膾《なます》にして勧めたところ、その功を褒め、膳大伴部《かしわでのおおともべ》を授けた」。御祭神はその腕前を称賛された料理人です。そこで料理関係者や食品を扱う企業、近年は料理の上達を願う参拝者が多く訪れます。

墨書／安房国千倉町鎮座、料理祖神、高家神社　印／全国唯一、高家神社之印、式内社　●南房総の旧国名が安房国です。式内社とは平安時代の書物『延喜式』のなかの「神名帳」にその名が記載されている神社という意味です

「料理上達御守」(800円)は神事である庖丁式のイメージがデザインされ、社殿が配されています

主祭神／主な御利益

磐鹿六雁命《いわかむつかりのみこと》

料理上達、家内安全など

刀入り「料理心願御守」(500円)はプロを目指す調理学校の学生さんに人気のお守り

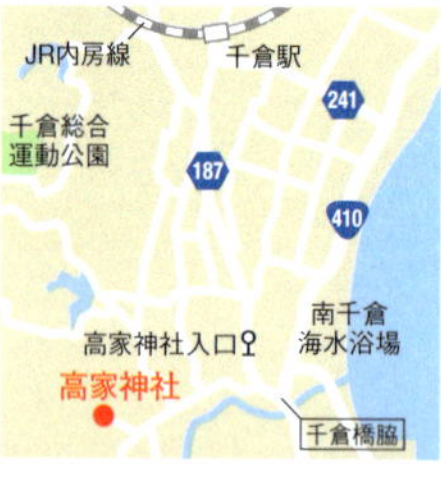


DATA

**高家神社**

創建／927(延長5)年以前
本殿様式／神明造
住所／千葉県南房総市千倉町南朝夷164
電話／0470-44-5625
交通／JRバス「高家神社入口」から徒歩10分
参拝時間／自由
御朱印授与時間／9:00～17:00
URL https://takabejinja.com

**ここが聖地POINT**

毎月17日に「庖丁供養祭」が執り行われます。使わなくなった愛用の包丁を庖丁塚で供養し、食の恵みに感謝することで、料理上手への道が切り開かれます

東京

「超大吉」のおみくじを引く

# 烏森神社
【からすもりじんじゃ】

新橋エリアの繁栄を築き、守護してきた神社。カラフルな限定御朱印が人気で、華やかな授与品も多数。色で占う「心願色みくじ」には超大吉があり、引き当てたら超大吉御守と、強運をみんなに分ける福分けセットがもらえます。

DATA
**烏森神社**
創建／940（天慶3）年
住所／東京都港区新橋2-15-5
電話／03-3591-7865
交通／JR・地下鉄「新橋駅」から徒歩2〜3分
参拝時間／自由
御朱印授与時間／9:00〜16:30
※変動の場合あり
URL http://karasumorijinja.or.jp

主祭神／主な御利益
倉稲魂命《うかのみたまのみこと》　天鈿女命《あまのうずめのみこと》
瓊々杵尊《ににぎのみこと》
商売繁盛、勝運など

**ここが聖地POINT**
「心願色みくじ」（500円）は願い札に願いごとを書き、結びつけると後日御祈祷されます。願い玉はお守りとして持ち帰ります

限定御朱印はP.14で紹介！

墨書／烏森神社　印／三つ巴紋、東京新橋鎮座、烏　●烏の印は神社の創始に神烏が関わっていることを表しています。元日からしばらくの間のみ干支が入ります

---

神奈川

鎌倉のシンボル「鎌倉の大仏」は必見

# 高徳院
【こうとくいん】

祀られている阿弥陀如来坐像は、総高13・35m、重量約121tの国宝です。13世紀に僧・浄光が民間から集めた資金を用いて、木造の大仏像を完成させましたが、その後、現在見られる青銅製の大仏像が造立されました。

DATA
**高徳院**
山号／大異山
宗旨／浄土宗
住所／神奈川県鎌倉市長谷4-2-28
電話／0467-22-0703
交通／江ノ島電鉄「長谷駅」から徒歩10分
拝観時間／8:00〜17:15（10〜3月〜16:45）
御朱印授与時間／9:00〜15:00 ※変動の場合あり
拝観料／300円
URL https://www.kotoku-in.jp

御本尊
阿弥陀如来《あみだにょらい》

**ここが聖地POINT**
阿弥陀如来坐像は与謝野晶子が「美男におはす」と詠んだイケメン大仏。鎌倉市の仏像で唯一の国宝です。内部は空洞になっていて、胎内に入ることができます

墨書／奉拝、阿弥陀如来、高徳院　印／鎌倉・大佛殿、鎌倉大佛殿高徳院印　●御本尊の名前が書かれています。南無聖観世音と墨書される御朱印もあります

---

富山

「加賀百万石」の繁栄を見守る名刹

# 瑞龍寺
【ずいりゅうじ】

加賀藩の礎を築いた2代藩主・前田利長公の菩提を弔うため、約20年の歳月をかけて建立。一直線に配置された山門・仏殿・法堂は国宝、左右の禅堂と大庫裏、各お堂を結ぶ回廊は国の重要文化財に指定されています。

DATA
**瑞龍寺**
山号／高岡山　宗旨／曹洞宗
住所／富山県高岡市関本町35
電話／0766-22-0179
交通／あいの風とやま鉄道「高岡駅」から徒歩10分、またはJR「新高岡駅」から徒歩15分
拝観時間／9:00〜16:30（冬季〜16:00）
御朱印授与時間／9:00〜16:00（冬季〜15:30）
拝観料／500円
URL https://www.zuiryuji.jp

御本尊
釈迦如来《しゃかにょらい》

**ここが聖地POINT**
本堂に東司の守護神（トイレの神様）烏瑟沙摩明王（うすさまみょうおう）を安置。お札をトイレに貼ると不浄が祓われます

墨書／奉拝、釈迦如来、高岡山瑞龍寺　印／國寶、「飛天（ひてん）」の印、梅鉢紋、高岡山瑞龍寺　●中央の印は仏殿の天蓋に描かれたふたりの天女が舞う姿を再現

愛知

武将の病を治した、確かな御神徳

# 富部神社【とべじんじゃ】

疫病退散の神様を祀る神社。1606(慶長11)年、徳川家康公の4男である清洲城主・松《まつ》平《だいら》忠吉《ただよし》公が病に倒れた折、こちらの神社で平癒を祈願するとまもなく回復。そのお礼として建てられた本殿は、名古屋市の神社建築で唯一国の重要文化財に指定されています。神様と忠吉公、両方の守護パワーを頂けそうです。

主祭神 / 主な御利益

素戔嗚尊《すさのおのみこと》

厄除け、病気平癒など

墨書/奉拝、国指定重要文化財、富部神社　印/毎月の朱印、建速素盞嗚尊、富部神社　●右下に押される月替わりの朱印は季節感がたっぷりです

神域にある樹齢400年の楠から手作りした「板札守り」(各500円)。焼印の文字は「祓」「心願成就」の2種類

江戸時代、東海道を旅する人に人気を博した郷土玩具「戸部かえる」にちなんだ「カエルみくじ」(500円)。正月には金・銀も加わる

DATA

**富部神社**

創建/1606(慶長11)年
本殿様式/一間社流造
住所/愛知県名古屋市南区呼続4-13-38
電話/052-821-2909
交通/名鉄名古屋本線「桜駅」から徒歩10分、または名古屋市営地下鉄桜通線「桜本町駅」から徒歩15分
参拝時間/自由
御朱印授与時間/9:00～15:00
URL http://www.tobe-shrine.org

ここが聖地POINT

桃山様式を残す珍しい本殿。全体に弁柄漆、彫刻類には多彩な彩色が施されています

※2024年6月から2025年8月まで本殿修復工事予定

京都

星の神様がベストな方向に運を導く

# 大将軍八神社【だいしょうぐんはちじんじゃ】

昔の人は家を建てるときや引っ越し、旅行など何かを始めるとき、まず吉となる方位や日時を調べました。理由は方位がよくないと厄災が降りかかると信じられていたため。当社はそんな方位からくる厄や災いから守ってくれます。そのパワーは平安遷都の折、都を守護するために鎮座したという歴史に裏づけられています。

主祭神 / 主な御利益

大将軍神《だいしょうぐんしん》　太歳神《だいさいしん》　大陰神《だいおんしん》　歳刑神《さいぎょうしん》
歳破神《さいはしん》　歳殺神《さいせつしん》　黄幡神《おうばんしん》　豹尾神《ひょうびしん》

災い除け、芸能上達など

御朱印帳はP.21で紹介!

墨書/奉拝、星神、大将軍　印/十六葉裏菊八重紋、八方位　大将軍八神社、方除、大将軍社　●印には方位を表す八卦の「乾・坤・震・巽・坎・離・艮・兌」が記され、全方位の厄除けに

十二支それぞれの守護星をお守りに。「十二支星守」(800円)

DATA

**大将軍八神社**

創建/794(延暦13)年
本殿様式/権現造
住所/京都府京都市上京区一条通御前西入西町48　電話/075-461-0694
交通/嵐電北野線「北野白梅町駅」または市バス「北野白梅町」「北野天満宮前」から徒歩5分
参拝時間/6:00～18:00
御朱印授与時間/9:00～17:00
方徳殿拝観料/一般500円(開館日5・11月1～5日　※期間外は要問い合わせ)
URL http://www.daishogun.or.jp

ここが聖地POINT

「方徳殿」では80体の神像で立体星曼荼羅を再現。その霊力に圧倒され倒れる人もいるのだとか ※通常は撮影不可

京都

# 正寿院【しょうじゅいん】

## 美しい四季の変化を五感で体感できる

季節によって眺めが変わる猪目窓《いのめまど》や、繊細な天井画、涼やかな音が鳴り響く夏の風鈴で有名です。

御本尊
十一面観世音《じゅういちめんかんぜおん》

約800年前、現在は廃寺となっている飯尾山医王教寺の塔頭寺院として建立されたと伝わります。50年に一度開扉される秘仏の御本尊のほか、日本を代表する仏師・快慶による不動明王坐像が安置されています。〝五感で涼を感じてほしい〟という思いからスタートした夏の「風鈴まつり」は今では京都の夏の風物詩に。境内に飾られた2000個以上の風鈴が鳴り響く様は圧巻です。

### ここが聖地POINT
### ハートから四季を見る

客殿の猪目窓から季節の移ろいが楽しめます。ハート形に似た猪目は古くから伝わる伝統文様のひとつで除災招福の願いが込められています

客殿の天井は「花と日本の風景」をテーマにした160枚の天井画で埋め尽くされています

あわじ結びされた水引細工が付いた「水引猪目(ハート)お守り」(800円)。あわじ結びは簡単に解けないことから、さまざまな良縁が長持ちする御利益があります

墨書/奉拝、観世音、正寿院　印/城州、風鈴印、寺角印(慈眼山正寿院)
●左上の印は寺に縁のある月替わりの花印を押印していただけます。季節画の見開き御朱印もあります

墨書/清涼　印/正寿院
●和紙の風合いを生かして1枚1枚仕上げるちぎり絵がすてきな御朱印。ちぎり絵の題材や墨書の内容は季節によって異なります

御朱印帳の表紙は、限られた期間(8月20日~9月中旬頃の16:00前)だけ見られる猪目の影が映った猪目窓と、金刻印を押された天井画の2種類(各3000円)

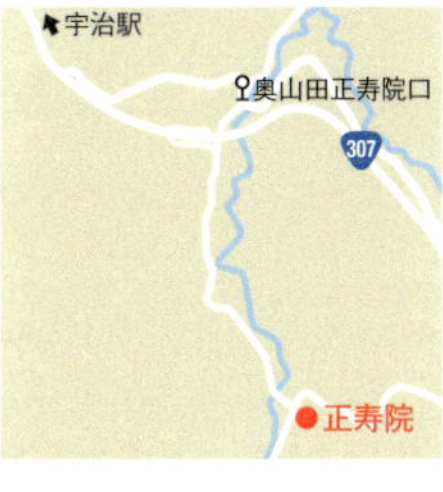


DATA
**正寿院**
山号/慈眼山　宗旨/真言宗
住所/京都府綴喜郡宇治田原町奥山田川上149
電話/0774-88-3601
交通/京阪バス「奥山田正寿院口」から徒歩15分、または京阪宇治線「宇治駅」から車25分
拝観時間・御朱印授与時間/9:00~16:30(12~3月10:00~16:00)
拝観料/600円(菓子付き)、特別拝観時800円
URL http://shoujuin.boo.jp

お寺の方からのメッセージ
猪目窓を通して桜、新緑、紅葉、雪と移ろう四季を五感で感じてください。また、写経やオリジナル腕輪数珠作りなど体験メニュー(要予約)も豊富。自然を感じながら心を整えることができます。

客殿の色鮮やかな天井画は見ているだけで華やかな気持ちに。160枚の天井画のなかには春夏秋冬をテーマにした舞妓の絵が4枚隠れています。ぜひ探してみて。また、本堂内陣には300年前(江戸時代)に描かれた種字曼荼羅(マンダラ)天井画があります。

京都

「現世極楽浄土」はここにある

# 即成院【そくじょういん】

宇治平等院鳳凰堂を建立した藤原頼通の第3子・橘俊綱が開山。俊綱は父が平等院で創った極楽浄土を超える世界を創りたいと願いました。そこで、阿弥陀如来と二十五菩薩が音楽を奏でながら来迎して極楽に誘う姿を本堂内陣に表現したのです。境内には弓の名手として知られる那須与一の供養塔もあります。

御本尊
阿弥陀如来《あみだにょらい》

ほかの御朱印はP.17で紹介！

墨書／亥年守本尊、阿弥陀如来、東山即成院　印／扇、阿弥陀如来を表す梵字キリークの印、亥の印　●那須与一の故事にちなんで扇の印が押されます

本堂右手にある琥珀が埋め込まれた石球に触ると美肌になれるかも？

願いを書くと成就する……かもしれない「五線譜ノート」（1200円）

DATA
**即成院**
山号／光明山
宗旨／真言宗
住所／京都府京都市東山区泉涌寺山内町28
電話／075-561-3443
交通／JR奈良線・京阪本線「東福寺駅」から徒歩10分
拝観時間・御朱印授与時間／9:00～16:30
拝観料／500円
URL https://www.gensegokuraku.com

**ここが聖地POINT**

阿弥陀如来像の高さは5.5m、菩薩像はそれぞれ150cm。見上げるほど大きい仏像は、極楽浄土の世界を立体的に表しています。平安時代を代表する仏師・定朝によるものとされます

---

京都

堂宇は市有形文化財

# 毘沙門堂【びしゃもんどう】

門跡の格式とひなびた山寺の風情を伝える古刹。創建は703（天宝3）年、文武天皇の勅願で僧・行基によって開かれました。御本尊は京の七福神のひとつ。天台宗の宗祖で比叡山を開いた伝教大師最澄の作で、比叡山根本中堂の御本尊の余材を使用したと伝わります。商売繁盛や家内安全、必勝祈願に御利益があります。

御本尊
毘沙門天《びしゃもんてん》

限定御朱印はP.17で紹介！

墨書／奉拝、毘沙門天王、京都、毘沙門堂　印／護法山、菊の寺紋、毘沙門堂門跡　●ほかに月替わり御朱印や初寅の日限定御朱印などがあります

門跡らしい華やかな表紙の御朱印帳（2000円）

春は桜、秋には紅葉が見事に境内を彩る隠れた名所としても有名です

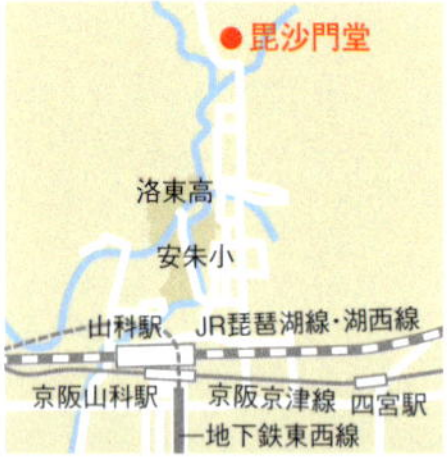


DATA
**毘沙門堂**
山号／護法山　宗旨／天台宗
住所／京都府京都市山科区安朱稲荷山町18
電話／075-581-0328
交通／JR・地下鉄「山科駅」または京阪京津線「京阪山科駅」から徒歩20分
拝観時間／9:00～16:30（冬季～16:00）
御朱印授与時間／9:00～16:00
拝観料／700円
URL http://bishamon.or.jp

**ここが聖地POINT**

毘沙門天は寅の日を縁日とする招福と勝負、鬼門を守護する神様。1月の初寅参りでは魔除けの福笹が授与され、多くの参拝者でにぎわいます

京都

天才絵師・伊藤若冲の菩提寺

# 宝蔵寺【ほうぞうじ】

江戸時代中期の絵師・伊藤若冲の菩提寺です。本堂前には伊藤家の墓所があり、若冲が建立した両親と末弟の墓石が立ちます。寺宝として若冲筆の「髑髏図」「竹に雄鶏図」を所蔵。御朱印の授与は、月曜は休み、オリジナル若冲グッズの販売も行っていません。また、お寺の都合で休みとなる場合もあります。

印／伊藤家菩提寺、髑髏図、宝蔵寺印　●若冲筆「髑髏図」の部分は木版画です。宝蔵寺は若冲の弟子とされる「若冲派」の作品も多数所蔵しています

墨書／若冲、宝蔵寺　印／伊藤家菩提寺、髑髏図、無量山宝蔵寺　●カーキやピンクなど季節によって色が変化します

黒檀の念珠。親玉に髑髏が描かれています

御本尊
阿弥陀如来《あみだにょらい》

### ここが聖地POINT

2016（平成28）年に保存修理を終えた伊藤家の墓所。いつでもお参りができるよう墓地から本堂前に移転しました

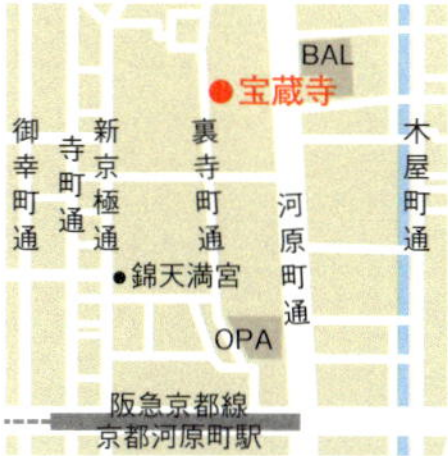


DATA
**宝蔵寺**
山号／無量山　宗旨／浄土宗
住所／京都府京都市中京区裏寺町通蛸薬師上ル裏寺町587
電話／075-221-2076
交通／阪急京都線「京都河原町駅」から徒歩5分
拝観時間／境内自由（庭、伊藤家墓所）
御朱印授与時間／10:00～16:00　※月曜休み、月曜が祝日の場合は火曜休み。臨時休業あり
拝観料／境内無料（堂内非公開）
URL http://www.houzou-ji.jp

---

京都

新選組の活躍に思いをはせる

# 壬生寺【みぶでら】

寺伝では991（正暦2）年の創建と伝わります。節分、春、秋に境内の大念佛堂で毎年行われる壬生狂言が有名。700年の歴史をもつ無言劇で、仏の教えを説く宗教劇として始まり、能や物語からも題材を取り、現在は30もの演目が伝わっています。また、新選組ゆかりの寺としても知られ、絶えずファンが訪れます。

墨書／奉拝、地蔵尊、壬生寺　印／地蔵尊を表す梵字カの印、壬生寺印　●梵字は御本尊の延命地蔵菩薩を表しています。壬生狂言公開時限定の御朱印も

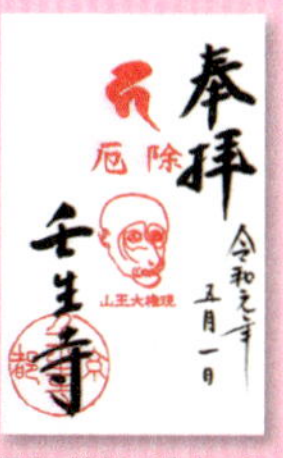


墨書／奉拝、壬生寺　印／梵字カの印、厄除、猿の狂言面の印、山王大権現、京都壬生寺　●猿は神様のお使いです

オリジナルブレンドコーヒー「誠」（150円）や「姫ダルマ」（400円）などの授与品があります

御本尊
延命地蔵菩薩《えんめいじぞうぼさつ》

### ここが聖地POINT

新選組は寺近くに屯所を構えており境内を兵法調練所に使っていました。壬生塚には近藤勇胸像が立ち、毎年7月16日には慰霊法要が行われます

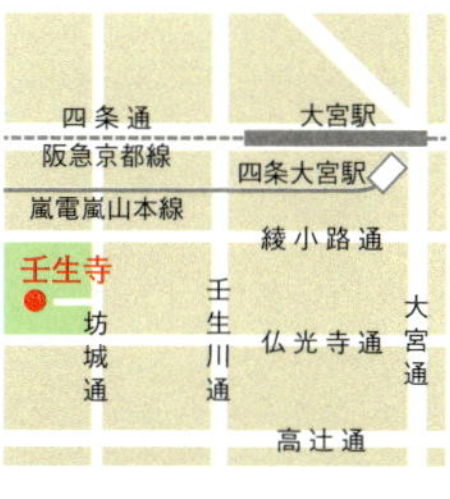


DATA
**壬生寺**
山号／なし　宗旨／律宗大本山
住所／京都府京都市中京区壬生梛ノ宮町31
電話番号／075-841-3381
交通／阪急京都線「大宮駅」または嵐電嵐山本線「四条大宮駅」から徒歩10分
拝観時間／境内自由、壬生塚9:00～16:00
御朱印授与時間／8:30～17:00
拝観料／境内無料、壬生塚・歴史資料室300円　URL https://www.mibudera.com

京都

季節ごとの美景が心を癒やす

# 柳谷観音（楊谷寺）

【やなぎだにかんのん（ようこくじ）】

緑深い山中にたたずむ霊場。平安時代から天皇家や公家をはじめ、眼病に悩む人々に眼病平癒の祈願所として信仰されてきました。境内には弘法大師が祈祷した眼病に効く霊水「独鈷水《おこうずい》」も。近年では住職夫妻が「押し花朱印つくり（↓P・16）」など季節を感じるイベントを企画し、女性を中心に評判を呼んでいます。

ほかの御朱印はP.16で紹介！

墨書／奉拝、柳谷大悲殿、楊谷寺印／新西国十七番、千手観世音菩薩を表す梵字キリーク印、立願山楊谷寺　●毎月17日の縁日限定御朱印や押し花朱印が人気

手水舎・手水鉢に色とりどりの季節の草花を浮かべた「花手水」

ここが聖地POINT

市街地から寺院まで約1時間のハイキングを楽しめます。特に山全体が紅葉で赤く染まる11月中旬から12月上旬がおすすめです

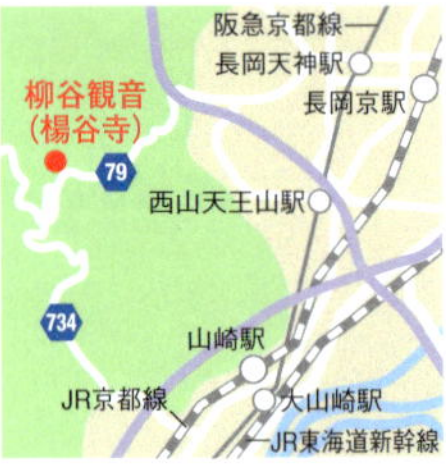



DATA

**柳谷観音（楊谷寺）**

山号／立願山　宗旨／西山浄土宗
住所／京都府長岡京市浄土谷堂ノ谷2
電話／075-956-0017
交通／阪急京都線「長岡天神駅」から車10分、または徒歩1時間 ※毎月17日はシャトルバスあり（阪急京都線「西山天王山駅」東口、またはJR京都線「長岡京駅」西口から）
拝観時間・御朱印授与時間／9:00～16:00
拝観料／志納料500円、ウイーク期間（公式サイト参照）志納料700円、特別公開上書院志納料800円
URL https://yanagidani.jp

御本尊

十一面千手千眼観世音菩薩《じゅういちめんせんじゅせんげんかんぜおんぼさつ》

大阪

日本でここだけ！ 枕と安眠の神様

# 日根神社

【ひねじんじゃ】

御祭神は4人の子供をもうけた夫婦神。これにあやかり、村人が子宝祈願に枕を奉納したことが「まくら祭り」の由来とされます。今は約5mの竹ざおに枕を付けて町を歩くお祭りになりました。また、枕が眠りを連想させることから、いつしか安眠を求める人の参拝が増加。寝室の守護札や安眠に導くお守りが頂けます。

墨書／奉拝、日根神社　印／まくら祭りの幟、菊の紋、日根神社、式内社・和泉国五之宮、まくら　●和泉国五之宮は、和泉国（大阪府南西部）の主要神社であることを指します

枕元に置く「まくら札」（各800円）。白は寝室守護、緑は安眠、赤は子宝祈願に御利益があります

快眠できるよう祈願を込めた「安眠御守」（800円）と「枕御守」（1000円）

主祭神／主な御利益

鸕鷀草葺不合命《うがやふきあえずのみこと》

玉依毘売命《たまよりひめのみこと》

安眠、子授け、安産など

ここが聖地POINT

毎年5月5日に開催される「まくら祭り」は奉納した枕をのぼりに付けて練り歩いたことが始まり。枕をお祓いする不眠解消の御祈祷も

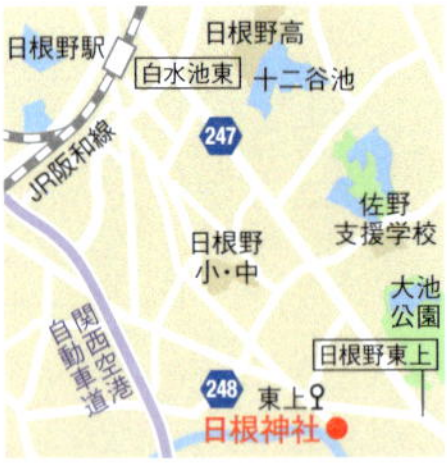



DATA

**日根神社**

創建／674（白鳳2）年
本殿様式／春日造
住所／大阪府泉佐野市日根野631
電話／072-467-1162
交通／南海ウイングバス南部「東上」からすぐ
参拝時間／自由
御朱印授与時間／9:00～16:00
URL https://hine-jinja.jp

大阪

# 葛井寺【ふじいでら】

## 御本尊の千手観音像は国宝

御本尊は725（神亀2）年の造立。千手観音は42本の手が一般的ですが、こちらの千手観音の手は、合わせて1041本。実際に千の手をもつ像は日本唯一といわれる希少な像です。また、日本に現存する観音像で最古級のものでもあります。境内には1744（延享元）年から30年かけて完成した本堂などが並びます。

墨書／奉拝、蓮華王、葛井寺　印／日本最初千手観世音菩薩、千手観音を表す梵字キリークの印、西国五番札所・葛井寺　●「蓮華王」とは千手観音のこと

毎年4月中旬から5月上旬にかけて「藤まつり」を開催します

境内には香り豊かな白い藤も。開花時期は紫の藤よりも遅めです

DATA
**葛井寺**
山号／紫雲山
宗旨／真言宗
住所／大阪府藤井寺市藤井寺1-16-21
電話／072-938-0005
交通／近鉄南大阪線「藤井寺駅」から徒歩3分
拝観時間／自由
御朱印授与時間／8:00～17:00
拝観料／境内無料、御開帳日本堂拝観500円
URL https://www.fujiidera-temple.or.jp

御本尊
十一面千手千眼観世音菩薩《じゅういちめんせんじゅせんかんかんぜおんぼさつ》

**ここが聖地POINT**

千手観音像は手の一部に黒線で描かれた眼が残ることから、すべての手に眼が描かれていたと思われます。通常は秘仏ですが、毎月18日と8月9日の千日参りの日に開帳されます

---

奈良

# 葛木坐火雷神社【かつらきにいますほのいかづちじんじゃ】（笛吹神社）【ふえふきじんじゃ】

## 火と音楽の神様が活力を授ける

県天然記念物のイチイガシや、占いに用いる波々迦木《ははかのき》などが茂る鎮守の杜でお参りを。火の神様と笛・音楽の神様を祀ることから、火を扱う職業やフルートなど楽器演奏の上達を願う人が多く参拝に訪れます。御祭神の名が社会現象になった人気作品に登場する技の名前と同じことから作品のファンの聖地として話題に。

墨書／奉拝　印／式内大社葛木坐火雷神社印、笛吹宮　●平安時代にまとめられた『延喜式神名帳』に記された式内社のうち、名神大社に列せられています

気力・活力をアップする「火守」と健康祈願の「音守」（各1000円）

**ここが聖地POINT**

本殿そばの円形墳のほか、神域である神山一帯に約80基の古墳が分布。古代の息吹を感じます

DATA
**葛木坐火雷神社（笛吹神社）**
創建／不詳
本殿様式／不詳
住所／奈良県葛城市笛吹448
電話／0745-62-5024
交通／近鉄御所線「忍海駅」から徒歩35分
参拝時間／日の出から日没
御朱印授与時間／8:30～16:30
URL http://fuefukijinja.org

主祭神／主な御利益
火雷大神《ほのいかづちのおおかみ》　天香山命《あめのかぐやまのみこと》
防火、芸事上達　など

奈良

# 東大寺【とうだいじ】

無限大の宇宙を表現する「大仏様」

御本尊は「奈良の大仏様」として知られる、おそらく日本で最も有名な大仏様です。造立のきっかけは、743（天平15）年、聖武天皇が盧舎那仏造立を発願したこと。当時は政変、疫病の流行、飢饉、地震などが相次いで起こり、天皇は大仏様を造立することで国家の安泰や平穏を願ったのです。1998（平成10）年には世界文化遺産に登録されました。

写真提供：一般財団法人奈良県ビジターズビューロー
撮影：三好和義

墨書／奉拝、華厳、東大寺　印／釈迦如来を表す梵字バクの印、東大寺大佛殿　●大仏殿内で頂ける御朱印です。書体は書き手によって異なり、掲載されているとおりの御朱印が頂けるとは限りません

**ここが聖地POINT**

奈良の風物詩といえる行事が、752（天平勝宝4）年から途絶えることなく続いている「修二会（お水取り）」。なかでも毎年3月1日から14日まで行われる「お松明」が有名です

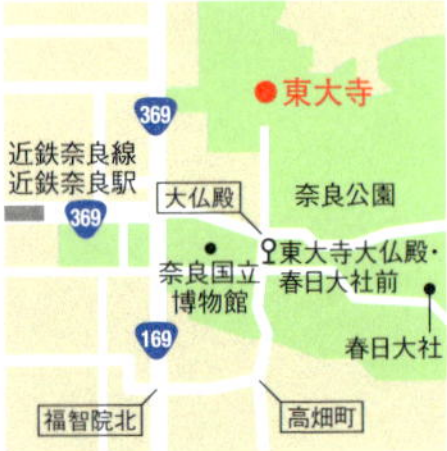


御本尊
盧舎那仏《るしゃなぶつ》

DATA
**東大寺**
山号／なし　宗旨／華厳宗
住所／奈良県奈良市雑司町406-1
電話／0742-22-5511
交通／近鉄奈良線「近鉄奈良駅」から徒歩20分、または市内循環バス「東大寺大仏殿・春日大社前」から徒歩5分
拝観時間・御朱印授与時間／大仏殿7:30～17:30（11～3月8:00～17:00）、法華堂・戒壇堂8:30～16:00　※御朱印を頂ける場所は上記以外にも複数あり、それぞれ授与時間が異なる
入堂料／800円（各お堂で必要）
URL https://www.todaiji.or.jp

---

奈良

# 薬師寺【やくしじ】

堂塔に古代の姿がよみがえる

天武天皇が皇后（後の持統天皇）の病気平癒を願い、藤原京に建立を発願した古刹。その後、平城京遷都とともに現在地へ移されました。創建当初から唯一現存する国宝の東塔（2020年末に約12年に及ぶ解体修理が完了）のほか、丹《に》色が鮮やかな西塔、奈良時代の意匠を再現した金堂や大講堂、食堂《じきどう》などが立ち並びます。

1981（昭和56）年に再建された西塔。連子窓があるなど、創建当初を忠実に再現した造りです

御本尊
薬師三尊《やくしさんぞん》

**ここが聖地POINT**

元日から1月15日まで、金堂の薬師如来の前に、吉祥天画像が祀られます。この期間、吉祥天を御本尊として罪過を懺悔し、招福を祈る吉祥悔過法要を営んでいます ※国宝 吉祥天1月1～3日、平成本 吉祥天1月4～15日

墨書／奉拝、薬師如来、薬師寺　印／西国薬師第一番、薬師如来を表す梵字キリークの印、南都薬師寺印　●御本尊の薬師三尊像は金堂に祀られています

墨書／不東、薬師寺玄奘三蔵院　印／三蔵法師・玄奘の印　●年数回の玄奘三蔵院伽藍の内部公開時のみ頒布

DATA
**薬師寺**
宗旨／法相宗
住所／奈良県奈良市西ノ京町457
電話／0742-33-6001
交通／近鉄橿原線「西ノ京駅」から徒歩すぐ
拝観時間／9:00～17:00（受付～16:30）
拝観料／1000円
URL https://yakushiji.or.jp

山口

## 絶対勝ちたい勝負の前に参拝を！

世界的なトップアスリートがこちらのお守りを身に付けていたことで一躍注目を集めました。

# 白崎八幡宮【しらさきはちまんぐう】

鎌倉中期、時の領主の清縄左衛門尉良兼が、遠石《といし》八幡宮の御神霊が白鷺と化して室木に現れたことを知り、氏族の繁栄と領内安民守護の神として今津琵琶首《びわのくび》に創建奉斎したのが始まりです。地下からくみ上げた天然水で手を清め、拝殿でお参りをしたら、本殿裏手に立ち並ぶ摂末社や干支石像を見に行きましょう。石像はなでることで開運厄除けの御利益を頂けます。

**主祭神 / 主な御利益**

應神天皇《おうじんてんのう》

仲哀天皇《ちゅうあいてんのう》　神功皇后《じんぐうこうごう》

成功勝利、家内安全、安産など

**ここが聖地POINT**

**お守りに必勝祈願！**

2021年2月の全豪オープンで優勝した大坂なおみ選手がテニスラケットバッグに付けていたことで大きな話題となった「必勝守」（桐箱入り、1300円）はこちらの神社のもの。「必勝」の御神徳はお墨付き!?　勝利の象徴である龍と虎が刺繍されています

御神水は地下131mからくみ上げた錦川の伏流水。飲用や料理に使えることから参拝客が毎日ペットボトルを手に訪れます

御朱印帳は名勝・錦帯橋が施された金表紙（2000円）と社殿が刺繍された青表紙（1800円）の2種が選べます

「将来を見通す」という大神様の力を頂ける「千里将願神札」（1000円）は、その年の恵方位に祀ります

墨書／奉拝、白崎八幡宮　印／丸に三つ引き両紋、白崎宮　●ほかに「千里将願（せんりしょうがん）」「百万一心（ひゃくまんいっしん）」と墨書された御朱印も頂けます

墨書／岩國、白崎八幡宮　金書／龍舞金宝（りゅうぶきんぽう）　印／龍　●毎月1・15日、辰の日限定授与。力強い金書が美しい御朱印形神札です

DATA

**白崎八幡宮**

創建／1250（建長2）年
本殿様式／八幡造
住所／山口県岩国市今津6-12-23
電話／0827-29-1122
交通／いわくにバス「八幡」から徒歩2分、または岩国錦帯橋空港から車10分
参拝時間／自由
御朱印授与時間／9:00～17:00
URL https://www.sirasaki.com

**神社の方からのメッセージ**

境内に参拝者を飽きさせない「感動体験型」の施設や企画を配置しています。安芸の宮島に参詣されたあと、西方面に観光されるなら、ぜひ岩国の錦帯橋と白崎八幡宮へお参りを。気軽にお声がけください。

「千里将願神札」は一方に大神様の「幸魂（さきみたま）」、もう一方に「奇魂（くしみたま）」という神霊がこもっています。あわせて岩国産のハスの実と大神様の御縁魂（＝五円玉）も祈封。境内には神札を受けた多くの著名人の直筆サインがずらりと並びます。

強力なパワーをもつ御祭神が大集合

大分

# 宇佐神宮【うさじんぐう】

良縁や病気平癒などをかなえる神様が鎮座。地域内外からあつく信奉を集めています。

全国に約4万社ある八幡社の総本宮です。境内には、シングルの人が踏めば良縁に恵まれ、カップルや夫婦なら仲よく円満に過ごせるとされる「夫婦石」や、有名グループのメンバーが参拝したことで一気に注目を集めたといわれる御神木の大楠など、御利益スポットが数多く点在します。国宝の本殿や屋根が付いた優美な朱塗りの木造橋・呉橋《くれはし》など見どころも満載です。

主祭神／主な御利益

八幡大神《はちまんおおかみ》　比売大神《ひめおおかみ》

神功皇后《じんぐうこうごう》

縁結び、健康など

ここが聖地POINT

## 願掛け地蔵にお願い！

表参道から弥勒寺跡の奥へ行くと木々に覆われた粟島神社があり、そのそばには2体の地蔵尊が。誰にも見られずに参拝すれば、一生に一度だけ願いをかなえてくれるといわれるパワースポットです

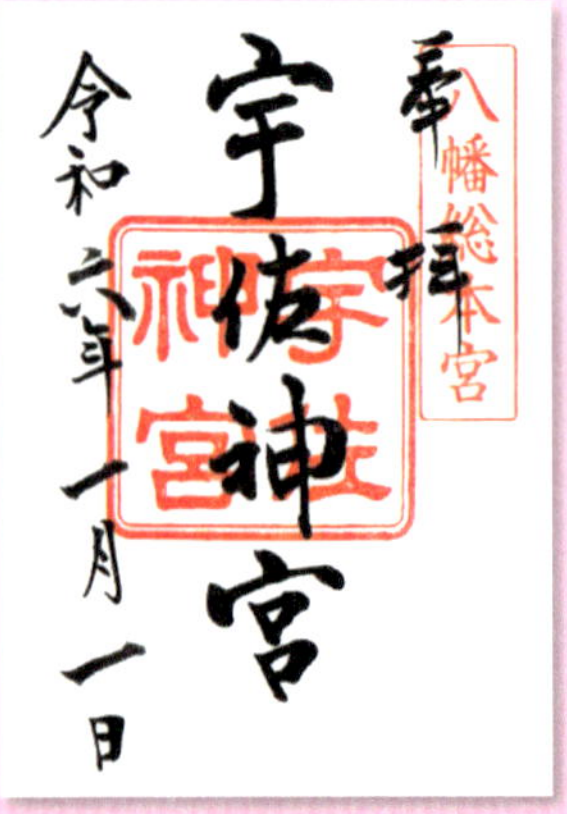


墨書／奉拝、宇佐神宮　印／八幡総本宮、宇佐神宮　●八幡総本宮の印はこちらならでは。シンプルながら堂々たる御朱印です

表紙に華麗な行列ができる御神幸祭の様子を織り込んだオリジナル御朱印帳（2000円）

御祭神を織り込んだお守り（各1000円）。厄除け、病気平癒、身体健康、交通安全に御利益あり！

推定樹齢800年以上、幹周り約5mのクスノキの御神木。両手をかざしてパワーを頂きましょう

DATA

**宇佐神宮**

創建／725（神亀2）年（一之御殿）
本殿様式／八幡造
住所／大分県宇佐市南宇佐2859
電話／0978-37-0001
交通／大分交通バス「宇佐八幡」からすぐ
参拝時間／6:00～18:00
御朱印授与時間／7:30～18:00
URL http://www.usajinguu.com

神社の方からのメッセージ

八幡大神を祀る国宝の上宮は、一之御殿、二之御殿、三之御殿とあり、一から順番に参拝しましょう。また、上宮と同じ御祭神を祀り、「下宮参らにゃ片参り」といわれる下宮も必ずご参拝ください。

西参道にある呉橋は、鎌倉時代以前からある古い橋。檜皮葺・唐破風の屋根に覆われた姿が美しい木造橋で、県指定有形文化財です。その昔、中国の呉の人が手がけたともいわれています。橋を渡ることはできませんが、10年に一度の「勅祭」にだけ扉が開かれます。

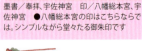

Part 5

# 第三章

# 島の聖地

個性あふれる日本の島々。
自然に包まれ、
ゆったりと流れる島時間のなかに
独自の歴史文化をもった寺社が点在しています。
島の鎮守を参拝し、高台へ上がれば
目の前に広がる絶景。
聖なる力に心身が解き放たれ、
空も海もひとり占めした気分になれます。

島の聖地
絶対行きたいオススメ寺社1

# 世界遺産で〝道〟の神様から力を頂く

日本神話に登場する日本最古級の神社。あらゆる〝道〟を司る最高神から人生を幸せに導くパワーを頂きましょう

福岡

## 宗像大社【むなかたたいしゃ】

天照大神の御子神である宗像三女神を祀る全国有数の古社。沖ノ島の沖津宮、大島の中津宮、そして九州本土にある辺津宮の三宮で構成されていて、三柱の女神がそれぞれの宮に鎮まっています。宗像三女神は〝道〟の最高神。航海や交通の安全はもちろん、人生や芸事などあらゆる〝道〟が最良の方向へつながるよう導いてくださいます。沖ノ島は入島禁止、大島は船で渡る必要がありますが、辺津宮の境内には沖津宮、中津宮の御分霊が祀られているため、辺津宮内で三宮すべてをお参りしたことになるありがたいルートもあります。

主祭神 / 主な御利益

【沖津宮《おきつぐう》】田心姫神《たごりひめのかみ》
【中津宮《なかつぐう》】湍津姫神《たぎつひめのかみ》
【辺津宮《へつぐう》】市杵島姫神《いちきしまひめのかみ》
交通安全、芸事上達など

### ここが聖地POINT

「神の島」沖ノ島

沖ノ島は陸地から約60km離れた玄界灘に浮かぶ周囲約4kmの神聖な島。島そのものが宗像大社沖津宮の御神体とされ、女人禁制、島内の草木は1本たりとも持ち出し厳禁などの掟が厳しく守られています。一般の上陸は禁止されています

**海上を約200の漁船が走る勇壮な神事**

最もにぎわうのが毎年10月1～3日に斎行される秋の例大祭。神輿を載せた御座船(おざぶね)と周囲を取り巻く漁船が渡御する「みあれ祭」で幕を開けます。

神社の方からのメッセージ

沖ノ島で発掘された約8万点の出土品は、多くが4世紀から9世紀のものです。海を越えた対外交流のあり方や古代祭祀の変遷を物語る貴重な品々として、すべてが国宝に指定されています。

宗像大社にとって最も重要な秋の例大祭は、10月1日の「みあれ祭」から始まり、10月3日の「高宮神奈備祭(たかみやかんなびさい)」で締めくくられます。期間中は舞や流鏑馬など、さまざまな神事が執り行われ、辺津宮の境内には露店が出ておおいににぎわいます。

## 一緒に行きたい立ち寄りスポット

### 海と黒松並木の二重奏
## さつき松原海岸《まつばらかいがん》

玄海国定公園で屈指の美しさを誇る景勝地。「日本の白砂青松100選」にも選ばれています。玄界灘を望む海岸線約5kmにわたって樹齢200年以上の黒松並木が緩やかに弧を描くように続く景観は圧巻。

DATA
住所／福岡県宗像市江口
電話／0940-62-3811（宗像観光協会）
交通／西鉄バス「上八」から徒歩1分
※車利用の場合、道の駅むなかた・さつき松原内の駐車場利用
営業時間／散策自由

### 新鮮な旬の地魚を堪能
## 和食《わしょく》レストラン 末広《すえひろ》 宗像店《むなかたてん》

玄界灘で取れた海の幸を提供する人気店。寿司職人が握る「特上にぎり」（3630円）や店内の生けすで泳ぐ魚を使った活け造りなどで旬の鮮魚を存分に味わえます。テーブル席のほか、座敷席もあります。

DATA
住所／福岡県宗像市牟田尻1860-31
電話／0940-62-0023
交通／JR鹿児島本線「東郷駅」から車15分
営業時間／11:00～21:00（料理20:00LO、ドリンク21:00LO）
休み／木曜、月2回不定休あり

御朱印帳はP.21で紹介！

墨書／奉拝、宗像大社　印／楢の葉の印、宗像大社邊津宮　●拝殿の横に立つ樹齢550年の御神木である楢の葉をあしらった紋が押印されています。御朱印は祈願殿で受付をして椅子に座って待ちましょう

### 「三宮」についてもっと知りたい！

**沖津宮**
御祭神:田心姫神
所在地:沖ノ島
絶海の孤島とも呼ばれる沖ノ島にあり、女人禁制、上陸時は海中で禊を行うなど、島全体が厳しい掟によって守られる聖地中の聖地。一般の上陸は不可。

**中津宮**
御祭神:湍津姫神
所在地:大島
宗像市神湊港からフェリーで約25分の場所にある福岡県最大の島・大島に本殿、社殿が鎮座。沖ノ島を離れた場所からお参りする遥拝所もあります。

**辺津宮**
御祭神:市杵島姫神
所在地:九州本土
宗像三宮の総社です。自然崇拝の姿を残す高宮斎場や、沖ノ島で発見された国宝を展示する「神宝館」が見学できます。

### 辺津宮参拝モデルルート

#### ❶ 本殿・拝殿

まずは拝殿で参拝を。本殿、拝殿ともに430～440年前に再建され、どちらも国の重要文化財に指定されています。

#### ❷ 高宮祭場

御祭神が降臨した地とされる辺津宮最強のパワースポット。社殿がない古代祭場で、現在も神事が行われています。

#### ❸ 第二宮・第三宮

伊勢神宮の別宮の社殿を下賜されたもの。それぞれ田心姫神、湍津姫神の御分霊が祀られています。第二宮→第三宮の順で参拝を。

#### ❹ 神宝館

沖ノ島から出土した、神具や装飾品など約8万の国宝を中心に展示。入島を禁じられている沖ノ島を感じることができます。
料金／施設維持協力金800円
開館時間／9:00～16:30（入館～16:00）

これは必見です！

**金製指輪《きんせいゆびわ》** 国宝
花文様と円文があしらわれた指輪。純金製のため1500年たっても変わらぬ輝きを放っています

**三角縁神獣鏡《さんかくぶちしんじゅうきょう》** 国宝
縁の断面が三角形になっている大型の鏡。神話に登場する神仙や霊獣の文様が見られます

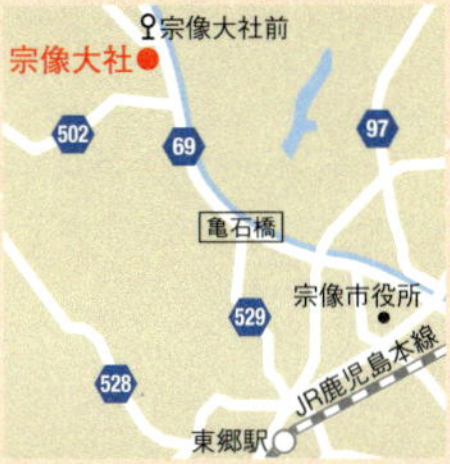


DATA
**宗像大社**
創建／神代
本殿様式／五間社流造
住所／福岡県宗像市田島2331
電話／0940-62-1311
交通／西鉄バス「宗像大社前」から徒歩1分
参拝時間／6:00～17:00
御朱印授与時間／8:00～17:00
URL https://munakata-taisha.or.jp

沖津宮、中津宮、辺津宮それぞれの御神水を封入した「神水守」（各1500円）

青森

# 蕪嶋神社
【かぶしまじんじゃ】

## 飛び交うウミネコが金運を運ぶ!?

金運や自分自身の株を上げるなら必訪です。ウミネコのフンで「運がつく」そうです。

種差海岸の最北に位置する蕪島は、ウミネコの繁殖地として国の天然記念物に指定されています。その蕪島に鎮座する蕪嶋神社の御祭神は七福神の弁財天と同一視される神様で、金運向上に御神徳を発揮。また、蕪嶋の「蕪」は「株」に通じることから、参拝すれば株が上がるとか。金運はもちろん、人間としての評価も上がる御利益があるといわれ、たくさんの人に信奉されています。

### ここが聖地POINT
**ウミネコは神のお使い**

ウミネコは豊かな漁場を知らせる鳥として漁師町では徳とされています。4月から7月末にかけて繁殖期を迎え、間近で見学することができます。ウミネコのフンは「運」と同じといわれますが、避けたい人は傘を持参しましょう

**主祭神／主な御利益**

市杵嶋姫命《いちきしまひめのみこと》

金運、子宝安産など

大空に羽ばたくウミネコが描かれた御集印帳（1500円）

蕪嶋と株をひっかけた「かぶあがりひょうたん御守」（1000円）は蕪がデザインされています。右肩上がりに運気がアップしそうです

墨書／蕪嶋神社　印／福之神八戸弁財天、蕪嶋神社御璽、ウミネコと社殿、八戸蕪嶋
●4体の天女やウミネコの描かれた印が押された、カラフルな御朱印。書き置きにて頒布

墨書／弁財天　印／天昇福来、蕪に蕪嶋神社御璽
●蕪や季節の花のイラスト印がかわいい弁財天の御朱印。月ごとにデザインが替わります

DATA
**蕪嶋神社**
創建／1296（永仁4）年
本殿様式／流造
住所／青森県八戸市大字鮫町字鮫56-2
電話／0178-34-2730
交通／JR八戸線「鮫駅」から徒歩15分
参拝時間／9:00～17:00
御朱印授与時間／9:30～16:30

**神社の方からのメッセージ**
江戸時代八戸藩では初代藩主以来、累代藩主の信奉あつく、特に3代藩主南部遠江守には世継ぎがなく、たいへん御沈痛なされ当神社に子宝祈願したところ、御加護を頂き、めでたく一男を授かりました。

蕪嶋神社の社殿は2015（平成27）年に火災によって焼失しましたが、2020年に再建されました。新しい社殿は青森産のケヤキやヒノキを使用した木造2階建てで、龍の天井画など随所に工夫が凝らされています。

東京

神楽・獅子《しし》木遣《ぎやり》は都無形文化財

# 十三社神社【じゅうさんしゃじんじゃ】

社伝によると、国譲りを終え出雲より出た事代主命が伊豆諸島の開拓を計り、各島に一族を分け、統治したことが始まりと伝わります。木々に囲まれた境内にある本殿に十三柱の神を祀っていることから、十三社神社の名が付けられました。地元では明神さまと呼ばれ、新島の総鎮守として島民の信仰を集めています。

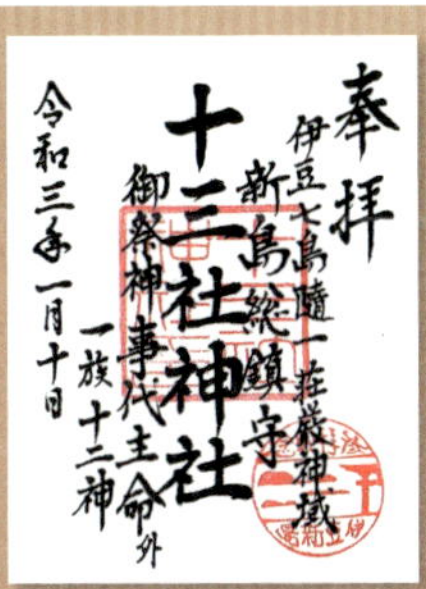


墨書／奉拝、伊豆七島随一荘厳神域、新島総鎮守、十三社神社、御祭神事代主命外一族十二神　印／参拝記念・伊豆新島・鳥居、十三社神社印　●新島、式根、若郷の各所奉斎の同系祭神十三社を合祀

本村集落北部にある大鳥居の先にソテツが茂る境内が続きます

コーガ石で造られた恵比寿像。金運アップを祈願しましょう

主祭神／主な御利益

事代主命《ことしろぬしのみこと》　一族十二神《いちぞくじゅうにしん》

商売繁盛、縁結び、大漁万作など

DATA

**十三社神社**

創建／不詳

本殿様式／切妻造

住所／東京都新島村本村2-6-13

電話／04992-5-1870

交通／「新島観光協会」から車6分

参拝時間・御朱印授与時間／9:00～17:00

ここが聖地POINT

神気あふれる天之御柱・地之御柱・魂之御柱と書かれた3本の御柱。最強の縁結びパワーがあるといわれています

---

愛知

生命力がみなぎる小島のオアシス

# 八百富神社【やおとみじんじゃ】

神奈川県の江の島や広島県の厳島、滋賀県の竹生島などと並ぶ、日本七大弁天の1社。古くから「竹島弁天」として親しまれてきました。大吉の上の「大大吉」まであるおみくじで運勢を占ったあとは、島の南端部にある龍神岬へ行くのもおすすめです。ここでははるかな海を眺めて、前へ進む力をチャージしましょう。

墨書／奉拝、八百富神社　印／竹島辨財天、八百富神社　●島へ渡る手前に遥拝所がありますが、御朱印を頂けるのは島の社務所です。海の神様を祀る八大龍神社の御朱印も頒布

桜の柄の御朱印帳（1200円）。力強い波は、小さな島にある神社の象徴

海の神様である龍神が厄を祓ってくれる「龍神守」（800円）

主祭神／主な御利益

市杵島姫命《いちきしまひめのみこと》

開運、縁結びなど

DATA

**八百富神社**

創建／1181（養和元）年　本殿様式／不詳

住所／愛知県蒲郡市竹島町3-15

電話／0533-68-3700

交通／JR東海道本線「蒲郡駅」から徒歩30分、または東名高速道路「音羽蒲郡IC」から車20分+徒歩15分

参拝時間／自由

御朱印授与時間／9:00～16:30（土・日曜、祝日～17:00）

URL https://yaotomi.net

ここが聖地POINT

竹島全域が八百富神社の境内です。点在するすべての境内社に参拝して、さらなる運勢アップをお願いしましょう

どんな願いもおまかせあれ

島根

# 隠岐神社【おきじんじゃ】

後鳥羽天皇崩御から700年の節目となる年に創建されました。御祭神がもつパワーは強く、厄除けや学業成就など、幅広い御神徳であがめられています。毎年4月14日と10月14日に後鳥羽天皇をたたえる例祭が斎行されます。例祭では後鳥羽天皇の御製(和歌)に独自の曲と振りを付けた「承《じょう》久《きゅうがく》楽」が奉納されます。

墨書／隠岐神社　印／後鳥羽院遷幸八百年記念御朱印、菊浮線紋、隠岐神社、後鳥羽院遷幸八百年記念御朱印　●和紙に神紋を箔押しした特製紙を用いています

春には約250本の桜が花を咲かせ、花見客でにぎわいます

主祭神／主な御利益

後鳥羽天皇《ごとばてんのう》

事業成功、学業成就、健康長寿など

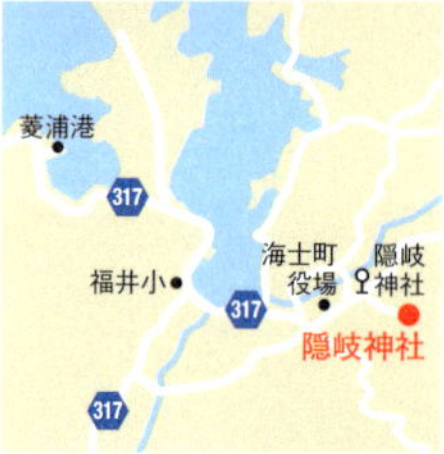


DATA

**隠岐神社**

創建／1939(昭和14)年
本殿様式／隠岐造
住所／島根県壱岐郡海士町海士1784
電話／08514-2-0464
交通／路線バス豊田線「隠岐神社」から徒歩1分、または菱浦港から車10分
参拝時間／日の出～日没
御朱印授与時間／9:30～16:00
URL http://www.okijinja.sakura.ne.jp

**ここが聖地POINT**

御祈祷を受けたあと、神社の境内にある大王松の三つ葉の松葉をひろって帰ると願いがかなうといわれています

---

数々の秘仏が眠る五島最古の寺

長崎

# 明星院【みょうじょういん】

五島列島を治めた五島藩直轄の祈願寺。本堂は近年の調査で室町時代築と判明した、五島列島最古の木造建築。鎌倉・室町時代の仏像を多く所蔵します。明星院の名称は、空海が御本尊に真言を唱えたところ、明けの明星からすさまじい光が差したことに由来するとされます。御本尊は秘仏とされ、御開帳は100年に一度です。

御本尊

虚空蔵菩薩《こくうぞうぼさつ》

**ここが聖地POINT**

本堂の格子天井には狩野派による121枚の絵が。異国の花鳥画と思われる絵が多いのが特徴です。遣唐使船最終寄港地だったとされる証かもしれません

＼明星院／　＼明星院護摩堂／　＼明星院行者堂／

(左)墨書／奉拝、虚空蔵菩薩、明星院　印／五島八十八ヶ所霊場第一番、梵字タラーク、宝珠の印、五島明星院之印　(中)墨書／奉拝、不動明王、明星院　印／五島八十八ヶ所霊場第二番、梵字カーン、宝珠の印、明星院護摩堂　(右)墨書／奉拝、南無神変大菩薩、明星院　印／五島八十八ヶ所霊場第四番、梵字カーン、宝珠の印、明星院行者堂

DATA

**明星院**

山号／宝珠山　宗旨／真言宗
住所／長崎県五島市吉田町1905
電話／0959-72-2218
交通／福江港から車10分
拝観時間・御朱印授与時間／9:00～17:00　※12:00～13:00、月曜、毎月1・28日、8月13～16日、12月28日～1月8日は休み。そのほか臨時休みあり
拝観料／無料
写真提供:長崎県観光連盟

# 今、行くべき感動の聖地

自然のパワーが満ちる
Power #2

常に新しい体験やイベントで人々を魅了します

町の聖地
東京

東京のシンボルから
都心を一望

## 東《とう》京《きょう》タワー

言わずと知れた東京を象徴するタワーです。ジオメトリックミラーが包むトップデッキの窓から、大迫力の眺望が楽しめます。250mの高さから東京の町並みを眺めると、日頃のもやもやがすーっとクリアになっていくようです。

都内23区でいちばん高所にある神社「タワー大神宮」（メインデッキ内）

DATA
住所／東京都港区芝公園4-2-8
電話／03-3433-5111
交通／都営大江戸線「赤羽橋駅」から徒歩5分　営業時間／メインデッキ9:00～23:00（最終入場22:30）、トップデッキツアー9:00～22:15（見学時間は22:45まで）※営業時間は変更の場合あり　休み／無休
料金／メインデッキ1500円、トップデッキツアー3500円※トップデッキツアーの詳細はウェブサイトを確認
URL https://www.tokyotower.co.jp
©TOKYO TOWER

島の聖地
長崎

壱岐に残る伝説
「八本柱」のひとつ

## 左《さ》京《きょう》鼻《ばな》

海中から突き出るようにそそり立つ観音柱と呼ばれる奇岩。島が流されてしまわないようにと、神様が島の周囲に8本の柱を立てたうちのひとつといわれています。陰陽師がこの場所で雨乞いを行い、干ばつから人々を救ったという伝記が残ります。

海を見守るかのように岬先端に立つ鳥居

勇ましい姿から大きなパワーをもらえます

DATA
住所／長崎県壱岐市芦辺町諸吉本村触1512
電話／0920-48-1130（壱岐市観光課）
交通／「芦辺港」から車15分
営業時間／見学自由
URL https://www.ikikankou.com/spot/10103
写真提供:壱岐市観光連盟

## お寺シリーズ

御朱印でめぐる
関東の百寺
〈坂東三十三観音と古寺〉
定価1650円（税込）

御朱印でめぐる
秩父の寺社
〈三十四観音完全掲載〉改訂版
定価1650円（税込）

御朱印でめぐる
高野山
三訂版
定価1760円（税込）

御朱印でめぐる
東京のお寺
定価1650円（税込）

御朱印でめぐる
奈良のお寺
定価1760円（税込）

御朱印でめぐる
京都のお寺
改訂版
定価1650円（税込）

御朱印でめぐる
鎌倉のお寺
〈三十三観音完全掲載〉三訂版
定価1650円（税込）

御朱印でめぐる
全国のお寺
週末開運さんぽ
定価1540円（税込）

御朱印でめぐる
茨城のお寺
定価1650円（税込）

御朱印でめぐる
東海のお寺
定価1650円（税込）

御朱印でめぐる
千葉のお寺
定価1650円（税込）

御朱印でめぐる
埼玉のお寺
定価1650円（税込）

御朱印でめぐる
神奈川のお寺
定価1650円（税込）

御朱印でめぐる
関西の百寺
〈西国三十三所と古寺〉
定価1650円（税込）

御朱印でめぐる
関西のお寺
週末開運さんぽ
定価1760円（税込）

御朱印でめぐる
東北のお寺
週末開運さんぽ
定価1650円（税込）

## テーマシリーズ

寺社の凄い御朱印を
集めた本から鉄道や船の印を
まとめた1冊まで
幅広いラインアップ

御朱印でめぐる
東京の七福神
定価1540円（税込）

日本全国
この御朱印が凄い！
第弐集 都道府県網羅版
定価1650円（税込）

日本全国
この御朱印が凄い！
第壱集 増補改訂版
定価1650円（税込）

一生に一度は参りたい！
御朱印でめぐる
全国の絶景寺社図鑑
定価2497円（税込）

日本全国
日本酒でめぐる酒蔵
&ちょこっと御朱印〈西日本編〉
定価1760円（税込）

日本全国
日本酒でめぐる酒蔵
&ちょこっと御朱印〈東日本編〉
定価1760円（税込）

鉄印帳でめぐる
全国の魅力的な鉄道40
定価1650円（税込）

御船印でめぐる
全国の魅力的な船旅
定価1650円（税込）

関東版ねこの御朱印&
お守りめぐり
週末開運にゃんさんぽ
定価1760円（税込）

日本全国ねこの御朱印&
お守りめぐり
週末開運にゃんさんぽ
定価1760円（税込）

## 沿線シリーズ

人気の沿線の
魅力的な寺社を紹介。
エリアやテーマ別の
おすすめプランなど
内容充実

御朱印でめぐる
東急線沿線の寺社
週末開運さんぽ
定価1540円（税込）

御朱印でめぐる
中央線沿線の寺社
週末開運さんぽ
定価1540円（税込）

## 聖地シリーズ

山・森・水・町・島の
聖地として
お寺と神社を紹介

御朱印でめぐる
全国の寺社 聖地編
週末開運さんぽ
定価1760円（税込）

御朱印でめぐる
関東の寺社 聖地編
週末開運さんぽ
定価1760円（税込）

地球の歩き方　御朱印シリーズ 44

御朱印でめぐる全国の寺社 聖地編　週末開運さんぽ

2024年12月17日　初版第1刷発行

著作編集 ● 地球の歩き方編集室
発行人 ● 新井邦弘
編集人 ● 由良暁世
発行所 ● 株式会社地球の歩き方
〒141-8425　東京都品川区西五反田 2-11-8
発売元 ● 株式会社Gakken
〒141-8416　東京都品川区西五反田 2-11-8
印刷製本 ● 開成堂印刷株式会社

企画・編集 ● 株式会社カピケーラ（佐藤恵美子・野副美子）
執筆 ● 株式会社カピケーラ、小川美千子
制作協力 ● 株式会社タビマップ
デザイン ● 又吉るみ子〔MEGA STUDIO〕
イラスト ● ANNA、湯浅祐子〔株式会社ワンダーランド〕、みよこみよこ
マップ制作 ● 齋藤直己（アルテコ）
撮影 ● 入交佐妃、株式会社カピケーラ
校正 ● ひらたちやこ
監修 ● 株式会社ワンダーランド
写真協力 ● Shoji Matsushima（P.135）、©iStock
編集・制作担当 ● 河村保之

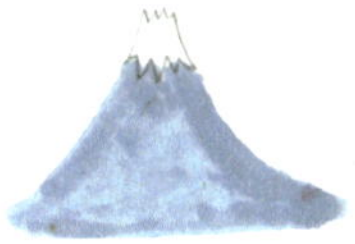

●本書の内容について、ご意見・ご感想はこちらまで
〒141-8425 東京都品川区西五反田 2-11-8
株式会社地球の歩き方
地球の歩き方サービスデスク「御朱印でめぐる全国の寺社 聖地編　週末開運さんぽ」投稿係
URL▶ https://www.arukikata.co.jp/guidebook/toukou.html
地球の歩き方ホームページ（海外・国内旅行の総合情報）
URL▶ https://www.arukikata.co.jp/
ガイドブック『地球の歩き方』公式サイト
URL▶ https://www.arukikata.co.jp/guidebook/

●この本に関する各種お問い合わせ先
・本の内容については、下記サイトのお問い合わせフォームよりお願いします。
URL▶ https://www.arukikata.co.jp/guidebook/contact.html
・在庫については　Tel ▶ 03-6431-1250（販売部）
・不良品（落丁、乱丁）については　Tel ▶ 0570-000577
学研業務センター　〒354-0045　埼玉県入間郡三芳町上富 279-1
・上記以外のお問い合わせは　Tel ▶ 0570-056-710（学研グループ総合案内）


※本書は 2021 年 7 月に発行した『御朱印でめぐる全国の聖地　週末開運さんぽ』の書名を変更し、2024 年 7 ～ 9 月の取材をもとにデータ等を更新した改訂版です。
発行後に初穂料や参拝時間などが変更になる場合がありますのでご了承ください。
更新・訂正情報：https://www.arukikata.co.jp/travel-support

学研グループの書籍・雑誌についての新刊情報・詳細情報は、下記をご覧ください。
学研出版サイト　https://hon.gakken.jp/
地球の歩き方　御朱印シリーズ　https://www.arukikata.co.jp/goshuin/

\感想を教えてください！/

**読者プレゼント**

ウェブアンケートにお答えいただいた方のなかから抽選で毎月3名の方にすてきな賞品をプレゼントします！詳しくは下記の二次元コード、またはウェブサイトをチェック。

URL https://www.arukikata.co.jp/guidebook/enq/goshuin01/